2020 政法舆情观察

第一辑

法制网舆情监测中心

周秉键 ◎ 主编

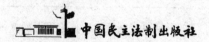
中国民主法制出版社

图书在版编目 (CIP) 数据

2020 政法舆情观察 . 第一辑 / 周秉键主编 .—北京：中国民主法制出版社，2020.6

ISBN 978-7-5162-2253-9

Ⅰ . ① 2… Ⅱ . ① 周… Ⅲ . ① 政法工作—互联网络—舆论—研究—中国 Ⅳ . ① D926.134 ② G219.2

中国版本图书馆 CIP 数据核字（2020）第 113654 号

图书出品人：刘海涛
出 版 统 筹：乔先彪
责 任 编 辑：庞贺鑫

书名 /2020 政法舆情观察（第一辑）
作者 / 周秉键　主编

出版·发行 / 中国民主法制出版社
地址 / 北京市丰台区玉林里 7 号（100069）
电话 /（010）63055259（总编室）　63057714（发行部）
传真 /（010）63056975　63056983
http://www.npcpub.com
E-mail：mzfz@npcpub.com
经销 / 新华书店
开本 /16 开　710 毫米 ×1000 毫米
印张 /17.75　**字数** /227 千字
版本 /2020 年 8 月第 1 版　2020 年 8 月第 1 次印刷
印刷 / 北京天宇万达印刷有限公司

书号 / ISBN 978-7-5162-2253-9
定价 / 80.00 元

本书编委会

主　编　周秉键

副主编　万学忠　郑剑峰　付　萌

顾　问　李宝柱

主要撰稿人

彭晓月　王　媛　车海星　王　灿

车智良　牛佳宇　尹　斌　张　娇

胡　堃　陈计祎　夏　文　周　容

序 言
PREFACE

舆情，是指公众的社会态度，通俗来说，泛指社情民意。具体到舆情工作来讲，就是要收集、整理公众对社会事件和社会问题的认知、态度、意见和情绪，把握公众的认知取向和其对社会治理者所持有的态度倾向。

2014年10月，党的十八届四中全会审议通过了《中共中央关于全面推进依法治国若干重大问题的决定》。会议提出，全面推进依法治国，总目标是建设中国特色社会主义法治体系，建设社会主义法治国家。2018年3月，中央全面依法治国委员会正式成立，成为推进新时代全面依法治国的战略举措。在各个领域全面推进依法治理的背景下，涉法舆情日渐增多，其重要意义不言自明。对于公众而言，立法、执法、司法、普法、守法各法治环节与之工作生活息息相关，自然容易引发舆情。政法机关作为提供公共法治产品的重要部门，与公众日常接触更为密切，更容易成为舆情事件的主角。

面对日益复杂多变的网络环境和舆论生态，党和国家有关领导人多次强调涉法舆情工作的重要性，要求建立和完善处置、引导、管理相结合的网络舆情工作格局。对于各级党委、政府，尤其是政法机关而言，如何加强对网络舆论的及时监测、有效引导；如何处置网络舆论危机并积极化解，对维护社会稳定、维护政法机关形象、维护公平正义、增强人民群众的法治信仰、推动国家法治建设，具有重要而深远的现实意义。

建立完善的舆情监测、预警、分析、研判、处置、引导、评估机制，已成当务之急，面临种种挑战。一方面，舆情工作是一项新生事物，无成熟的理论、实践模式可以借鉴；另一方面，舆情工作是涉及多个学科领域的交叉性、综合性工作，需要多种学科背景的工作人员协作完成，尤其不能缺少法治工作者。

适应政法工作新形势需要，在中央政法委有关部门指导下，法治日报社所属法制网于 2011 年正式组建舆情监测中心，对网络舆情特别是涉法舆情进行全面监测和深入研究。经过将近 10 年的发展，法制网舆情监测中心已经积累有全国规模最大的法治舆情动态数据库。舆情研究团队由传播学、法学、舆论学、新闻学、统计学、社会学、心理学、管理学等多学科背景的研究员，长期工作在政法一线、新闻传播一线的专家，以及高校研究机构共同组成，可以为各级政法机关提供全面、及时、准确、专业的舆情监测、预警、分析、研判服务，以及媒体沟通应对、危机公关咨询等服务，并提供整体性解决方案。

为共享舆情研究与实践成果，服务政法机关舆情工作水平提升，法制网舆情监测中心将于 2020 年 7 月起，每月出版一本《政法舆情观察》，围绕涉法热点舆情事件，分析应对得失，总结规律趋势，提升舆情工作人员理论和实践水平。

本书是该系列图书的第一本，集纳了 2020 年 1—6 月份的舆情研究成果。

鉴于舆情的生产、发酵、消遁是一个动态过程，我们特作如下说明：

第一，《政法舆情观察》为系列丛书，每月出版一本。对于书中的舆情个案，我们的观察周期约为 7 日，如后续进展引发新的舆情，我们将通过案例追踪的形式再次呈现。因此，相关分析受特定时间周期限制，并非盖棺论定。

第二，《政法舆情观察》研究对象及素材主要源于网络公开信息，内部非公开资料不在分析、研究范围内。

第三，《政法舆情观察》秉持客观、中立的写作原则。由于分析、研判均依据开源情报，难免有不当之处，望读者不吝指正。

联系方式如下：邮箱：fazhiwangvip@163.com，电话 010-84772595

法制网舆情监测中心

2020 年 8 月

目 录
CONTENTS

政策评估与工作反响

域外观察

新冠肺炎疫情舆情专题

2020 年两会热点专题

輿情趨勢

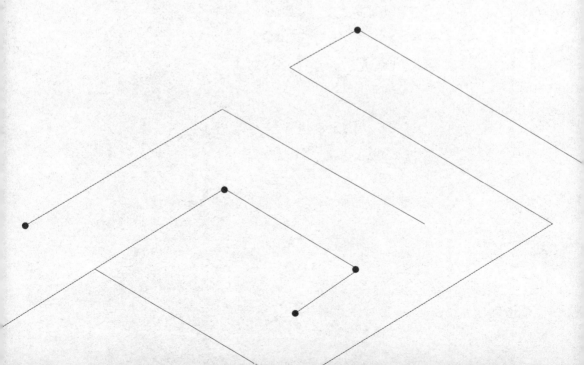

1

2020年上半年政法网络舆情特征

编者按： 2020年上半年，新冠肺炎疫情暴发给社会带来冲击。政法机关积极推进疫情防控各项举措、严查严惩涉疫违法犯罪、护航企业复工复产，巩固来之不易的疫情防控成果，维护社会大局稳定。但与此同时，一些突发案事件和执法司法工作引发舆论关注，考验政法机关实体处置和舆情应对能力。本文筛选出2020年上半年132起网络舆情事件，进行定量计算与分析，其中，120起舆情有回应，95起有处置结果，以此总结2020年上半年的政法网络舆情总体特征、评估政法机关舆情整体应对情况，为政法机关舆情处置工作提供参考。

分析发现，在舆情特征方面：2020年上半年，湖北、山东等省份舆情高发，热点区域由中部南移；公安机关舆情数量占比最高，超一成舆情事件需要多部门联合应对；过半舆情发生在区县一级；执法司法争议最易衍生负面舆情；微博仍是舆情主要来源，网民爆料、"大V"转发、媒体报道构成舆情爆发"三要素"；舆情爆发时长缩短，旧案翻炒比例减少；妨害疫情防控以及恶性伤害案件高发，考验政法机关舆情应对能力。在舆情应对方面：政法机关回应率再创新高，涉疫舆情做到"件件有响应"；涉事部门自主回应意识强，多部门提级处置涉疫舆情；政法机关响应速度持续提升，涉疫事件平息率高于非疫舆情；媒体和"两微"占主导，新闻发布会通报信息效果显著；大部分未回应舆情"烂尾"，涉疫舆情舆论满意度中等偏上。

第一部分：总体特征

1. 地域：热点区域由中部南移　湖北、山东两省舆情高发

地域	湖北	山东	江西	江苏	湖南	四川	河北	广东
比例	9.7%	8.3%	6.7%	6.7%	6.7%	6.1%	6.1%	6.1%
地域	浙江	陕西	北京	广西	福建	云南	山西	内蒙古
比例	5.3%	5.3%	5.3%	3.8%	3.8%	2.3%	2.3%	2.3%
地域	黑龙江	安徽	辽宁	贵州	重庆	新疆	天津	上海
比例	2.3%	2.3%	1.5%	1.5%	0.8%	0.8%	0.8%	0.8%
地域	青海	海南	甘肃	吉林	河南	宁夏	西藏	新疆生产建设兵团
比例	0.8%	0.8%	0.8%	0.0%	0.0%	0.0%	0.0%	0.0%

（注：比例为各地舆情数量占比）

2020 年上半年，舆情高发区域主要分布在湖北、山东、江西、江苏、湖南等省份。对比 2019 年上半年，排名前列的辽宁、河北、河南、陕西等地，舆情高发区域由中部向南部转移。作为疫情重灾区，湖北当地发生了较多与疫情相关的舆情事件，导致此次排名位居第一，刑释人员离汉抵京被确诊新冠肺炎、退休厅官感染拒绝隔离、武汉两名医生被患者家属打伤、孝感一小区发生聚集事件等，均引发舆论较多关注。山东省内，鲍某某性侵"养女"案、任城监狱发生疫情、青岛即墨警方打击涉疫情谣言等事件分别引起舆论对未成年人保护、监狱"战"疫、谣言治理等相关话题的长时间讨论。

四川、河北、广东等地也是舆情多发区域。因经济、情感矛盾纠纷引发恶性刑事案件是主要舆情类型，如河北、四川等地接连发生"男子因邻里矛盾杀害邻居后自杀""男子因家庭纠纷杀害哥嫂全家"等恶性案件；广东多发暴力伤医案件，关注较高的有"广州一患者因诉求未满足用带针头的注射器挟持一名护士""外籍新冠肺炎确诊患者殴打、咬伤医护人员，广州警方已刑事立案"等。

2. 系统：舆情辐射面更广　超一成舆情需要多部门联合应对

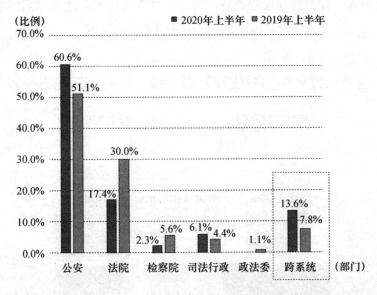

从舆情事件的系统分布来看，公安机关占比最高，且较2019年上半年提高约10个百分点。一方面，这与疫情期间妨害疫情防控、制假售假、造谣传谣等违法犯罪行为多发有关，公安机关快速介入、严厉打击，保证舆情平稳过渡；另一方面，公安民警执法过程中的不规范、不统一等老问题依然存在，如杭州女律师遭陌生男子当街抱腰猥亵，警方不予处罚遭到起诉。法院、检察院系统舆情数量较2019年上半年不同程度地下降，主要表现为对司法决定的争议，如扬州一员工拒绝加班被判赔公司1.8万元一事中，舆论就劳动权益保障话题展开深入讨论；广东广宁县一交警队长儿子撞人致重伤后逃逸，检察院作出的不起诉决定遭到网络质疑。此外，浙江十里丰监狱、山东任城监狱等多所监狱暴发疫情，以及北京郭某思减刑案，导致司法行政系统舆情备受舆论关注。

值得注意的是，2020年上半年，跨系统舆情较2019年同期占比增加近一半，需要多部门形成联动、共同应对舆论危机，提升公众信任度。如北京郭某思减刑案涉及监狱、检察院、法院等多个系统，舆情发生后，北京市立即成立由市委政法委牵头，市监委、市检察院参加的联合调查组开展全面调查，并向公众通报调查结果。最高人民检察院还就该案调查结果发声，表示要深刻吸取教训，进一步加大法律监督力度。

3. 层级：过半舆情发生在区县一级　纺锤型结构进一步失衡

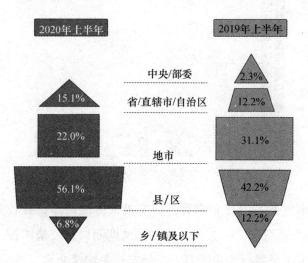

从舆情发生的地域层级来看，地市一级舆情占比较 2019 年上半年降低近 10 个百分点，这与各地不断推进市域社会治理现代化有关，地市一级社会治安环境逐步提升、群众办事更加便捷、矛盾纠纷化解更加快速。区县一级舆情数量占比达 56.1%，较 2019 年同期增加了 14 个百分点，这一数值在 2018 年为 30.4%，2017 年为 25.8%，由此可见，舆情仍在向县域下沉。观察发现，区县层级舆情多发，既表明基层群众守法意识薄弱，也说明基层执法司法单位在能力、规范、效率等方面仍有不足之处。乡镇及以下舆情较 2019 年大幅减少，多数为社会治安案件。

4. 起因：政法机关"有错在先"比例减少　执法司法争议最易衍生负面舆情

此次纳入统计的舆情事件主要分为两类：一类是中性舆情，即案事件因其巨大影响力而吸引大量舆论，但政法机关处置应对并未遭受质疑，这类事件主要包括治安刑事案件、突发公共安全事件等，政法机关主动公开信息后舆情或平息或平稳；另一类是负面舆情，政法机关实体工作或舆情应对存在问题，进而引发舆论争议、质疑。从数据来看，2020年上半年的负面舆情占比45.5%，较2019年（72.6%）下降27.1个百分点，政法机关"有错在先"的情况得到改善。

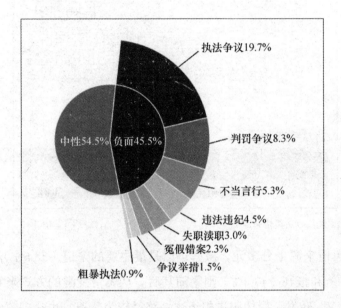

负面舆情中，执法争议和判罚争议占比较高，主要表现为两方面：一是同案不同判。疫情防控期间，多地出现多起暴力妨害疫情防控事件，有地方予以批评教育或行政拘留，有地方则以刑事立案，引发一定讨论。二是案件处理结果与公众期待不符，如新城控股原董事长王振华猥亵儿童被判5年，舆论普遍不满法院对其量刑过轻。此外，不当言行、失职渎职、粗暴执法等问题也是诱发负面舆情的重要因素。

5.来源：网民爆料、"大V"转发、媒体报道构成舆情爆发"三要素"

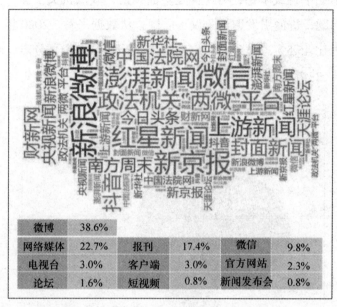

微博	38.6%				
网络媒体	22.7%	报刊	17.4%	微信	9.8%
电视台	3.0%	客户端	3.0%	官方网站	2.3%
论坛	1.6%	短视频	0.8%	新闻发布会	0.8%

（注：政法舆情来源）

政法舆情来源十分多元，微博仍然是最主要的渠道（38.6%），网络媒体（22.7%）和报刊（17.4%）则紧随其后。从舆情发酵的方式来看，网民爆料、"大V"转发、媒体跟进报道这一路径较为普遍，也是多数"爆款舆情"的发酵模式。媒体方面，《新京报》、红星新闻、澎湃新闻、上游新闻、封面新闻等都市类媒体表现突出，是热点舆情的重要推手。例如，2019年底，重庆一学生家长不断爆料称其子在校期间被同学欺凌、性侵致跳楼身亡，始终未引起大范围关注。2020年6月初，这名家长发布的一条控诉微博经上百名网络"大V"转发后被转评几十万次，上游新闻等媒体快速跟进，刺激事件热度继续上升。

6. 爆发时长：舆情爆发时长缩短　旧案翻炒比例减少

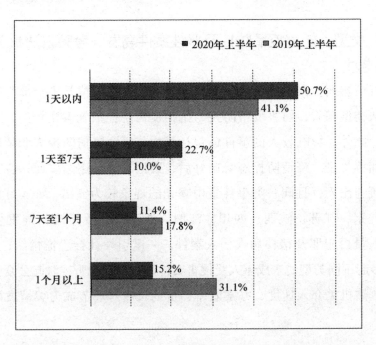

从舆情爆发时长来看，1 天内就爆发的舆情占比过半，较 2019 年上半年提高了约 10 个百分点。此类舆情主要涉及恶性刑事案件、公共安全事故、重大交通事故、自然灾害等突发事件。新媒体时代，媒体为抢占信息发布先机，通常首选微博、微信、抖音等平台发布事件简讯，使得舆情爆发时间进一步缩短。如广西一小学砍人事件发生后不到两小时，"@潇湘晨报"就发布了案件情况，"@观察者网""@界面新闻""@澎湃新闻"等媒体纷纷转发，迅速引发网民围观。

与爆发时长缩短相对的是，旧案翻炒现象有所减少，事发一个月以上才爆发的舆情较 2019 年上半年占比下降近 16 个百分点。但也需注意到，被翻炒的旧案往往具有较高的敏感性，如不加以重视，对政法机关形象的破坏力不容小觑，如北京郭某思在超市打死提醒其戴口罩的老人，随后被舆论挖掘其前科犯罪，进而发现其多次减刑，给处置部门的调查工作增添了现实难度和舆论压力。

7. 类型：妨害疫情防控及恶性案件高发　考验政法机关舆情应对能力

疫情初期，舆论场话题类型较为单一，网络舆情几乎全部与疫情相关。从类型来看，妨害疫情防控与抗拒疫情防控措施占比较高，合计近两成。此外，影响较大的事件还包括暴力伤医、疫情防控失职渎职、造谣传谣等类型。疫情防控态势向好后，舆论场话题逐渐多元，各类舆情事件接连出现，且同一类事件集中曝光的现象较为突出。如4月初至中旬，北京、江苏、陕西、四川、江西、浙江、安徽等地相继发生刑满释放人员再犯罪及精神病人伤人案件，一度引发社会恐慌情绪；5月以来，多起不同类型的未成年人受侵害案件进入公众视野，激起公众强烈愤慨，政法机关介入速度、办案效率、量刑尺度等环节成为舆情发酵的风险点。

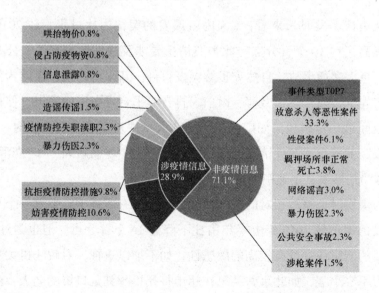

第二部分：舆情应对

1. 回应率再创新高　涉疫舆情"件件有响应"

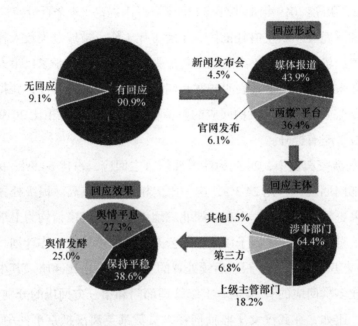

在统计的 132 起舆情事件中，120 起有回应或有通报，回应率高达 90.9%，相较 2019 年上半年（70.0%），上升超 20 个百分点。其中，涉疫舆情 37 起，全部有回应，回应率 100%。分析来看，回应率再创新高主要有三方面原因：一是疫情防控期间，全国政法机关高度重视涉疫舆情，真正做到了"件件有响应"；二是 2020 年以来，恶性暴力犯罪、涉未成年人犯罪、暴力伤医事件频发，此类案事件系高敏舆情，政法机关重视程度高、回应速度快；三是各部门舆情意识不断增强，在网络上没有或者仅有少量相关舆情信息时，主动通报案情，抢占舆论话语权，如武汉男子因就诊问题情绪激动持刀威胁医护人员事件，即是武汉市江汉区公安分局官方微博首发，第一时间向公众通报了涉事人员被刑拘的处理结果。

2. 涉事部门自主回应意识强　多部门提级处置涉疫舆情

在有回应的 120 起舆情事件中（本段计算从 120 起为基数），涉事部门自身回应的占比 70.8%，与 2019 年上半年同期相比有很大幅度的提升，这说明涉事单位自主回应的意识较强。上级主管部门作为回应主体的占比 20.8%，相较 2019 年上半年（12.4%）占比提高 8.4 个百分点。河北省张家口市涿鹿县一店主追赶抢货少年致 1 死 1 伤，被以过失致人死亡罪批捕，在舆论场上引发是正当防卫还是过失致死的争论，张家口市人民检察院提级介入，回应舆论并表明错案必纠、用事实说话的态度，获得舆论认可。纪委监委等第三方机构回应的舆情事件占比 7.5%，相比 2019 年上半年（4.8%）略有提升。

37 起涉疫舆情中，24 起为涉事部门自主回应，占比 64.9%；9 起为上级管理部门回应，占比 24.3%，这一比例相对总体较高。提级处置权威性高、效果更佳，如浙江、山东、湖北三地 5 监狱暴发疫情均为上级管理部门发布信息，而后司法部予以通报并公开监狱疫情防控工作计划。另据统计，120 起舆情事件中，跟进后续处置的有 48 起，占比 40%。其中涉事部门二次或多次回应的有 24 起，上级管理部门和第三方回应的分别为 12 起和 9 起。比如，在武汉女子监狱刑释人员黄某英离汉抵京事件中，湖北、北京相关部门在回应之后均对违法违纪人员作出处分决定，并及时通报调查进展，推动舆情降温并平息。

3. 响应速度持续提升　涉疫事件平息率高于非疫舆情

120 起有回应的舆情事件中（本段和下段的计算以 120 起为基数），12 小时以内回应的占比 66.7%，12 小时至 24 小时回应的占比 20.8%。即舆情发生后 1 天内作出回应的，累计占比 87.5%，相比 2019 年上半年（58.7%）及 2019 全年（83%），响应速度持续提升，这与涉疫舆情多发、政法机关舆情处置能力不断增长有着密不可分的联系。此外，37 起涉疫舆情中，24 小时以内作出回应的 32 起，回应速度较快。比如，3 月 12 日晚 7:30 左右，湖北孝感一小区因菜价过高发生聚集事件,相关信息在网络中爆炸式传播,官方立即赶赴现场处置,半小时内劝退聚集人群,并在当晚24时前发布情况说明,介绍事发原因、处理经过以及后续跟进措施。

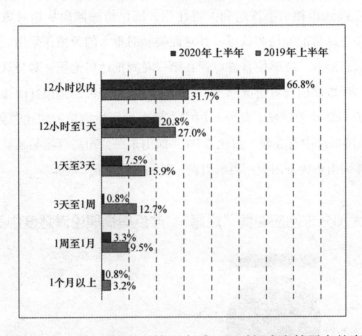

从首次回应之后的舆情发展情况来看,短时间内舆情平息的事件有36起,占比30%;回应之后仍有讨论但未引发持续性关注和质疑的最多,共51起,占比42.5%;回应之后负面舆情仍持续发酵的33起,占比27.5%。涉疫舆情中,首次回应后舆情快速平息的事件数量最高,共计15起,占比达40.5%;以不配合或妨碍疫情防控工作、辱骂殴打防疫和医务人员类事件居多,公安部门在处置中秉公执法、张弛有度,获得舆论认可。

4.媒体和"两微"占主导　新闻发布会通报信息效果显著

从回应渠道来看,120起舆情事件中,通过媒体回应的占比48.3%,利用"两微"平台回应的占比40%,两者累计占比近九成,相较2019年全年(94.9%)略有降低。这是因为,通过官网和更为正式的新闻发布会作出回应的事件占比有较大的提升，分别为 6.7% 和 5.0%，2019 年的数据则是 4.0% 和 1.1%。如浙江十里丰监狱出现疫情、北京调查郭某思多次减刑情况等均是政法机关在当地疫情防控工作新闻发布会上统一对外公布，对舆论正确认识相关事件起到关键作用，网民情感倾向从相对负面转向对官方调查结果的期待和认可。针对此类相对重大的舆情，采用新闻发布会进行信息公开，能够使官方声音在第一时间抵达舆论场，对公众了解事件经过、涉事部门处置情况以及下一步工作计划等都起到很好的作用，也能够减少不必要的猜疑。此外，回应之后引发衍生舆情的占比总体较低，120 起舆情事件中有 8 起，占比 6.7%，如山东一公司高管鲍某某疑似性侵养女事件因山东警方回应不当也引发一系列衍生舆情。

5. 大部分未回应舆情"烂尾" 涉疫舆情舆论满意度中等偏上

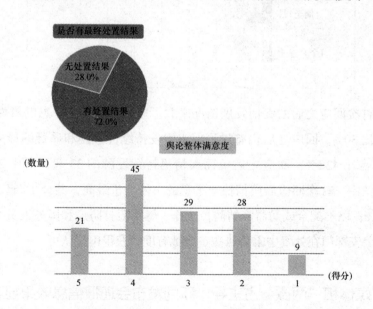

132 起舆情事件中，有最终处置结果的 95 起。而 37 起涉疫舆情中，有最终处置结果的 34 起，占比超过 90%，这也足以说明政法机关对涉疫

舆情的重视程度。

从舆论满意度来看，在所有的132起事件中，舆论对相关部门舆情工作的整体满意度总平均分为3.31分（测量采用5分制，1分代表非常不满意，2分代表不满意，3分代表一般，4分代表满意，5分代表非常满意）；在有回应的120起事件中，整体满意度为3.43分，其中45起事件的舆情工作受到舆论认可（满意），21起事件获得舆论称赞（非常满意）。在有最终处置结果的95起舆情事件中，整体满意度得分为3.54分。对比来看，回应之后的舆论满意度较高；有最终处置结果的舆情事件中，舆论满意度要高于仅有回应的舆情事件。这也提示地方政法机关需在舆情闭环上多下功夫。此外，37起涉疫舆情事件的舆论满意度总平均分为3.62分，高于平均水平，舆论对涉疫舆情处置的满意度处于中等偏上的水平。

（观察时间：2020.01.01—2020.06.20）

2

政法机关舆情应对能力摘星榜
（2020年第一季度）

　　2020年第一季度的网络舆论场，因突发的新冠肺炎疫情增添了许多复杂性和不确定性。疫情发生后，全国纷纷进入紧急防控状态，公众对真实信息的需求大幅增加，他们通过网络渠道获取信息、表达诉求，集中而来的舆论关注，使得疫情期间的舆情事件呈现出关联性强、讨论热烈、声音庞杂、分歧普遍等基本特征。而伴随着疫情扩散，网上还衍生出"信息疫情"，假新闻、网络谣言、错误信息趁机泛滥，导致恐慌、焦虑、对抗等负面情绪出现乃至蔓延，给政府部门带来巨大的压力和考验。

　　因此，舆情应对和舆论引导被摆在至关重要的位置。总体来看，各地政府部门积极应对、有力引导、精准调控，为战胜疫情提供强大的舆论支持。一方面，舆情回应处置速度加快。疫情防控期间，很多热点舆情事件围绕防疫措施发生，在遏制疫情蔓延的迫切需求下，舆情处置工作可能牵一发而动全身。相关部门对网络谣言和错误信息快速反应、及时澄清，对突发事件快速介入、果断处置，持续发布事件处理进展情况，在一起起热点事件中重申依法防控的底线要求。对于部分热点事件反映出的社会问题和法治困境，也在国家制度层面产生回响，推动相关法律制度的完善，例如，疫情催生了史上最快速、最严格的野生动物保护立法。另一方面，舆论引导主动性在不断加强。政府新闻发言人、抗疫专家以新闻发布会、媒体专访等方式，及时公开有关数据，用"真实信息"这一必需品回应公众关切，疏解群众的焦虑恐惧心理，更好地强信心、暖人心、聚民心。

　　本文选取了2020年前3个月发酵的18起热点事件（见下表，部分事件起始于2019年末，在2020年前3个月发酵），通过梳理个案舆情发展脉络，分析类型特征，还原疫情之下的舆论面貌。

序号	事件发生时间	事件内容	舆情热度（单位：万）
1	2019 年 12 月 24 日	北京民航总医院杀医案	39.2
2	2019 年 12 月 30 日	云南"丽江反杀案"	5.5
3	2020 年 1 月 29 日	湖北红安县脑瘫儿童死亡事件	16.1
4	2020 年 1 月 30 日	湖北黄冈卫健委主任"一问三不知"事件	20.2
5	2020 年 1 月 31 日	湖北红会口罩分配风波事件	225.0
6	2020 年 1 月 31 日	"双黄连口服液"事件	22.0
7	2020 年 2 月 3 日	大理市政府征用口罩事件	80.4
8	2020 年 2 月 13 日	湖北孝感一家三口打麻将被打砸事件	13.8
9	2020 年 2 月 13 日	湖北退休厅官染病拒隔离事件	11.3
10	2020 年 2 月 24 日	湖北武汉"解封令"无效事件	2.6
11	2020 年 2 月 26 日	武汉黄某英事件	16.4
12	2020 年 3 月 2 日	陕西安康医院抗疫补助事件	8.4
13	2020 年 3 月 7 日	福建泉州欣佳酒店坍塌事故	68.1
14	2020 年 3 月 9 日	安徽男子回国隔离 14 天收费 9800 元事件	1.5
15	2020 年 3 月 11 日	郑州郭某鹏事件	24.4
16	2020 年 3 月 12 日	湖北孝感小区居民聚集事件	11.9
17	2020 年 3 月 12 日	河北农妇撞上防疫卡点钢丝绳后死亡事件	1.8
18	2020 年 3 月 28 日	北京郭某思故意伤害致人死亡案	12.7

1. 北京民航总医院杀医案

■ 事件概览

2019 年 12 月 24 日上午，陆续有网民爆料，当日凌晨 5 时许，北京民航总医院急诊科女医生杨文被一位患者的家属砍伤。随着案发现场视频热传，事件火速引发舆论关注。"@平安朝阳"当日发布通报确认此事，并称犯罪嫌疑人孙某已被北京市朝阳区公安分局依法刑事拘留。2019 年 12 月 25 日，杨文医生因抢救无效去世，民航总医院举办追思会引发网民悼念和哀思，舆情于当日触顶，仅微博相关信息近100万条。2020年1月3日，北京市检察院第三分院依法对被告人孙文斌以故意杀人罪提起公诉。北京市第三中级人民法院一审公开审理，孙文斌被判死刑，剥夺政治权利终身。2月14日，北京市高级人民法院二审公开开庭审理本案并当庭宣判，依法裁定驳回上诉，维持原判。3月17日，最高人民法院裁定核准死刑判决。4月3日，孙文斌被执行死刑。

此案发生后，舆论纷纷对犯罪嫌疑人漠视生命、残忍施暴的罪恶行径表示愤怒谴责，要求依法严惩犯罪嫌疑人。伴随沸腾的民意，政法机关启动法律框架下的"快速决策"模式，整个案件审理经历调查、起诉、一审、二审、死刑复核以及执行多个刑事诉讼程序阶段，前后仅历时101天，司法流程之规范，衔接之紧密流畅令人惊叹。另外，政法机关在案件办理过程中同步推进舆论引导工作：公安、检察机关第一时间主动通报案件办理进展，占据舆论引导主动；两级法院公开审理案件，以最大限度的透明度保障民众知情权与舆论监督权；一审判决作出后，对于"有自首情节为何仍判死刑"等舆论疑问，法院借助专家观点释法说理，称"不作从轻处罚是法院依据案件全部事实综合考量的结果，完全符合法律的规定"，进一步化解网民疑虑。政法机关将依法办案与舆论引导相结合，实现法律结果与社会效果的统一，收获舆论认可。

■ 现象·应对

在杨文医生遇害到孙文斌伏法的100天内，暴力伤医行为并没有就此停止。据《健康时报》不完全统计，2020年以来，全国各地已经至少发生了7起暴力伤医事件：1月20日下午，北京朝阳医院眼科3名医护人员、1名群众被砍伤，其中眼科医生陶勇医生受伤最为严重；3月19日，内蒙古鄂尔多斯市中心医院的汤医生做透析准备时，患者王某某趁汤医生不备持刀将其刺伤等。目前，这些案件均已进入司法流程。

近年来，尊医、爱医的社会风气日渐浓厚，特别是在抗击新冠肺炎疫情中，广大医护人员不畏困难、坚守在抗疫一线，被舆论盛赞为"最美的逆行者""新时代最可爱的人"。在这种舆论氛围感召下，严惩涉医犯罪，让蓄意伤害医护人员的犯罪分子得到应有惩罚，合乎公众对美好生活的期待以及对社会正义的期许。孙文斌杀医案可以视为政法机关处置暴力伤医案的一个典型案例，为其他政法机关处置类似案件提供方向。首先，政法机关须在思想意识上对涉医舆情重视起来，发现舆情时要快速回应，广泛倾听舆论呼声，特别是对于那些案情清楚、证据充分、民愤较大的伤医杀医案件，可在依法依规的基础上从速从快处理，以司法之力告慰伤逝者、安抚舆论，确保正义不迟到。另外，政法机关还需立足长远，将严惩涉医犯罪作为一项长效工作机制，完善各项制度设计，从立法、执法、司法、普法层面加大对涉医违法犯罪惩治力度，更好地维护医护人员人身安全。

2. 云南"丽江反杀案"

■ 事件概览

2019 年，云南丽江唐雪"反杀"持刀砸门的醉酒男李德湘一案，经媒体报道后曾引发广泛关注。围绕唐雪行为是否属于"正当防卫"，舆论争议不休。同年 12 月 30 日，云南省人民检察院通报称，唐雪的防卫行为系正当防卫，依法不负刑事责任。丽江市永胜县人民检察院当天对该案撤回起诉，对唐雪作出不起诉决定。随后，新华社刊发云南省人民检察院释法文章，检方就"唐雪行为系正当防卫的依据""不属于防卫过当的依据""不起诉决定的意义"等三大焦点作出回应，强调"法治社会应当肯定、鼓励公民恰当行使正当防卫权利，与犯罪行为作斗争"。《法制日报》《检察日报》相继刊发专家解读文章，陈兴良、张明楷等四位法学专家从法理角度对该案进行细致分析，支持检方对案件正当防卫的定性。另据澎湃新闻网31 日报道，死者李德湘的父亲认为检方通报的情况与事实不符，正与律师按司法流程向丽江市人民检察院申诉。多数网民为检方决定点赞，部分网民追问案件关键细节；媒体高度赞扬了当地检察机关的工作，认为检方明确树立起正当防卫的标杆，再次明确了"不苛求"处于应激状态下的当事人的司法适用标准。

2020年1月9日，央视《新闻直播间》栏目播发13分钟报道，披露"丽江反杀案"的大量关键细节，如冲突因"挪车"而起、唐雪回击时"反手握刀"等，回应网络质疑声音。该案再次进入公众视野，微话题"#央视还原女子反杀醉汉案经过#"阅读量达2.1亿次，视频播放量超过800万次，网民对检方的结论普遍表示认同。

作为近年来备受关注的一起正当防卫案件，"丽江反杀案"在当年年底办结，没有拖到"过年"，体现当地司法机关及时回应社会关切的担当。为取得显著社会效果，政法机关的舆论引导工作也可圈可点，云南检方释法具有较强的示范效应，不能苛求防卫人在万不得已的情况下才防卫、不能苛求防卫人在高度紧张的应激反应下作出"准确"判断等方面论述，充分考虑到当时的紧急态势，契合公众朴素感情；专家解读从法、理、情角度阐述了正当防卫这一司法决定的考量，与公众的心理期待形成共鸣；权威媒体复盘案件全貌，也进一步澄清网民疑虑，引导共识凝聚，防止舆情下沉。

■ 现象·应对

受"丽江反杀案"辐射效应的影响，一些类似的已结或未决案件接连被曝光，话题热度不断上升。辽宁抚顺残疾按摩师于海义"反杀案"一审开庭至今仍未宣判，引起部分网民追问；山东男子宋立英"反杀"入室行凶者一案中，烟台中院认定宋立英防卫过当，以故意伤害罪二审判处其有期徒刑7年，家属提出申诉，请求法院认定正当防卫改判无罪，引发舆论质疑。

2019年的全国两会，最高人民检察院将"昆山反杀案"写入工作报告，其中"法不能向不法让步"的表态成为当年两会金句和舆论场热门话题，给全社会上了一堂普法教育课。理论界和实务界均认为，从近两年来司法实践来看，河北"涞源反杀案"、云南"唐雪反杀案"最终被认定为正当防卫，表明正当防卫条款出现"松绑"迹象。1月15日，最高人民检察院检察长张军与媒体座谈检察新闻宣传工作时，表态称"可以将唐雪正当防卫案作为素材，展现司法机关司法理念的转变"，受到舆论高度赞扬。种种迹象表明，公众对"反杀"个案将继续保持关注，并寄希望与司法形成良性互动，推动各地司法机关以更加审慎、负责的态度处理涉正当防卫案件，在司法实践中保障正当防卫者的权利。

3. 湖北红安县脑瘫儿童死亡事件

■ 事件概览

1月29日，据网传帖文称，湖北黄冈红安县华家河镇一村民因新冠肺炎疑似病例被隔离，其17岁脑瘫儿子交由村委会照料6日后死亡。网帖内容迅速引发网民关注。1月30日，红安县政府官网回应称，当地已成立由县公安局牵头，县纪委监委、县残联等单位参与的联合调查组调查此事。舆论对这起因疫情而引发的次生悲剧展开讨论。多数网民直呼痛心，斥责当地镇政府安置帮扶工作不力，称"基层政府部门应急中的慌乱失措，这可能是一个非常惨痛的例证"。上观新闻指出，打赢疫情防控阻击战，既需要"早排查、早发现、早隔离、早治疗"，也不能忽略了被隔离人员的后顾之忧。随后，民政部基层政权建设和社区治理司负责人公开强调，要重点加强对特殊群体的关心帮扶。2月1日，红安县政府再发通报称，镇党委、政府在疫情防控期间工作不实、作风不实，免去镇党委书记、镇长职务，对其他镇村干部失职失责问题依纪依规处理。当地官方积极妥善处置舆情，获得舆论认可。此后舆情平息。

之后，类似事件陆续曝光，促使舆论进一步关注疫情防控时期特殊群体的生存现状，反思应如何为其提供社会支持。多家媒体报道称，为了集中力量救治新冠肺炎病患，北京、上海、湖北等全国多家医院除发热门诊外其他科室停诊，相继出现肿瘤、癌症等重疾患者就诊难、慢性病患者续药难、孕妇产检生产难等就医困境，不少网民纷纷借助微博等渠道"求救"，生存状态堪忧。另据封面新闻报道，2月24日，湖北十堰一老人因病家中去世，其 6 岁孙子独守多日后被社区人员发现。对此，《经济日报》等媒体呼吁，要对因疫情在家隔离的孤寡老人、困难儿童、重病重残人员、低保对象、特困人员等特殊群体加强走访探视，保证城乡社区不能有"孤岛"，基层治理不能有"漏斗"。

■ 现象·应对

目前，随着疫情防控工作深入推进，政府部门对特殊群体的帮扶政策已有序铺开。1 月底，民政部、国家卫健委印发通知，就动员城乡社区组织开展疫情防控作出安排；3 月 14 日，在国务院联防联控机制新闻发布会上，民政部表示要把困难儿童救助保护工作纳入重要工作内容；4 月 11 日，民政部表示，在常态化疫情防控阶段，对特殊困难群体要充分发挥社会组织、社区工作者等社会力量作用，主动开展上门服务、物资配送等。同时，各地因地制宜出台各项政策，封堵政府管理工作"漏洞"，如湖北省出台通知，对低保对象、特困人员、重度残疾人、孤儿、留守老人等特殊困难群体，按城市人员不低于 500 元、农村人员不低于 300 元的标准给予生活物资救助；湖南、河北等各省民政部门部署省内"一老一小"等特殊群体关爱帮扶工作；福建、河南等地方残联出台新举措，通过发放补助及一次性扶持资金等方式惠残利残；黑龙江省调整医保政策助推分级诊疗等。中央及地方各类文件的出台，为帮扶救助特殊群体提供了精细化操作指引，被舆论称赞"及时有力"。

公共事件发生后，政府对特殊困难群体的关照程度，体现着政府治理工作的民生温度和治理精度。毕竟，疫情防控不只是医疗卫生问题，而是全方位的、方方面面的统筹安排，其最终的落脚点还是在人。政府部门须对热点舆情事件中的民生问题加以关注，及时响应、安抚舆论，防止人心不稳干扰防控工作大局。另外，社会治理还需将宏观防控与微观治理相结合，既要保证宏观政策方向，又要注重精细化管理，根据现实存在的问题灵活调整政策，制定精准、科学的防控方案，才能织密社会防护网，全方位保障人民安全与身体健康。

4. 湖北黄冈卫健委主任"一问三不知"事件

■ 事件概览

1月30日，"@央视新闻"刊发视频报道称，中央指导组派出督查组，赶赴黄冈市进行督查核查。当问到定点医院收治能力床位数量、核酸检测能力时，当地卫健委主任唐志红要么沉默，要么含糊其辞，一问三不知。此事迅速引发网民热议，微博话题"#黄冈卫健委#""#黄冈疾控负责人一问三不知#"一度攀升至热搜榜前列。"@央视新闻"随后配发评论称："谁不对群众负责，谁就该被问责！"舆论也强烈指责唐志红在疫情防控中的官僚主义、形式主义作风，呼吁有关部门严肃追究其失职渎职的责任。

面对汹涌的舆论声讨浪潮，1月30日晚，黄冈市委决定免去唐志红市卫生健康委员会主任职务，其免职按有关法律规定办理。2月1日召开的湖北省肺炎疫情防控工作新闻发布会提到，此事充分暴露出政府在应对疫情方面准备不充分，包括防控的措施不严、部分干部的作风不实。主流舆论认可当地果断迅速的处置行为；部分网民认为免职不是撤职，如此处置不足以平息民愤。此外，媒体还跟进报道称，《黄冈日报》曾于1月25日刊登一篇题为《深夜碰头会》的文章，其中详细描述了唐志红在深夜零时召集防控疫情工作人员召开碰头会的工作状态，"嗓音沙哑，每说几句话就要喝口水润润嗓子""女儿放假回家快半个月了，母女都没有见上一面"。相关内容进一步激怒网民，跟帖评论中大量网民追问抗疫一线还有多少领导干部作风浮夸、不作为。

3月29日，据《健康时报》报道，目前黄冈市卫健委主任一职仍是空缺状态，被免职的唐志红仍在黄冈市疫情防控指挥部，但不担任任何职务。3月30日，黄冈市政府门户网站官微发布消息称，黄冈市人大常委会会议通过免职决定，免去唐志红市卫健委主任职务。该通报引起舆论猜测，部分网民由此质疑有关部门的问责力度。

■ 现象·应对

自疫情暴发以来，此类官员工作作风不佳、履职意识不足引发的舆情并非个例，曝光后往往立即成为全国关注的新闻，如湖南张家界市疾控中心一科长李文杰害怕被感染逃往泰国等。对此，中央和地方通过加大问责督导和正向激励力度，发挥警示制度教育和引导作用。中央层面，通过"互联网＋督查"平台直接面向全社会征集线索，以及向各地派出指导组等方式，形成多种制度性安排。地方政府则积极响应，在全国战"疫"一线掀起"问责风暴"。作为疫情最严重的地区，湖北省目前已换下 5 名省、市级卫健委主任，超千名党员干部因"履职不力""责任落实不到位"等原因被问责。同时，贵州、广西、湖南、浙江、天津等省区市也纷纷对查处的干部公开通报或追责。另一方面，积极推树先进"抗疫"模范，一批敢于担当、业务能力优秀的一线干部在疫情期间脱颖而出、受到提拔，形成正面的激励导向作用。

此前，习近平总书记在中央政治局常委会会议研究应对新型冠状病毒肺炎疫情工作时强调，各级党组织要在斗争一线考察识别干部，对表现突出的干部要大力褒奖、大胆使用，对不担当不作为、失职渎职的要严肃问责。可见，此次疫情不单是一起影响深远的公共安全事件，更是对各地政府执政能力的一次大考，是对党员干部责任和担当的"试金石"。甄别、排查履职能力薄弱、工作作风不良的官员，激励守土有责、敢于担当的干部，既是有力回应群众关切、消除公众质疑的关键，更是法治政府建设的一次有力推进。

5. 湖北红会口罩分配风波事件

■ 事件概览

1 月 31 日，在疫情核心区武汉进入"封城"一周后，包括武汉协和医院在内的多个医院医疗物资告急，引起网民对防疫物资分发使用情况的高度关注。同一时间，有网民发现，在湖北省红十字会官网公布的捐赠物资使用情况表上，一家"莆田系"医院得到大量 N95 口罩。这种"奇葩"的分配方式，受到不少质疑。随后，湖北省红十字会在官网作出回应，承认存在审核把关不严等问题。但该回应并未消除疑问，反而引发舆论对社会捐赠物资调配权等更多问题的追问。2月1日，武汉市红十字会接连曝出央视记者探访临时仓库被保安阻拦和"男子开公车从红会给领导提口罩"事件，再次触犯众怒。网民指责武汉红十字会拒绝舆论监督，并追问防疫物资的用途去向以及领取标准。

分析认为，上述事件之所以引发负面舆情，一方面，红十字会系统人手不足、管理效率低的短板被迅速放大，舆论对物资分配效率产生不满；另一方面，湖北、武汉两级红十字会忽视了物资发放和管理信息公开的重要性，其所公开数据在精细度和精准度上的缺失，致使公众质疑物资分配方向和依据。社会的不信任感加剧，导致负面舆情接连被引爆。

2月1日晚间，中国红十字会总会派出工作组奔赴武汉调查处置有关问题，随后对湖北省、武汉市两级红十字会相关工作进行整改。2月4日，湖北省纪委监委对湖北省红十字会问责结果出炉，三名领导干部因失职失责问题被处分，有效安抚了连日来的社会不满情绪。然而，舆论对捐赠款物使用的关注和对慈善组织的监督并未就此打住，陆续曝光的多起相关信息令舆情波动不断。如有媒体称武汉市慈善总会将27亿元捐赠款上缴财政引发网络热议，部分舆论质疑此举涉嫌违法，武汉慈善总会很快回应称系误读，强调27亿元捐赠款已全部用于疫情防控。

■ 现象·应对

随着疫情防控的逐步深入，国家开始对疫情期间慈善募捐活动加强管理。2月14日，民政部发布慈善组织、红十字会依法规范开展疫情防控慈善募捐等活动指引，明确慈善组织、红十字会要及时向社会公布捐赠款物的接收分配情况，主动接受社会监督。3月9日，在国务院联防联控机制举行的新闻发布会上，民政部相关负责人指出，在应对疫情过程中，慈善组织存在捐赠物资拨付不精准等多个问题，其运作能力还有待改善和提高。为此，民政部派出工作组，制定有关文件，向慈善组织包括红十字会发出通知，接受社会监督，迅速完善有关流程等，解决了前段时间出现的一些问题。

目前，疫情全球暴发流行态势依然严峻，国内疫情反弹隐患并未消除，社会捐赠工作仍在持续。因此，对于各级红十字会以及慈善组织而言，在后续工作中及时吸取教训，改进完善短板问题就具有现实必要性。一方面，针对官方慈善组织与民间慈善组织在物资分发效率上的差距，专业人士呼吁尽快出台与慈善法相配套的行政法规和部门规章，促使各类慈善组织各司其职、有序抗疫；另一方面，对于由缺乏统一的信息公示和共享平台引发的物资发放乱象，相关部门需按照统一部署原则，建立国家层面的信息公开平台，便于政府资源、社会资源与医院需求实现顺畅衔接。

6."双黄连口服液"事件

■ 事件概览

1月31日22时46分，新华社官方微博"@新华视点"发布报道称，中科院上海药物研究所、武汉病毒所联合发现中成药双黄连口服液可抑制新型冠状病毒。8分钟后，该消息被"@人民日报"加上"#双黄连可抑制新型冠状病毒#"话题予以转载，很快引起社交媒体刷屏传播。全国多地市民连夜在线下药店排队购买，网售双黄连口服液一夜脱销，连兽用药、双黄莲蓉月饼也遭到哄抢。腾讯医典医学团队率先发布"辟谣"信息，称尚无有力证据证明疗效；专业人士也发出不同声音，追问"抑制"与治疗和预防有何区别。与此同时，有关双黄连口服液不良反应和相关研究机构的"黑历史"也被网民翻出，引发大量调侃。如医学科普网站"@丁香园"发微博质疑"熬了大半夜的科研成果"，并称"上海药物所，不仅能搞SARS，还能搞新型冠状病毒，还攻克阿尔茨海默病。用的时间还都很短，又快又好"。当晚的网络舆论场各种声音交杂，局面混乱不堪，后被网民总结为"魔幻一夜"。

2月1日凌晨1时许，上海药物研究所通过"@国是直通车"回应称，"科学的事情我们不想说得太过"。7时许，"@人民日报"发文强调目前还没有用于预防和治疗新型冠状病毒的药物，提醒网民请勿自行服用双黄连口服液。中央指导小组医疗小组专家、中国工程院院士张伯礼接受央视新闻采访时表示，双黄连对病毒并不具有针对性。当晚，上海药物研究所在官网发布声明，称新闻报道内容准确无误，还需通过进一步临床研究来证实。相关说法并未打消舆论质疑，批评之声不绝于耳。

疫情发生以来，类似不靠谱"研究成果"屡见报端。如复旦大学附属上海市公共卫生临床中心宣布成功研制出一款广谱抗病毒喷剂，可有效预防新型冠状病毒感染；南京大学研究团队发现金银花、绿茶能防控新冠肺炎病毒感染；浙江省疾控中心研究团队称"茶水可杀灭并有效抑制细胞内新型冠状病毒复制"等，均引起网民围观群嘲。舆情发酵后，医学人士和"网络大V"是批判的主力，权威部门和权威专家很快发声、澄清谬误；主流媒体则多从规范信息发布角度展开评论，如《经济日报》评论"莫让不规范信息发布搅乱人心"，《中国青年报》等呼吁"科研结论公布须谨慎"，《健康时报》批评相关研究机构"哗众取宠""蹭热点"。

■ 现象·应对

在谣言满天飞的疫情舆论场中，一些"伪科学"之所以能够趁机大行其道，甚至得到权威媒体背书，与其自带权威光环、迎合公众焦虑情绪密不可分。权威专家的观点"打架"频繁出现在疫情防控各个领域，治愈病例是否有二次感染风险、口罩能否重复使用、病毒是否存在"气溶胶传播"等，各类专家"一天一个说法"引发舆论不满。此外，宠物是否携带并传播肺炎病毒尚无实证，多地却相继曝出遗弃和扑杀宠物行为等，激起网民愤慨。这些事例充分表明，缺乏科学依据和严格论证的信息发布，不但会加剧公众惶恐情绪，还可能对集体行为产生错误引导，进而影响公众对专业权威的认可度，消解科研机构的公信力。但与网络谣言不同的是，辨识这类信息需要有专业的知识储备，普通人很难做到去伪存真。因此，要想从根源处避免类似乱象再起，关键在于规范各类主体的信息发布行为，例如科研机构需要慎重发布研究结论，科学知识也需经得起实践检验；

而一旦谣言滋生，官方需要及时澄清谬误、答疑解惑，遏制其发酵和传播空间，对冲谣言带来的不利影响。

7. 大理市政府征用口罩事件

■ 事件概览

2月3日，一封由云南省大理市卫健局发出的《应急处置征用通知书》在网络流传。据《通知书》显示，因疫情防控，云南省瑞丽市发往重庆市的9件口罩被"依法实施紧急征用"。同日，另一封重庆疫情防控小组向大理市索要被征用物资的信函也被热传。结合这两份文件，网民猜测大理市"扣押"了重庆市政府采购的疫情防控物资，谴责该做法是"强盗行为"，另有爆料称大理市还征用了成都、黄石、遵义、丽江等地的防疫物资。

2月5日，《新京报》核实后确认了"大理征用异地疫情防控物资，被重庆疫情防控小组索要"一事属实，报道称跨行政区域物品征用权属于国务院，大理市相关部门的征用行为涉嫌违反传染病防治法。随后，此事件开始全面发酵。主流媒体相继刊文痛批：新华社谴责大理市卫健局开了一个恶劣先例，如果此风不刹，各地纷纷效仿，必将影响"依法科学有序防控"的抗疫大局；微信公众号"侠客岛"评论称，此事必须要深究问责，同时有必要在全国范围内检查是否还有一些地方随意"截胡"防疫物资。网民纷纷指出，大理市卫健部门的截留行为于理于法都站不住脚，呼吁大理市政府归还物资，严惩相关责任人。

2月6日15时，"@云南发布"发布通报称，云南省应对疫情工作领导小组对大理市政府予以通报批评，该市卫生健康局局长被免职。同日，大理市政府也发布声明向社会各方表示道歉，并保证妥善处理善后工作。权威部门的快速介入和及时处理使负面舆情有所缓解。2月24日，云南省纪委监委公布了最新进展，大理州委、大理市委书记等5个单位8名责任人被问责处理。有关部门的问责力度之重，大大超出了公众预期，因违法征用口罩一事引发的舆情至此平稳回落。

■ 现象·应对

此次口罩事件闹得沸沸扬扬时，网传沈阳、青岛海关相互扣押防控物资。对此，沈阳海关工作人员表示，他们没扣押过青岛方面的防控物资；青岛方面则回应称，网传文件并未执行。尽管海关方面并未出现类似事件，但大量有关疫情防控物资被海关"暂扣""截留""征用"的网络爆料频现，多地海关不得不予以辟谣。此外，武汉部分高校宿舍被征用为集中隔离场所，却曝出学生私人物品遭丢弃、堆积等现象也引发舆论热议。针对这类现象，专家学者从法律角度评论认为，这些案例凸显出我国紧急物资跨区域征用的法律规定不明确、征用执行细则不清晰等问题。与其他行政权力不同，征用行为本身因涉及公权力对私权的"侵犯"，双方之间的紧张性、对抗性可能在具体的执行中被无限放大，从而给负面舆情事件发酵留下空间。

在现有的法律框架内，如何推动征用工作依法进行，避免刺激舆情的负面反应，考验政府部门的法治建设水平和依法行政能力。3月16日，中央应对新冠肺炎疫情工作领导小组召开会议时特别强调，要做好疫情期间临时征用的房屋、交通工具、相关设施设备等返还清退和依法补偿工作；全国多数地方部门均主动履职，积极回应社会关切，如广州市人大常委会授权政府为疫情防控征用单位或个人财产，引发合法性质疑，广州市人大常委会专门对法律依据作出解释；重庆市司法局组织律师对被征用企业的权利义务等法律问题作出解答，消除企业对权益受损的忧虑。所以，防疫工作越吃紧，政府的行政行为越要依法作出，越要遵循和服从法律，坚持全国一盘棋，如此才能保障疫情防控工作顺利开展。

8. 湖北孝感一家三口打麻将被打砸事件

■ 事件概览

2月13日，网曝湖北孝昌县陡山乡一家三口在家中打麻将被防疫人员砸毁麻将机。现场视频刺激着网民神经，网民批评防疫志愿者"拿着鸡毛当令箭"。媒体和专业人士讨论疫情防控执法的边界，法制网评论称，"这暴露出少数执法人员不知法为何物的严重问题"；"@中国日报"指出，极端执法本身就是违法，是对规则和他人合法权益的践踏；还有学者表示，防疫人员侵犯了个人的住宅权和个人的人身自由权利，应予纠正、追责。

2月18日，孝昌县新冠肺炎防控指挥部通过县政府门户网站作出情况说明称，部分工作人员在防控工作中存在方法简单、行为失当情况，事发后陡山乡乡长两次登门道歉。陡山乡司法所进行人民调解，当事村民给予谅解并出具了书面谅解书。虽然涉事双方握手言和，但舆论争议并未就此平息。部分网民表示理解，认为严防严控疫情的出发点是好的；仍有多数网民坚持认为涉事人员应当承担入室打砸行为的法律后果，而非"道歉了事"。在疫情防控大背景下，个别极端事件造成的恶劣影响容易被舆论放大解读，触发个人权利无法得到保障的不安和焦虑，激起群众与基层干部之间的"情绪对立"，不但可能降低公众对疫情防控措施的认可度与配合度，还会弱化公众对法律和公权力的信赖。

在该事件的热度带动下，类似事件接连被曝光，如陕西西安一老人不戴口罩遭物业人员连扇耳光、湖北安陆一家四口在家打扑克被公开训诫、广西来宾9名聚众赌博人员被"游街"示众、河南濮阳一村民因不戴口罩被工作人员捆在墙上、武汉城管队员殴打生鲜店配送员等。基层防疫人员任性执法、粗暴执法问题被推上风口浪尖，舆论一致呼吁，"疫情防控别走极端，不能冲击法治底线"。

■ 现象·应对

面对激愤的舆情，中央政法机关纷纷表态，及时回应社会关切。2月18日，国务委员、公安部部长赵克志明确指出，全国公安机关和广大公安民警要坚持依法履行职责，坚持严格规范公正文明执法，严禁过度执法、粗暴执法。2月24日，司法部印发意见，从十个方面要求大力推动严格规范公正文明执法，保障疫情防控工作顺利开展等。此后，中央政法委会同最高人民法院、最高人民检察院、公安部、司法部制定了《关于政法机关依法保障疫情防控期间复工复产的意见》，再次强调精准执法，一手抓严厉打击，一手抓"温情执法"。

疫情防控是一场"法治大考"，考验着执法者的能力与智慧，只有尊重法律，并善于运用法律手段解决问题，才能凝聚共识。依法防控的前提是知法懂法，法无授权不可为，执法者必须明确执法边界，明晰应该承担何种责任与义务，任何人任何时候都没有权力超越法律边界侵犯他人的人格尊严、财产权利和人身自由，否则只会"好事办砸"，招致群众反感、舆论非议。另外，特殊时期严格执法无可厚非，但严格执法不等于照搬法条、僵化执法，如为阻止聚众打麻将，四川旺苍县警方收走市民家中四张"壹万"，称"不怕一万就怕万一，疫情防控必须确保万无一失"；成都一派出所收走该街道麻将馆和茶铺的"幺鸡"，恢复常态后警方将其交还。如此温馨又机智的处理方式既防止了危险行为的发生，又未伤害他人权利，受到舆论一致好评。抗疫特殊时期，执法人员更需要在法律框架内灵活执法、柔性执法，提升执法准度和温度，赢得人民群众的理解与支持。

9. 湖北退休厅官染病拒隔离事件

■ 事件概览

2月13日，有微博网民爆料称，湖北省司法厅退休副厅长陈北洋一家三口感染新冠肺炎，执意居家隔离，且经常外出散步，造成小区群众恐慌。社区人员上门劝导时，陈北洋一家同意去医院，拒坐救护车而由政府公务车送医。14日，有媒体转载上述爆料信息，并称陈北洋因要求医院提供厅级干部病房无果而拒绝就医。此事迅速引发关注，网民对其在疫情防控时期"要官威""搞特权"的行为表达谴责和愤怒，指责其给防疫大局添堵、添乱。

迅速发酵的网络舆情引起了湖北官方的高度重视，2月15日，湖北省司法厅回应称，纪检部门已介入调查此事。此后，与该事件有关的网络信息不断曝出，舆论态度分化出支持和批评两种声音。一方面，陈北洋自述为能让家人入院治疗多方求告，均无果，只好回家自救，日前核酸检测已转阴。相关内容引发网民同情，还有网民表示理解陈北洋一家的做法，称"一开始反复求医无门，后检测转阴却要求必须住院，任何人都难以接受"。另一方面，陈北洋妻子曾对上门劝导的医务人员"破口大骂"的视频在网上热传，则遭到网民批评"嚣张""跋扈"。面对各方说法，《新京报》《南方周末》等媒体追踪报道，还原了陈北洋一家从发病、求医、自救到再被要求隔离治疗的始末，与网传的"要求厅级病房""坐公车去医院"等"耍特权"说法不符，此后舆论风向稍转。

2月24日，湖北省纪委监委发布通报称，陈北洋因"确诊后不服从集中隔离、入院治疗等措施，并违规出入公共场所"，违反廉洁纪律、违规多占政策性住房等问题，受到留党察看处分，并降为一级调研员退休待遇；对其违规多占的政策性住房，由相关主管部门依规处理。多数网民点赞官方的处理决定。

■ 现象·应对

疫情期间，多起涉官员特权的网络信息被曝出，湖北省市场监管局后勤服务中心筹备组副组长朱保华训斥当班护士未清理其病房马桶；湖北荆州一男子发帖称"当官的父亲派车接其回荆州"；吉林通榆县一名退休官员强行要求为自家运送物品的外来车辆进入小区；河南新郑市第三人民医院一名副院长路过疫情卡点时"强硬拒绝"戴口罩并连说16个"我不戴"等。相关事件先后掀起不同程度的舆情风暴，造成恶劣的社会影响，主管部门第一时间介入调查，快速公开处置结果，在社会上形成了典型的警示效果。

网络舆论场中，与公职人员有关的舆情具有发酵速度快、讨论热度高等特点，常给公众留下深刻的负面印象。而且，个案如果得不到及时、妥善的处置，舆论很容易将不满情绪放大。因此，在疫情防控关键时期，依法防控绝不容许任何个人凌驾于法治之上，甚至变成疫情防控"木桶"的短板。相关部门需重视此类舆情，通过两方面工作强化制度约束、化解舆情风险：一是在实体工作层面，完善制度建设，加大对党员干部的监督检查力度。对干扰疫情防控的违纪违法事件，做到发现一起处理一起，并依法追究相应法律责任，维护法律尊严和法治严肃。如河南省公安厅强化疫情防控战时纪律，出台疫情防控工作相关规定，严禁要"官威"、要特权等行为。二是在舆情处置层面，各部门需要及时发现线索、及时处理，通过主动公开和有效回应澄清事实、消解质疑，不给舆论场留下滋生谣言的空间。如网传四川崇州一辅警开奔驰拒防疫检查、自称"家中有大官"，警方经调查后辟谣，使得网络舆情迅速平复。

10. 湖北武汉"解封令"无效事件

■ 事件概览

2月24日11时，武汉市政府发布《关于加强进出武汉市车辆和人员管理的通告》（第17号）称，因保障疫情防控、城市运行、生产生活、特殊疾病治疗等原因必须出城的人员，以及滞留在汉外地人员可以出城。这纸公告给不少因"封城"滞留武汉的人员带来希望，但社区、交通部门等部门却表示并未得到"可以出城"的肯定回应。人心浮动之际，当日15时，发布《武汉市新冠肺炎疫情防控指挥部通告》（第18号），称第17号通告系市指挥部下设的交通防控组未经指挥部研究和主要领导同志同意发布，现宣布该通告无效，已经对相关人员进行了严肃的批评处理。

这起武汉"解封令"事件迅速引发舆论风暴。当日，"#进出武汉市车辆和人员管理通告无效#""#武汉将严格管理离汉通道#"等微话题累计阅读量达2亿次。舆论场中，网民直呼政府决定草率，担忧会对其他地方的疫情防控造成影响。"@胡锡进"对政令流程合规性提出质疑："交通组的胆子这么大，敢擅自使用疫情防控指挥部的名义发通告？希望谁的责任谁来担。"部分媒体对此事表现得较宽容，红网评论文章称，"我们当然希望政府始终正确权威，但也要允许政府出错。政府取消已发布的通告，这是政府主动容错纠错的体现，应给予理解和支持"。还有舆论认为此事需为政府的政令发布工作敲响警钟。微信公众号"陶然笔记"文章指出，"武汉市的疫情通告发布不是小事，人命关天，马虎不得、懈怠不得，务必慎而又慎"；律师等专业人士发声表示，疫情防控特殊时期，政府还需站在"总体战、阻击战"的高度，认真研究，全面权衡，努力增强决策的科学性、合理性、合法性。

梳理发现，除湖北武汉，各地也相继出现政令"朝发夕废"的情况，受到舆论关注，如广东汕头"封城令"3小时被撤回、湖北潜江"复工令"6小时被收回、黑龙江巴彦县"禁酒令"当日发布即撤回等。总体看，涉事政府部门均能在发现问题后迅速撤回不当通告，并对有关人员作出处理，阻止负面影响进一步延烧。尽管如此，多数舆论仍认为，"政策一日游"的行为给社会带来的巨大经济成本，更是对政府公信力造成损伤，须尽力避免。

■ 现象·应对

其实早在此前，为了规避此类政令"朝令夕改""一日游"的情形，国务院曾就行政规范性文件的合法性审查问题有过明确规定：2018年5月，国务院办公厅印发《关于加强行政规范性文件制定和监督管理工作的通知》；2018年12月，国务院办公厅印发《关于全面推行行政规范性文件合法性审核机制的指导意见》等。此次疫情期间，司法部亦出台文件，对做好复工复产有关行政规范性文件进行合法性审核，确保行政规范性文件的合法有效，多地还加强了对疫情防控文件的合法性审查力度。因此，武汉"解封令"等舆情风波也警示各地政府部门，政令通告的制定、出台、审核、发布等是一项细致严谨的行政行为，其发布内容、发布流程等本身已有明确的法律规定，不管任何时间、任何背景都要严格遵照执行，不容讨价还价。在当前疫情大考之下，各地政府部门在政令推行方面更应遵守法定的决策程序，认真检视工作流程，做好文件的合法性审查，确保科学决策、合法决策、程序合法，维护政府行政行为有效性和权威性。

11. 武汉黄某英事件

■ 事件概览

2月26日，第一财经等媒体报道称，北京市东城区新怡家园社区2月24日出现一名新冠肺炎确诊病例，患者黄某英系武汉市某监狱刑释人员，由亲属自驾车从武汉接回北京。事件一经曝光迅速引爆舆论场，舆论追问黄某英为何能在武汉"封城"期间离汉进京，"一道道关口是怎样失守的"？随后，司法部、湖北省和北京市相继宣布成立联合调查组。财经网等媒体起底黄某英个人情况，称其原是湖北恩施宣恩县水利水产局出纳，因犯贪污罪获刑10年，在武汉女子监狱服刑期间多次获准减刑。这一细节更让与黄某英有关的"背景说""特权说"等论调盛行，舆情热度一路上扬。

3月2日，黄某英事件调查结果公布。调查组认为，黄某英事件是一起因失职渎职导致的严重事件；湖北省纪委监委对省司法厅厅长谭先振等9名相关责任人给予免职、立案审查调查处分。北京市纪委监委通报，相关责任单位、责任人被处罚。舆论点赞调查结论"事实详尽、责任分明"，对责任人的处理及时果断；部分网民呼吁追究黄某英刑事责任。3月22日，北京市公安局东城区分局官微"@平安东城"发布消息称，因黄某英不了解北京疫情防控工作相关措施，且返京后未造成感染他人的风险，不予追究法律责任。黄某英之女覃某及覃某前夫未遵守疫情防控相关规定，分别被给予治安警告和行政拘留处罚。主流舆论对此结果多表示认可，并称赞警方处置客观公正。

该舆情在疫情防控关键阶段爆发，不仅使多地相关部门遭舆论质疑和批评，也引发疫情防控措施是否到位的追问。面对危机，司法部等主管部门火速成立调查组，高层介入为调查结果的权威性背书，促使舆论倾向由普遍质疑转变为理性期待。同时，调查工作细致、高效、权威，从事件曝光到调查结果公布，不到一周时间，调查组还原了黄某英从武汉到北京的路径，通过翔实的细节和证据回应了公众疑问。舆情引导方面，各处置主体分工明确、及时辟谣。司法部、湖北省纪委监委和北京市纪委监委、公安机关主动跟进发布调查处置进展；舆情爆发后，大量不实信息在网上流传，湖北监狱部门和央视均第一时间予以辟谣。

■ 现象·应对

该起舆情涉及湖北和北京两地监狱、公安、社区等多个单位，影响力和波及面广泛，社会影响较差。

事件发生后，中央指导组在武汉督导监狱、戒毒所等特殊场所疫情防控工作落实情况时强调，特殊场所疫情防控还潜藏风险，要尽快消除疫情新的增长点、暴发点。司法部和两地地方政府，也分别加强了刑释人员的安置工作，制定更严密的措施堵住基层防控漏洞，挽回了受损的社会形象。对于此类在重大突发公共卫生应急时期发生的舆情，涉事及主管部门对涉事人员应当按照不遮掩、不护短、不迁就的准则，依法快速处理，树立为民、务实、高效的形象，让高效、硬朗的调查处理成为社会公共安全治理的标杆。

12. 陕西安康医院抗疫补助事件

■ 事件概览

3月2日，有网民爆料称，陕西省安康市中心医院在一线疫情防控人员临时性工作补助发放中，"领导拿的补助比支援湖北一线职工的都惊人，心内科主任任某上了一天发热门诊就拿9900元"。根据网络热传的补助统计表显示，医院"领导"主要分为三种，一是医院院长、副院长等领导干部；二是医院各科室负责人；三是医院行政部门，如控感科。院长陈某某、副院长董某某等人领取补助总共12300元，急诊内科、CT室的医护人员核定补贴最少的只有300元。这一巨大差距令舆论义愤填膺，网民猜测医院有人以权谋私、克扣补助，媒体也批评这是"官本位思想作祟""仗没打完就摘桃子"。

面对网络质疑，3月3日，涉事医院通过官网发布回应称，错将拟上报的补助名单公示为补助标准，但网民对该回应并不买账。舆情发酵后，安康市卫健委表示"已介入调查"，纪委监委部门也迅速成立核查组依法依规开展核查工作。3月5日，安康市通报调查结果，对负有主要领导责任的安康市中心医院院长和副院长予以免职，并给予政务记过处分。政府部门介入舆情后，快速通报调查结果，很快平息了负面舆情。舆论对此结果表示认可，认为官方严肃问责追责的做法，正是抗疫补助不容"按权分配"的原则的有力体现。

然而，抗疫补助发放引发舆论风波并非个案。经梳理，以下两种情况在现实生活中比较突出：一是"滥发滥领"，医务人员与行政人员、一线人员与非一线人员的抗疫补助分配出现"倒挂"现象，如网络曝光海南陵水县医院"行政人员补助高于一线医护"、贵州凯里市第一人民医院纪检书记领双倍补助等；二是"应发未发"，如甘肃兰州、江西鄱阳等多地有医务人员网上反映补助被要回，原因系与一线人员标准不符；山东济宁兖州区铁路医院补助名单引发异议后，直接将获补助者从原来100余人压缩至19人等。对此，舆论呼吁既要防止领导"下山摘桃"，也要警惕他们"摘桃不成反毁桃"，只有精准分配好每一分补助，才能不让一线防控人员寒心。

■ 现象·应对

抚慰抗疫医务人员的关怀政策在落实过程中频引争议，反映了公众对权力滥用行为的愤慨，同时也暴露出基层部门在抗疫补助发放方面规则不明、界定不清的现实问题与舆情风险。3月5日，中央应对新冠肺炎疫情工作领导小组会议强调，要进一步落实好关心关爱医务人员各项措施，临时工作补助不得按行政级别确定发放标准。国家卫健委也表示，正会同人社部、财政部对相关政策进一步完善。3月11日，国务院应对新型冠状病毒感染肺炎疫情联防联控机制印发通知，对一线医务人员作出了详细界定，严格执行审查监督。中央和国家相关部门及时捕捉舆论声音，通过完善标准、明确责任等做法来回应公众关切，令个案产生了广泛的制度辐射效应。

问题的普遍性意味着制度的辐射效果尚需深入评估。一方面，人们对新的政策标准尚未达成共识，部分舆论对一线人员界定方法和补助计算方式存在异议，追问"没有击中敌人的火线就不算战场"是否合理、"接触一天算一天"的解读是否规范。另一方面，个别地区严苛执行政策要求，干脆不发甚至收回已发补助，违背了政策实施的初衷，产生新的矛盾。抗疫补助不仅关系到一线医务人员合法权益，还关乎公众对公平正义的感知。因此，从国家层面进一步科学划定抗疫补助标准范围等，针对疑问充分释疑解惑，比纠正个案更具说服力。

13. 福建泉州欣佳酒店坍塌事故

■ 事件概览

3月7日19时许，福建省泉州市鲤城区欣佳酒店发生楼体坍塌事故，事故共造成29人死亡、42人受伤。据媒体报道，该酒店系当地政府指定的疫情集中医学观察点，用以隔离观察外地返乡人员和密切接触者。该事故引发全国上下高度关注，国务院安委办、国家卫健委、应急管理部第一时间派出工作组、专家组赶赴现场开展指导和救援。网络舆论震惊之余，猜测与质疑声音浮现：酒店因何坍塌？是否存在质量问题？该酒店为何成为指定隔离点？澎湃新闻网、《新京报》等媒体不断深挖事发酒店及经营者的"历史"，包括"该酒店经营者曾将四层改建七层""房屋正常使用性鉴定援引已废除标准、曾多次受到监管部门处罚、垮塌前正在施工且柱子已发生变形"等，劲爆情节刺激舆情持续攀升。同时，《财经》杂志还调查发现，该酒店的不动产权证办理、土地性质转换程序、旅馆业特种行业许可审批环节皆有漏洞。

3月11日，泉州市政府召开新闻发布会，通报欣佳酒店在建设、改造和审批等方面存在严重问题，已对相关责任人员采取强制措施、财产保全措施。12日，国务院决定成立坍塌事故调查组并开展调查工作；应急管理部要求，全国立即开展隔离观察场所建筑安全风险和隐患排查，切实加强定点医院等涉疫场所的安全防范，坚决防范遏制重特大事故。次日，调查组便发出初步调查结论：该项目未履行基本建设程序，无规划和施工许可，存在非法建设、违规改造等严重问题；地方相关职能部门监管不到位、"打非治违"流于形式，导致安全关卡层层失效，最终酿成惨烈事故。调查组表示要全面查清事故原因，重点查清非法建设和违规改造问题，查清欣佳酒店违规经营和为何被选定医学隔离观察点问题，查清有关部门背后有无失职渎职。舆论一致呼吁，尽快查清事故原因及背后问题，依法追究相关人员的法律责任。不过令人遗憾的是，酒店坍塌事故截至目前尚无调查报告发布，舆论呼声与追问仍在持续。

■ 现象·应对

此前为应对新冠肺炎疫情，各地均制定了疑似患者或密切接触者集中隔离的防控政策，酒店成为集中隔离的首选。2 月 10 日，住房和城乡建设部科技与产业化发展中心联合多个机构在相关领域专家的指导下，完成并印发了《酒店建筑用于新冠肺炎临时隔离区的应急管理操作指南》，对隔离酒店运营管理给出详细的管理指导。不过，仍然有类似有关隔离酒店质量问题和卫生条件不达标的新闻曝光：3 月 19 日，西安一回国留学生爆料称，自己所在的四星级隔离酒店是一座"废旧老楼"，收费 420 元一天，房间天花板坍塌、插座损坏，西安市纪委部门回应称"先退费再安排新酒店入住"等。

安全、消防隐患的排查等常规工作，本应在集中隔离场所选定之前就应当做好，多地却在执行过程中频频被曝出问题，不得不令人怀疑这类"劣迹斑斑"、不达标的酒店是如何被选定？政府决策时参照了哪些标准？有没有做过细致的调研与安全评估？这些舆论疑问在热点舆情中并未得到解释。应对此类重大公共安全类舆情，对于个案来说，为避免舆论质疑"调查被搁置"，相关调查组需尽快公布调查及处理结果，回应舆论关切和社会期待。这些事件也暴露出，疫情隔离场所在筛选、指定环节可能存在漏洞，各地决策部门需要完善机制，消除隐患，确保各项疫情防控措施真正落到实处。

14. 安徽男子回国隔离14天收费9800元事件

■ 事件概览

据红星新闻3月9日报道，吴先生从国外返回安徽枞阳县，按照当地政府要求到指定酒店隔离时，被告知"每天收费700元，14天收费9800元"，收费标准堪比星级酒店。吴先生还指出，隔离费收费不是酒店直接收取，而是当地卫生院严姓副院长通过私人微信收取，也没有开具正规发票，而相关各方对此解释不一：酒店方称"与酒店无关，是'县上'统一收的"；职能部门称"隔离费用由县乡政府承担，隔离点不得收取任何费用"；收费的严副院长则表示"这叫预收费，多退少补"。

相关报道一经发出，迅速引发舆论热议。《新京报》评论指出，很有必要厘清"天价隔离费"的来龙去脉，并公之于众，对于涉嫌违规抑或违法的相关人员，也应追责。一些自媒体文章也认为，境外入境人员集中隔离费用自理，不再是财政买单，这合法合理，并无不妥，但隔离费用标准不能太离谱。3月10日夜间，枞阳县新闻办发布情况说明称，集中隔离点的食宿等费用一律由县、乡（镇）政府财政承担，指挥部责令该宾馆立行立改，已于当晚将收取的费用全额退还。

随着疫情防控的深入，类似"高昂隔离费"事件屡见报端。据环球网3月7日报道，湖北省黄冈市浠水县洗马镇的两名火神山医院建设者发帖称，回乡隔离被镇政府收取4200元隔离费，之后相关部门回应称钱已返还并向当事人道歉，而涉事的副镇长马某被免职；《南方都市报》3月14日报道，网曝五人自湖北返浙集中隔离需交费14000元，慈溪市新冠肺炎防控办公室工作人员回应，该市部分街道（镇）要求个人自理全部隔离费用。此外，陕西省靖边县一对夫妇隔离14天被留观酒店收取6000多元，一留学生发帖质疑山西某隔离酒店"收1万押金还不让吃饱"等事件，都引发舆论波澜。

■ 现象·应对

"天价隔离费"事件引发当事人不满和舆论批评的原因，主要在于缺乏具体标准和严格监管。多位法律学者分析指出，传染病防治法中有"由实施隔离措施的人民政府提供生活保障"的相关规定，虽不等于明确费用由政府出，但可参照立法初衷与法律原则，由民众配合隔离、政府承担费用。但是，各地收费规定依赖于地方政府的政策文件，标准不一且未对外公开接受社会监督，导致违规收费、高价收费有了操作空间。

事实上，在国家和各地政府层面已经意识到相关问题，并出台了更为明晰的政策。3月14日，国务院联防联控机制新闻发布会上，财政部回应称，由急难发生地给予直接的救助，由其所在的地方根据人员的具体困难情形，包括滞留的时间、当地的生活成本等，将其纳入临时救助政策的范围，所需要的资金由地方统筹使用中央财政困难群众救助补助资金和地方安排的资金来统一解决。而针对集中隔离费用的负担问题，各省出台政策分情况执行，目前已大体形成如下措施：一是被动隔离者和滞留在疫情重灾区者，一般由政府安置在指定酒店，费用由政府负担；二是外地返程人员，有固定住所的居家隔离，如果没有固定场所则需去指定酒店隔离，这类费用基本由个人承担。个别地方还建立起政府与个人的分担机制，如陕西西安规定，外地返回人员如需定点隔离的，政府给予每人每天50元的补助。值得一提的是，随着入境人员逐渐增多，3月15日开始，北京、上海、广东、重庆等地陆续发文明确入境人员集中隔离费用自理，但相关标准仍有待明确。

15. 郑州郭某鹏事件
■ 事件概览

3月11日15时许，"@郑州发布"发布通报称，该市确诊首例境外输入新冠肺炎病例，患者郭某鹏3月1日在北京搭乘航班飞往阿联酋阿布扎比，随后转机前往意大利米兰，7日抵京后返回郑州。回家后，郭某鹏不仅隐瞒出境行程，还连续两日乘坐地铁、公交上下班。3月10日8时许，公安民警大数据比对发现郭某鹏有境外旅居史，立即赶往郭某鹏住处将其转运至集中隔离点。次日，郭某鹏被确诊，警方以涉嫌妨害传染病防治罪对其立案侦查。

此事迅速激起舆论愤慨。网民怒斥其"一颗老鼠屎坏一锅汤"，痛心郑州市连续19天的零增长纪录被打破。媒体则将关注重点转向入境人员防控机制，《新京报》刊文追问称，各地为防疫情境外输入，制定了严密的监测措施，但郭某鹏为何还是成了"漏网之鱼"？部分网民猜测北京海关防疫工作或郑州社区防控存在漏洞，并呼吁调查。"@人民日报"评论称"应堵住漏洞，决不让瞒报行径得逞"。舆情发酵的同时，一些谣言随之盛行，如"郭某鹏密切接触者有39373人"等，进一步加剧了舆论恐慌；郭某鹏本人被贴上"郑州毒王""一个人害了一座城"的标签，遭到网民起底。

针对这些疑问，北京海关3月13日回应称，郭某鹏入境时，其身体状况和接触史未有异常；郑州市卫健委则回应称，健康码系统或存在漏洞，已启动追责问责程序，有效缓解了舆论质疑。河南省公安厅副厅长对其公开点名谴责，进一步拉高了舆论对"严惩不贷"的期待。有赖于两地多部门的积极处置，舆情在两日之后快速回落。3月30日，郑州市公安局大学路分局侦查终结，将本案移送审查起诉。4月3日，郭某鹏以涉嫌妨害传染病防治罪被判处有期徒刑一年零六个月，郭某鹏表示认罪认罚。舆论对此结果表示认可，但仍有少数网民认为判罚过轻。

■ 现象·应对

目前，国内外疫情防控形势发生新的重大变化，境外疫情呈加速扩散蔓延态势，我国疫情输入压力持续加大，境外回国人员妨害传染病防治的刑事案件时有发生。据统计，全国公安机关立案查办此类案件近200起，对其中大部分情节较轻的作了行政处罚；对情节较重的，依法予以刑事立案侦查。对立案侦查的，检察机关适时介入，有的已侦查终结、提起公诉。除了本案，澳籍华人女子返京拒隔离外出跑步、宁夏男子自伊朗回国在沪停留两天致86人密切接触等事件同样成为网络热点事件，事发地的权威部门及时采取行动，快速通报调查结果，及时阻断危害后果蔓延，各地警方的有力举措获赞。

为进一步加强防范境外输入病例，主流媒体纷纷呼吁继续加强管控堵住境外输入风险的漏洞。《人民日报》认为，当前疫情通过口岸向境内蔓延扩散风险加剧，各部门的"硬核"措施，不妨更多些；新华社则指出，防范境外输入，相关部门在协作、推动关口前移、用好大数据等方面还有不少工作需要落实落细。3月16日，"两高"等五部门联合印发《关于进一步加强国境卫生检疫工作，依法惩治妨害国境卫生检疫违法犯罪的意见》，要求各地各有关部门依法防控境外疫情输入，巩固国内的抗疫成果。北京、上海、广州等地海关相继对入境人员收紧政策，实行全面集中管控、封闭管理等，北京更是采取分流入境航班、重启小汤山医院等措施缓解境外输入压力。这类措施在很大程度上遏制了境外输入性病例增长态势，有效规避了因防控机制不完善诱发负面舆情的风险。

16. 湖北孝感小区居民聚集事件
■ 事件概览

3月12日20时许，有微博网民曝料，称"湖北孝感应城市海山小区居民出现大规模聚集"。据热传视频显示，小区篮球场上站满了人，有警车被人群包围，还有人高喊"下课"，多重元素叠加迅速吸引大量网民围观。有自称是事发小区居民的网民解释事件原委："海山小区物业联合大润发超市长期向居民卖高价菜，且经常有烂菜，有志愿者联系到平价爱心菜来小区卖却被物业举报，志愿者被警察带走，引发居民强烈不满，随后部分居民在小区篮球场聚集抗议，要求放人。"当晚，相关视频在微博、抖音等平台上传播，"#应城海山#""#湖北应城因生活物资保障问题发生业主聚集＃""＃居民联系商家到小区卖菜被阻止＃"等微博话题累计阅读量破1亿。有网民质疑物业与超市勾结发"国难财"，猜测"蔬菜价高质次的情况不止这一个小区存在"，也有部分网民呼吁"疫情防控期不宜聚集"。

当晚零时许，孝感市政府通过官微"@孝感发布"发出首次通报，称聚集事件发生后，"相关市领导迅速赶到现场处置，半小时后人员自行散去，小区恢复正常"。不过，这版通报未提出解决问题的具体措施，引发网民追问，发出不久后便被删除。1小时后，"@孝感发布"再发通报回应，称增加了保供稳价具体措施，还表示将"增加保供市场主体，通过引入竞争机制全面降低主要生活物资价格""政府对参与保供的市场主体进行补贴""成立工作专班，从生产基地采购一批爱心菜，直供城乡居民"等内容。另据《新京报》报道，13日下午，供货超市已参考政府文件下调菜价，应城市疫情防控指挥部后勤组已和小区物业对接，处理海山小区居民蔬菜配送问题，居民可以通过小区物业订购蔬菜。至此舆情热度下降，但网民不满情绪并未得到缓释，"高价菜"的网络留言此起彼伏。而且，该事件的模仿效应影响开始显现，海山小区附近的多个小区相继被曝出因蔬菜供应等问题导致的居民聚集现象，引发网民围观。

■ 现象·应对

自疫情以来，处于"封城"状态下的武汉市的民生保障始终牵动人心。出于疫情防控需要，武汉市民的生活用品几乎都依赖社区统一配送，一些涉及物资供应环节出现纰漏后很容易吸引关注，并借助视频、音频、图片等方式快速发酵成热点舆情事件。2月22日，"武汉嫂子汉骂"引爆网络，揭露了个别社区商超捆绑销售、社区与业委会沟通不畅、服务不到位等乱象；3月5日，中央指导组在武汉市一小区考察遭遇"喊假"事件，小区民众当场反映社区物业假装让志愿者送菜送肉给业主；3月11日，武汉市青山区钢都花园小区用环卫车运送平价肉事件被曝光后更是激起民众声讨。

采购菜肉等生活物资虽是小事，但却因事关民生保障和社会稳定成为影响防控大局的关键一环。而此类事件屡次在武汉社区发生，反映出当地基层社区治理能力与疫情防控严峻形势要求存在脱节，部分社区在统筹管理、精细服务、日常应急等方面跟不上突发公共事件的高要求。一旦"大决战"开始，时间紧、任务重，管理部门"忙中出错"是大概率事件。不过所幸，上述事件的涉事部门在发现问题后都能迅速回应并处置，及时止损、化解矛盾，最终促使舆情平息。由此可见，堵住负面舆情的源头，基层地方治理务必要杜绝和纠正形式主义、官僚主义等不正之风；同时也需要加强对社区工作者的关心指导，切实减轻社区工作者工作负担，提升基层社区治理水平。

17. 河北农妇撞上防疫卡点钢丝绳后死亡事件

■ 事件概览

据红星新闻报道，3月12日，河北衡水市农妇王某云骑电动三轮车到镇上卖菜时不慎撞到防疫卡点钢丝绳上随后死亡。死者家属一方认为，孙德厢村方面私设路障、无人值班，未能及时撤除重大安全隐患致王某云死亡，应依法追究相应责任。此事引发舆论关注。不少网民认为孙德厢村确存管理失职行为，并追问"衡水市确诊病例已于2月24日清零，该村为何继续封闭管理"？对此，该村村支书刘某某回应称，事发时并未接到上级关于"解除封闭式管理"的通知。随着舆情发酵，媒体及法律界人士围绕事故责任、基层过度防疫措施整治等话题展开讨论。多名法律人士认为，用钢丝绳设卡的村委会应当承担责任；媒体建议，"究竟还有多少该取消的通行限制措施没有取消，哪些设置不合理的防疫卡点存在隐患，有关部门不妨好好查一查，把隐患消除在萌芽状态"。3月16日，红星新闻跟进报道称，死者家属与孙德厢村已就赔偿事宜达成一致，家属获赔21.2万元。

事件发生后，村支书刘某某关于"上头还没通知解封""没规定用什么封村"的一系列说法，给公众留下了疫情防控简单粗暴、形式主义的印象。随后，官方始终未对事件作出定性并厘清责任，使得舆论场关于事件各方法律责任的讨论持续不断。除此之外，疫情发生以来，媒体频繁报道一些农村地区为防止疫情蔓延扩散，采取诸如装设钢丝绳卡点、挖沟毁路、泥土封堵等粗暴手段进行封村封路，尽管被部分网民认为"方式虽然粗暴但很有效"，但防疫措施过于"硬核"也容易给群众带来"误伤"，危及群众的生命和财产安全。

■ 现象·应对

此事舆情已平息之际，湖北发生一起类似事件。据上游新闻3月31日报道，湖北阳新县一处防疫卡口被撤，因封路的土堆没及时移走，致使当地一村民夜骑摩托车撞上土堆不治身亡。疫情期间，政府部门采取诸多防控措施，确保疫情得到快速、有效控制，多数措施取得显著效果，但也有个别被指简单粗暴，擅自封村封路就是其中之一。防疫卡点设置不当致人死亡事件，正是以一种极端方式将封村、封路举措过猛的严重后果呈现出来。

早在疫情初期，面对各地出现的封村、封路等行为，公安部、交通运输部等多部门曾及时发布通知并三令五申表态，强调任何单位和个人不得以疫情防控为由在公共道路设置路障阻拦所有车辆通行，纠正"封村封路""一概劝返"等不恰当做法。然而，农村地区封村封路的负面新闻仍有曝光。这既说明一些基层部门在落实中央文件、要求方面的重视程度不够、"反射弧"较长，对防控工作缺乏统一安排；也暴露出部分基层地区法治素养欠缺，仍有待提升。进入"后疫情"时代，各地不但需要全面排查类似这种钢丝绳、土堆的安全隐患，还要进一步清理那些过时、违法的防控措施，做到科学防控、依法防控，全力补齐基层治理"短板"。

18. 北京郭某思故意伤害致人死亡案

■ 事件概览

3月28日，北京市人民检察院官方微信通报称，3月14日，北京刑满释放人员郭某思因被 72 岁老人段某某提醒佩戴口罩而心生不满，将段某某殴打致伤，后经救治无效死亡。北京市检察院第二分院依法对郭某思以涉嫌故意伤害罪批准逮捕。恶劣情节引发舆论对其个人经历的关注。3 月 29 日，据财新网报道，法院刑事裁定书显示，郭某思曾因犯故意杀人罪于 2005 年被法院判处无期徒刑，后被减为有期徒刑 19 年。从 2008 年到 2018 年，郭某思先后因认罪服法、积极改造获得 8 次减刑，共减去刑期 6 年 11 个月，至 2019 年 7 月 24 日刑满释放。"数年间 9 次减刑"引发舆论哗然，网民追问如此频繁的减刑是否合规。财新网引述有关人士观点称，这种"精准"且看似符合要求的减刑，实际上常人难以做到；部分网民猜测减刑有隐情，还有自媒体文章称其为北京"孙小果"，背后可能有着势力强大的"保护伞"。此外，郭某思此前所涉的故意杀人案经媒体挖掘后，也引起网民对法院量刑的讨论。

3 月 31 日，北京市政法委在北京市疫情防控例行新闻发布会上回应称，市政法委已直接督办，组织市高级人民法院、市人民检察院、司法局和监狱管理局等单位开展工作，全面调查郭某思在服刑期间多次减刑情况。北京官方的表态获得舆论认可，"@人民日报"评论称该做法回应了舆论关切，并表示"期待以公正调查还原真相"；正义网刊发评论表示，彻查郭某思多次被减刑，是对公众质疑的最好回应。

在依法从严从快打击涉疫情犯罪的背景下，刑释人员再犯命案衍生减刑疑云，导致舆论讨论重点逐渐偏向深挖"保护伞"、反思减刑制度等内容。暗流涌动之时，官方第一时间宣布启动调查，能够迅速抑制谣言传播，舆论纷纷表示"相信官方、坐等结果"，讨论逐渐回归理性。同时，北京官方提升办案层级，由市政法委督办案件，高层多部门针对公众关注的减刑问题介入调查，有助于提升调查公信力。

■ 现象·应对

近年来，监狱减刑案件受到公众严厉的审视，一些减刑案件尽管遵循了法定程序，还有检察机关的法律监督，公众仍然对其公正性产生担忧乃至猜疑，归根结底还是对司法腐败存有警惕。特别是知名人物的减刑案，如陕西"表哥"杨达才、原三鹿集团董事长田文华等人，他们的减刑理由"确有悔改表现""积极参与改造"等，均引起质疑和非议。

问题需要反思、漏洞需要弥补。2014年以来，中央陆续发文对严格规范减刑、假释程序，完善刑罚执行制度提出明确要求，检察机关的刑事执行监督近些年也在加强，"派驻+巡回"的检察模式已在全国推广开来，最高人民检察院新修刑诉规则还增设巡回检察"回头看"相关规定，防止违法行为反弹。法律监督之外，舆论监督也是捍卫司法正义的强大屏障。公开是最好的防腐剂，减刑案的庭审过程、裁定文书等环节需做到应公开的全部公开，确保所有的减刑案件都能纳入社会监督的视野。此外，官方在应对网络舆情时，需第一时间介入调查，尽早公布舆论关切的调查进展、事实真相等动态信息，消解公众疑虑。

（观察时间：2020.01.01—2020.03.31）

3

2019 年度政法网络舆情特征

舆情趋势

编者按： 2019 年已过，回顾过去一年的政法网络舆情，呈现出哪些特征，政法机关在应对过程中有哪些得失，又能为下一年的舆情工作提供哪些启示？法制网舆情监测中心从 2019 年收录的 1000 余起网络舆情事件中，筛选出 649 起具有代表性的舆情事件，进行定量计算与分析，归纳出 2019 年度政法网络舆情的总体特征，评估政法机关舆情整体应对情况，为政法机关舆情处置工作提供参考。

分析发现，2019 年，湖南、江苏、广东三省舆情高发，居全国前三；涉公安舆情占比高、增幅大，司法行政类舆情占比下降；政法机关"有错在先"仍是主因，类案关联炒作效应明显；网络爆料策划性变强，移动短视频增加舆情复杂性；近半事件当天引发舆情，媒体挖掘旧案热情未减；伤害案件频发，舆论讨论常由个案延伸至对现象层面。在舆情应对上，有四点特征较为突出：舆情回应、处置"剪刀差"扩大，"烂尾舆情"困境待解；二次或多次回应率近七成，提级回应处置情况增多；舆情主体善用媒体和官微，响应速度大幅提升；积极回应率大幅下降，有最终处置结果的事件舆论满意度更高。

第一部分：总体特征

■ 地域：湖南、江苏、广东舆情高发

从地域分布来看，2019 年，湖南、江苏、广东三省舆情数量位居全国前三，分别为 7.2%、6.5% 和 6.3%，这三省 2018 年的排名分别为第四、第

五和第三。值得注意的是，广东连续两年舆情数量位居全国前三，舆情压力较大。

地域	湖南	江苏	广东	河北	山东	陕西	河南	浙江
数据占比	7.2%	6.5%	6.3%	5.9%	5.9%	5.7%	5.4%	5.4%
地域	四川	北京	福建	江西	安徽	云南	广西	黑龙江
数据占比	4.6%	4.3%	4.3%	4.2%	3.5%	3.4%	3.1%	3.1%
地域	辽宁	吉林	山西	上海	贵州	甘肃	天津	湖北
数据占比	2.9%	2.3%	2.3%	2.3%	1.8%	1.7%	1.7%	1.4%
地域	内蒙古	重庆	海南	宁夏	青海	新疆	新疆生产建设兵团	西藏
数据占比	1.4%	1.4%	0.8%	0.5%	0.5%	0.1%	0.1%	0.0%

（注：比例为各地舆情数量占比）

湖南省内，扫黑除恶类舆情事件热度高，影响大。"邓世平案"曝光后震动舆论。全国扫黑办挂牌督办案件后接连公布处置进展，办案机关一查到底、坚决"打伞破网"的处置态度获得点赞。湖南省公安厅成立专案组介入侦办"李尚平案"，引发舆论高度关注。江苏省内，因扫黑除恶宣传不当引发的负面舆情受到广泛关注，官方在宣传册中将医生、记者、教师列入"黑心企业"，在幼儿园进行涉黑涉恶情况摸排等，引发"扫黑除恶不应走形式"的批评。广东省内，"华为员工离职被拘251天事件"以及"人贩子'梅姨'画像曝光"一事经网络炒作后引发热议，政法机关被卷入其中。

除上述三省外，河北、山东、陕西、河南、四川、福建、江西、安徽、云南、广西等省份（自治区）舆情也较为多发；对比2019年与2018年舆情分布情况，这一分布格局未有明显变化。

■ 系统：涉公安舆情占比高、增幅大 司法行政类舆情占比下降

从系统分布来看，公安系统由于跟公众的接触面最广，舆情占比也最高，达61.4%；法院次之，占比27.1%；检察院、司法行政、政法委分别

占比 7.7%、2.3%、1.5%。与 2018 年相比，公安舆情增长幅度较大，提升 11.4 个百分点。此次统计中，突发公共事件及暴力伤害类案件被纳入进来，这类舆情发酵后，公众希望公安机关能够快速介入，而一旦处置部门在速度、态度以及执法规范方面出现问题或瑕疵，就会迅速陷入不作为、慢作为的舆论质疑，引发负面舆情。法院、司法行政舆情较 2018 年有所下降，检察院与政法委舆情基本持平。

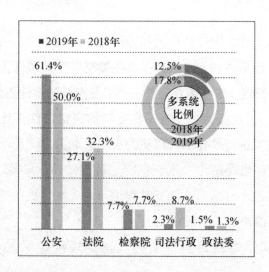

■ 层级：舆情回升至市、县区域　两级舆情之和超过八成

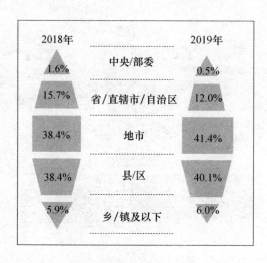

从舆情事件发生级别来看，地市级、县区级占比最高，分别为41.4%和40.1%，总计超过八成；省、直辖市、自治区这一级别占比12.0%；乡镇及以下、中央或部委占比分别为6.0%和0.5%。相比2018年，地市级、县区级舆情占比升高，地市级、县区级聚集大多数人口，政法机关执法司法活动较为集中，因此也是网络舆情多发易发的区域。

■ 起因：政法机关"有错在先"仍是主因 类案关联炒作效应明显

从舆情起因上看，因政法机关执法问题、司法不公、失职渎职、贪污腐败等引起的负面事件占比72.6%；以各类突发公共事件为主的中性事件占比24.2%；因正面宣传或信息公开不当引发舆情的事件占比3.2%。

相比2018年，政法机关"有错在先"的舆情事件占比有所下降，但舆论关联不同类案进行炒作的现象更为突出，如云南"孙小果案"引发热议后，舆论场接连出现湖北"孙小果案"、陕西"孙小果案"等；昆明"李心草事件"因迟迟未有结果，频繁被舆论与同类案件进行关联，质疑公安机关办案不规范的声音不断被强化。

■ 来源：网络爆料策划性变强 移动短视频增加舆情复杂性

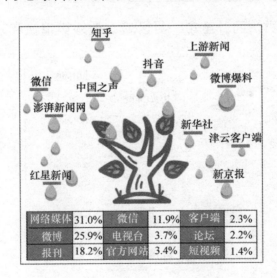

网络媒体	31.0%	微信	11.9%	客户端	2.3%
微博	25.9%	电视台	3.7%	论坛	2.2%
报刊	18.2%	官方网站	3.4%	短视频	1.4%

2019年舆情首发渠道更为多元，涵盖网络媒体、微博、报刊、微信、电视台、官方网站、客户端、论坛、短视频等多个渠道。其中，媒体报道依然发挥着较强的议程设置能力，经网络媒体、报刊、电视台报道后引发的舆情占比超过一半，澎湃新闻网、《新京报》、红星新闻等媒体平台表现抢眼，占据前三位。

"两微平台"仍是网民举报、维权的首选，2019年通过微博、微信发酵的舆情事件占比近四成，其中发酵于微博的事件数量超过总数四分之一。从内容来看，受害人主动爆料，且经过"精心策划"的痕迹更为突出，如"重庆网络博主'宇芽'遭家暴"一事中，受害者"宇芽"不仅事先采访了多名其他受害者，制作有助传播的精良视频，还选在"国际反家庭暴力日"这一特殊时间点发布，促使相关话题讨论快速升温。

移动短视频的发展促使网络变得更加复杂。抖音、快手、微视等短视频平台聚集大量用户，通过平台曝光舆情的特征也较为凸显。一些网民将最具冲突的片段剪辑上传，引起"病毒式"扩散，导致舆情迅速爆发。如湖南"衡阳市女子看守所所长夫妇打人"视频在多个视频平台传播，舆论情绪被迅速激怒。但也因短视频时长限制，所呈现的"事实"往往具有片面性，所以政法机关更要增强舆情意识，及时回应关切、澄清事实。

■ 爆发时长：近半事件当天引发舆情　媒体挖掘旧案热情未减

从舆情事件的爆发时长来看，事发当天（即24小时内）引发舆论关注的占比45.9%；事发1至7天内引发舆情的事件占比23.7%；两类事件占比之和达69.6%，与2018年基本持平。事发后7天至1个月内引发关注的事件占比10.9%，1至3个月内的事件占比为8.6%，3个月至1年内的事件占比为5.4%。三者总和为24.9%，较2018年（21.7%）占比有所提高，这表明，媒体对旧案的挖掘依然表现出较高热情。如《新京报》持续追踪报道"孙小果案"，在"操场埋尸案"引起广泛关注后曝光"李尚平案"，均很快掀起舆论风暴。

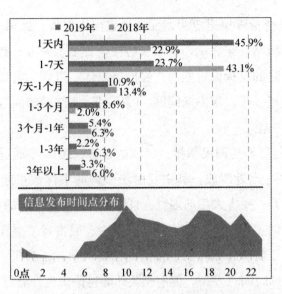

事发后 1 年以上引发关注的事件虽占比下降，但"烂尾"事件引发的舆情仍有一定影响力。如湖南永州一女子被刺 196 处致死，时隔一年后法院以凶手与受害者系情侣关系判处被告人死刑缓期执行，法院判决书经曝光后引发网民质疑。此外，从舆情发酵的时间点来看，主要集中在上午 10 时至 12 时，下午 17 时至 19 时以及晚上 21 时至 22 时，这或与用户的阅读习惯等因素有关。这也提示政法机关可适当在此时间段加大监测频率，以便及时发现舆情，快速处置。

■ 类型：伤害案件频发　舆论讨论常由"个案"延伸至"现象"

从舆情类别来看，涉及单位的舆情呈现压倒性态势，占比达 90.8%，涉及个人舆情占比为 9.2%。单位舆情中，伤害案件、执法问题、判罚争议是三大重要领域，分别占比 34.4%、20.5% 和 18.3%。其中，涉未成年人犯罪、性侵、家暴、伤医、虐童等类型案件发生后，舆论常常由个案延伸至对现象的讨论，探求类案发生根源，寻找问题解决方案成为话题焦点，政法机关执法司法过程的细节问题也容易被放大，刺激公众负面情绪。涉个人舆情中，公职人员违规违纪类事件占比最高，这与 2019 年严查严惩黑恶势力"保护伞"这一大环境密切相关。此外，政法公职人员言行失当也是引发舆情的重要原因，比如山东民警处置女快递员下跪事件，就因在现场处警言语不当引发风波。

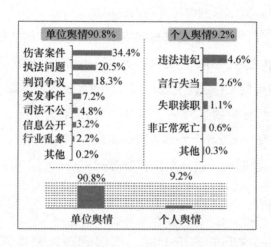

第二部分：舆情应对

1.舆情回应、处置"剪刀差"扩大 "烂尾舆情"困境待解

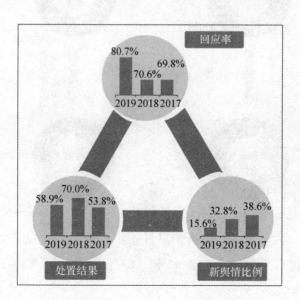

2019 年的政法舆情回应率为近 3 年来最高值，相较 2018 年（70.6%）、2017 年（69.8%），占比提高了 10 个百分点以上，达 80.7%。与高回应率相反的是，有最终处置结果的舆情事件占比出现下降，为 58.9%，远低于 2018 年超过 70% 的平息率。政法舆情高回应率与低处置率的"剪刀差"现象在 2018 年得到缓解之后，2019 年再次扩大。这也说明，政法机关虽然重视网络舆情，但实体处置工作进度更加缓慢，导致大量舆情事件出现"烂尾"。

从诱发次生舆情的事件占比来看，2019 年为 15.6%，相比 2018 年（32.8%）、2017 年（38.6%）明显下降。未诱发衍生舆情的事件超半数在曝光当天即发酵，说明由于政法舆情发酵时间不断缩短，可扩散讨论的话题有所收窄。

2. 二次或多次回应率近七成　提级回应处置情况增多

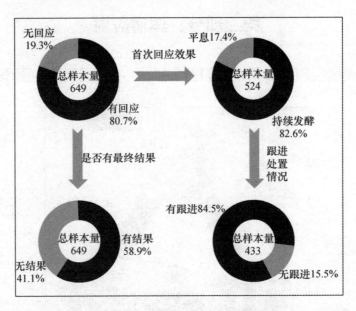

据统计，在全部 649 起舆情事件中，有舆情回应的 524 起。首次回应之后舆情得以平息的事件为 91 起，综合平息率为 17.4%。在没有平息的433起事件中，366起有跟进处置，二次或多次回应率接近七成，为69.8%。比如，针对云南孙小果一案，全国扫黑办、云南省高级人民法院等多部门持续跟进处置进展通报，舆情最终得以平息。但是，部分舆情事件中，涉事主体虽然多次回应，但平息舆情效果不佳，如广东汕头交警部门三次回应"扔车执法事件"，舆论质疑不减，舆情最终"烂尾"。

从舆情回应主体来看，在有回应的524起舆情事件中，涉事部门作为回应主体的事件占比77.7%；上级主管单位"接棒"舆情回应工作的占比12.4%；第三方回应的占比最少，为9.9%。在有跟进处置的366起舆情事件中，回应主体更加多元化，其中多部门联合调查的事件占比为18.9%，上级主管单位提级处置的事件占比也从2018年的12.4%上升到16.1%。比如，对陕西"凯奇莱案"卷宗丢失案的处置，成立了由中央政法委牵头，中央纪委国家监委、最高人民检察院、公安部组成的联合调查组，其调查结论的权威性自然不言而喻。

3. 舆情主体广泛运用媒体回应舆情　官微依赖有所减轻

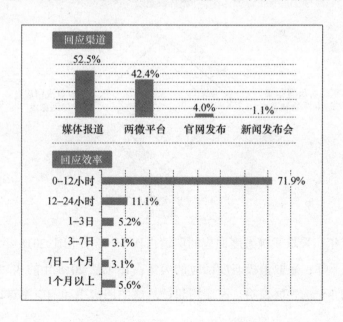

从舆情回应渠道来看，通过媒体回应的占比最高，达 52.5%，如在天津权健公司涉嫌虚假宣传、传销事件中，天津市公安机关通过中央广播电视总台（央视）等中央重点新闻媒体发布案件调查信息，传递官方声音。利用两微平台回应的事件占比 42.4%，如江西上饶小学生被同学父亲刺死、大连 14 岁男孩杀害 10 岁女孩等突发恶性伤人案件均通过官微发布信息。从数量占比看，两微的渠道运用较 2018 年下降了 8 个百分点，反映出政法机关对双微平台的路径依赖有所减轻，对媒体渠道的运用能力出现提升。

从舆情回应时间来看，在有回应的 524 起事件中，12 小时以内作出回应的占比达 71.9%，12 小时至 24 小时回应的比例为 11.1%。这意味着，舆情发生后 24 小时之内得到回应的事件累计占比超过八成。这是自 2016 年至 2018 年（71.1%、67.7%、62.8%）响应速度持续下滑之后的首次回升。

4. 积极回应率下降　"闭环"事件舆论满意度更高

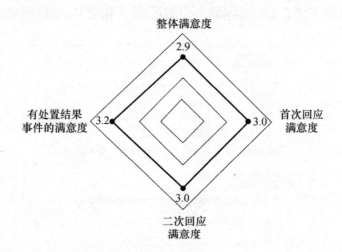

2019 年，采取积极态度回应的舆情占比 58.4%，相比 2018 年（82.2%）有大幅度下降；采取消极态度回应的舆情占比也从 2018 年的 3.3% 上升到 2019 年的 14.5%。这表明，占比均超过八成的回应率和响应率难以推高舆

情平息率。舆情平息只能靠事实和真相，缺少解决问题的决心和魄力，片面强调回应速度、追求舆情事件"隐性平息"，只会透支政法机关公信力。

从舆论满意度来看，首次回应之后的满意度总平均分为 2.97（测量采用 5 分制，1 分代表非常不满意，3 分代表一般，5 分代表非常满意），略低于"一般"水平。二次回应和多次回应之后的舆论满意度相比首次回应，略有提升，总平均分为 3.01，刚刚迈过"一般"水平。此外，从 382 起已有处置结果事件的舆论满意度来看，总平均分为 3.18。可见，有最终处置结果的事件，舆论满意度相对更高。这也提示政法机关，要在事件闭环上下功夫，争取获得更多舆论认可。

（观察时间：2019.01.01—2019.12.31）

4

2019 年度政法机关舆情应对
经验榜、警示榜

　　回望 2019 年，我国在法治的道路上又向前迈进了一大步。顶层设计不断完善，2019 年 1 月，中共中央印发《中国共产党政法工作条例》；十九届四中全会审议通过了推进国家治理体系和治理能力现代化若干重大问题的决定，为法治中国建设指明方向。立法修法工作踏疾步稳，疫苗管理法、外商投资法多部法律顺利制定，法官法、检察官法、药品管理法等十余部法律完成修改，民法典草案整体亮相，未成年人保护法等多部法律修订草案提交全国人大常委会审议，对于完善中国特色社会主义司法制度和法律体系具有重大意义。

　　2019 年，法治之手及时有力地介入社会热点、痛点、难点，民意与法治同频共振情况增多，反映在政法舆情层面，有两条主线凸显：第一，围绕中央重大决策部署，各级政法机关在扫黑除恶、优化营商环境、纠正冤假错案、明确正当防卫法律适用制度参照标准等领域积极开展工作，例如查办云南"孙小果案"、湖南"操场埋尸案"，改判"顾雏军案""孙夕庆案"等冤错案件，部署专项行动打击电信诈骗，纠正福州"赵宇案"、"丽江反杀案"等，回应了人民群众对文明的期盼、对正义的呼唤。第二，性侵、家暴、虐童等涉及弱势群体的热点案事件，以及电信诈骗、网络黑产、信息泄露、高空抛物等与群众切身利益相关的民生舆情多发频发，提示法治之手还需更加有力，在社会治理、权益保障、犯罪防控等方面加强总结、分析和研判，加大治理力度、深度和广度，在法治框架内探寻解决之道。

　　法制网舆情监测中心从 2019 年发生的热点政法舆情事件中，选取具有代表性的 11 起案例，依据舆情应对能力模型进行评估，从时、度、效三方面点评相关部门的舆情应对工作，形成经验榜和警示榜，希望通过剖析个案处置的经验教训，为政法机关提供舆情应对策略和方法的参考与借鉴，帮助提升网络工作能力、改善政法工作水平，助力国家治理体系和治理能力现代化的实现。

事件内容	应对速度	应对态度	应对技巧	信息质量	动态发布	防止再炒作	公信力修复	专业认可度	媒体认可度	网友认可度	总分
浙江女童失联遇害案	10.0	9.2	9.7	9.8	9.3	9.5	9.0	8.8	9.2	9.0	93.5
云南"孙小果案"	5.3	9.2	9.3	8.8	8.5	9.1	8.7	9.5	9.5	9.1	87.0
山东企业家孙夕庆重审无罪案	9.2	9.1	8.7	8.1	7.2	8.7	8.1	8.8	9.2	8.2	85.3
福州"赵宇案"	5.0	7.3	7.3	7.8	5.3	9.0	9.3	8.5	8.9	8.7	77.1
重庆"保时捷女车主"事件	8.1	7.3	8.3	8.6	7.1	6.3	7.6	7.6	7.6	7.1	75.6
河北"涞源反杀案"	2.5	3.7	4.3	5.0	3.7	6.8	8.8	5.2	6.0	6.5	52.5
上海警方处置医院冲突事件	6.5	5.2	4.2	4.7	4.2	4.5	4.5	4.8	4.2	3.3	46.1
湖南衡阳"警察夫妇打人"反转事件	6.8	6.5	5.0	4.1	3.1	2.5	3.1	4.3	4.4	3.6	43.4
长沙9岁男童被殴打致死案	1.3	3.6	3.3	3.7	3.3	3.0	3.1	3.1	3.3	3.3	31.0
云南女大学生李心草死亡案	4.1	3.4	2.7	3.7	2.4	2.4	2.6	2.7	2.4	2.4	28.8
汕头辅警"扔车执法"事件	8.3	1.7	2.2	1.0	5.6	1.0	1.6	2.3	2.3	1.6	27.6

经验榜之一：浙江女童失联遇害案

【事件概览】

2019 年 7 月 10 日，浙江省杭州市淳安县公安局官微发通报称，该县 9 岁女童章子欣于 4 日被家中两名租客带走后下落不明，两名租客已自杀。此后数日，失联女童下落始终牵动人心，舆论不断揣测租客作案动机，对留守儿童安全防范及监护人职责等议题展开讨论。经过数日寻找，7 月 13 日，象山警方确认章子欣尸体已在宁波象山海域找到。14 日晚，"@浙江公安"发布全面案情通报，当地媒体刊发对专案负责人的文字访谈介绍案情。随后，浙江省人民检察院指导杭州市、淳安县两级检察院提前介入调查，杭州市人民检察院等相关部门联合开展留守儿童安全隐患排查活动。舆情热度稳步回落。

■ 应对评点

本案中，浙江当地公安、检察等部门从案件处置、舆论引导、社会面管控三个方面同步发力，表现出了高超的工作水准。在线下处置阶段，警方在发现舆情后就迅速启动发布公告、实施搜救、赶赴租客原籍地调查等实体工作，为后续进行充分的舆论引导奠定基础。线上方面，多级、多地警方在通力协助的基础上有序发布信息，妥善开展舆论引导：案发地淳安、象山警方先后发布失联通报；杭州、宁波等市级公安以官微通报、视频直播等方式动态发布数十条信息，缓解了公众在"寻人期"的信息焦虑；淳安警方通过央视对相关网络传言作出澄清说明，驱散舆论猜疑；确认女童遇害后，浙江省公安厅提级发布两千余字的权威通报，并以媒体文字专访形式，回应案件是否涉及拐骗拐卖、两租客为何自杀等舆论关注点，"补强"官方通报可信度。最后，检察机关下发通知要求对留守儿童安全做隐患排查，从社会风险防控角度给舆情"收尾"。政法机关勇于担当、守护社会平安的正面形象得以彰显。

■ 经验·教训

近年来，各地女性、儿童失联（遇害）事件频发，舆论已对"失联"标签具有较敏感心理。据法制网舆情监测中心不完全统计，在2019年媒体曝光的女性、儿童失联（遇害）事件共20余起，章子欣失联遇害事件是其中热度最高，也是处置效果最好的一起，其成功的处置工作经验为其他政法机关办理类似事件提供了范本。具体来说，在个案处置方面，政法机关要具备高度的舆情意识，通过扎实的线下工作、优质的舆论引导缓解公众的群体焦虑、化解个案风险。在社会风险防控层面，更要致力于打造和谐、安全社会环境，尤其要加强对留守老人儿童、流动家庭等特殊家庭人群的重点防控，通过入户走访、隐患排查、信息报告等手段加强管理，织密安全防护网，让城市更安全、社会更安定、人民更安宁。

经验榜之二：云南"孙小果案"

【事件概览】

2019年4月24日，昆明市打掉孙小果等一批涉黑涉恶犯罪团伙，随后孙小果强奸侮辱女性、一审死刑多次被改判、服刑期间多次违规减刑以及出狱后成为多家夜店股东等经历被媒体挖掘，引起公众哗然。对此，昆明市扫黑办通报称已对孙小果所涉犯罪、相关判决及刑罚执行等问题开展调查和审查工作。此后，有关孙小果的家庭背景情况讨论日益热烈，舆论普遍认为该案背后存在复杂的"保护伞"和"关系网"，关注热度经久不消。同年5月，全国扫黑办挂牌督办此案，并派大要案督办组赴云南督促案件办理，云南省高级人民法院很快决定对孙小果案启动再审。2019年11月，孙小果出狱后涉黑犯罪一审获刑25年；12月23日，孙小果1997年犯强奸罪、强制侮辱妇女罪、故意伤害罪、寻衅滋事罪再审案宣判，云南省高级人民法院决定维持昆明市中级人民法院原一审死刑判决，并与其涉黑案终审判决合并，决定对孙小果执行死刑。与此同时，云南多家法院分别对19名涉孙小果案的公职人员和重要关系人职务犯罪案一审公开宣判，判处19名被告人2年至20年不等有期徒刑。

■ 应对评点

"孙小果案"之所以受到全国性舆论的持久关注，不仅在于其案情恶劣，更在于其背后的"保护伞""关系网"。然而，前期处置部门回应迟缓，通报内容也未能满足舆论诉求，使得网络舆情在媒体深入挖掘下持续升温。全国扫黑办挂牌督办后，案件办理和"保护伞"查处陆续取得重大进展，引导工作也随着官方对主导权的掌握而渐入佳境，不断获得舆论肯定。首先，及时释疑，回应舆论关切。相关部门均在取得调查进展后第一时间向社会公布，对公众关注的焦点问题作出解答。比如云南省高级人民法院启动孙小果案再审时，着重披露了孙小果的家庭成员情况，用翔实有据的信息回应了舆论场有关其家庭背景的猜测；在涉案公职人员受审后，调查部门详细公布了孙小果减刑细节，还原其"保护伞"形成过程，解答了舆论对"普通家庭的孙小果为何能有一群'保护伞'"的疑问。其次，跟进释法，增强司法公信力。这起极具关注度的案件要办成铁案、办成典型，各个环节都必须在法治框架内进行。对此，处置部门在启动再审、定罪量刑等重要环节，通过组织法官释法、专家解读等周密部署，释放权威声音，向公众表明依法处置的态度。

■ 经验·教训

2019年是扫黑除恶专项斗争工作爬坡攻坚的关键一年，除了"孙小果案"，湖南"操场埋尸案"同样因扫黑除恶迎来转机，主犯杜少平被判处死刑、涉案的10名公职人员分别获刑。随着这一批重大案件的查处和判决，公众看到了中央扫黑除恶的坚强决心和坚定意志，对扫黑除恶工作给予更多支持和认可。但也要看到，"正义迟到"很多时候症结恰恰在于"保护伞"，尤其是执法司法人员也沦为犯罪的"保护伞"。这类案例积累越多，公众对法治的信心就越受冲击，"迟到的正义还算正义吗""正义不能总是迟到"等声音逐渐凸显，无疑会影响公众对法治的信任。实现个案正义只是第一步，政法机关在加大打伞破网力度、严查彻查违法线索的同时，还需要推动各项制约监督制度的真正落实，确保各级司法机关依法独立公正行使职权，保障各项司法权在法治轨道上运行，以提振公众的法治信心。

经验榜之三：山东企业家孙夕庆重审无罪案

【事件概览】

2014年7月，山东潍坊中微光电子公司发生董事会纠纷，担任董事长的海归清华博士孙夕庆被公司股东举报利用职务便利侵占公司财产和虚开增值税发票，警方据此将其刑拘。2015年11月，孙夕庆被提起公诉，但其坚称无罪。之后4年间，媒体在案件不同节点多次予以报道，但案件仍未出现实质性进展。2018年12月，最高人民法院发布保护企业家合法权益典型案例，对案件中的关键法律问题予以明确，案情逐渐明朗。2019年8月，该案在经过114次庭审后，潍坊市高新区检察院决定对孙夕庆不予起诉。随后，孙夕庆提出高额国家赔偿申请。同年10月，高新区法院对遭羁押1277天的孙夕庆支付国家赔偿款54万余元；11月29日，高新区法院公开向孙夕庆赔礼道歉。12月19日，最高人民法院发布10起国家赔偿和司法救助典型案例，孙夕庆重审无罪案位列其中。

■ 应对评点

这起案件因多达114次庭审引发舆论极大关注，回顾案件始末，股东间的经济纠纷被当地政法机关视作刑事案件处理，成为引发冤错案件的根源，也是舆情发酵后舆论诟病最多的地方。在诉讼环节，政法机关相继被曝出证据收集、诉讼程序方面存在违法和不规范，导致舆情持续蔓延。之后，在党中央、国务院连续出台政策措施保护民营企业的大背景下，涉事政法机关能够仔细领会最新政策精神并把握"两高"具体规定，对案件进行及时纠偏：从不起诉决定到国家赔偿款快速到位，再到公开赔礼道歉，多项举措经过媒体广泛报道宣传后，无一不体现了当地政法机关勇于纠正司法错误、守住公平正义底线的担当，此案纠偏所应有的法律效果与社会效果得以充分体现。

■ 经验·教训

从孙夕庆案发生到结束的这5年间，我国的法治环境发生了巨大变化，充分保护民营企业家的合法权益已经自上而下成为共识。在此基础上，以张文中、顾雏军为代表的一批涉产权历史案件得以及时纠偏，体现了政法机关的与时俱进。从这个意义上讲，顾雏军案、孙夕庆案的纠偏并非昙花一现，而是政法机关加大产权保护力度的开端。因此，在后续涉产权案件处置过程中，政法机关首先应当始终严格遵照产权保护的相关法律及政策规定，坚持独立司法、公正司法，对案件进行准确定性。其次，政法机关需始终坚持实事求是、公正司法的坚定立场和有错必纠、依法纠错的明确态度，通过做好议程设置，主动发布信息，不给别有用心者炒作空间。最后，重视案件纠偏后宣传力度，营造良好舆论氛围，既要通过权威媒体、专家发声释法说理，也要通过发布典型案例，为政法机关在处置同类案件时准确适用法律予以示范引导，明确传递出依法保护产权和企业家人身财产安全的信号。

经验榜之四：福州"赵宇案"

【事件概览】

2019年2月17日，在福州打工的东北小伙赵宇发微博爆料称，其在制止一起针对女邻居的侵害行为时发生冲突并致对方受伤，被福州市公安局晋安分局以涉嫌故意伤害罪拘留14天，后又被警方以过失致人重伤罪移交晋安区人民检察院审查起诉。晋安检方认为，赵宇的行为属于正当防卫，但超过必要限度，鉴于赵宇有制止不法侵害的行为，为鼓励见义勇为，对赵宇不予起诉。该事件引发公众广泛关注，多数舆论认为赵宇行为属于见义勇为。在最高人民检察院的指导下，福建省人民检察院指令福州市人民检察院对该案进行审查。福州市人民检察院认定赵宇的行为属于正当防卫，依法不负刑事责任。2019 年 3 月 12 日，十三届全国人大二次会议上，"福州赵宇见义勇为案"被写入最高人民检察院工作报告。随后，晋安警方向赵宇颁发了《见义勇为确认证书》，赵宇也被授予福州市"见义勇为先进分子"称号。

■ 应对评点

该案件的舆情处置工作涉及多个层级、多个部门，各部门的应对工作存在明显差异。在舆情爆发后，负责案件办理的警方未就舆论关心的处置情况作出正面回应，反而因强调舆情应对、对涉事人员身份着墨过多等瑕疵，遭到网民批评，后续检方对赵宇行为的初次认定也引起舆论强烈反弹。福建省、福州市两级检察机关在最高人民检察院的指导下，对案件进行重新审查定性，并及时作出通报和释疑。十余天后的全国两会上，最高人民检察院将该案写入工作报告，速度之快令公众吃惊，特别是"法不能向不法让步"的铿锵表态，获得舆论高度赞扬，彰显了舆论与司法的良性互动。在此基础上，福州公安机关向赵宇颁发见义勇为证书，相关机构给予其表彰和奖励，则是从实体上为该案画上句号。总体来看，官方有始有终的闭环处置，不但还了赵宇公道，依照相关规定给予其应有的待遇，将案例的示范效应发挥到最大，让全社会看到法律为好人撑腰到底的善意和决心。

■ 经验·教训

"一个案例，胜过一沓文件。"从河南"电梯劝烟猝死案"到福州"赵宇案"，个案的处置结果不仅对今后类似案件具有示范效果，而且对今后类似的行为更有导向意义。回顾这一案件，赵宇制止施暴的行为从故意伤害到防卫过当再到正当防卫，多次调整背后折射出的是见义勇为法律责任定性的司法困境。对此，舆论期待立法和司法也能尽快作出相应调整，以适应人民群众对公平正义的需求。立法方面，最高人民法院曾表示将适时出台见义勇为相关纠纷的法律适用标准，面对加快立法进程的舆论呼声和适当扩大责任豁免范围的专业建议，相关立法部门需加快工作步伐，用高质量的立法回应民生诉求。司法实践中,部分基层办案单位对法律法规理解不到位、不透彻,对见义勇为的认定不够准确,是导致这类小事件引发舆情风暴的直接原因。换句话说,只有办案部门对法律法规理解到位、理解透彻,真正提高办案水平,才能避免"好人被冤枉"的尴尬再次发生。

经验榜之五:重庆"保时捷女车主"事件

【事件概览】

2019 年 7 月 30 日,一段秒拍视频在网络热传,内容显示重庆一驾驶保时捷的女司机与一名男司机发生争执,女司机先动手扇了对方一耳光,被男司机回击。当日,重庆警方对此回应称,已对女司机驾车未按规定掉头、穿高跟鞋、戴帽子等行为进行处罚。然而该女子的嚣张态度引发公愤,网民对其发起"人肉搜索",其家庭背景、收入来源、交通违法处理等都被指有"猫腻",并曝出其丈夫系重庆市渝北区石船派出所所长童小华。8 月 1 日,重庆市政府新闻办通报称,渝北区公安分局已成立调查组,对网络反映内容进行核实。8 月 5 日,官方再次透露,该女子丈夫童小华被暂停职务。8 月 12 日,重庆市公安局渝北区分局官方微博"@平安渝北"通报此事调查结果,对涉事女子及童小华的家庭基本情况、名下房产车辆等财产情况、保时捷轿车的交通违法处理情况等进行详细介绍,并称调查发现童小华在担任石船派出所所长期间存在其他违纪行为,目前已对其进行立案调查。该通报也获得了主流舆论的普遍认可和点赞。

■ 应对评点

针对保时捷女司机嚣张跋扈的"社会人"的形象,公众在仇恶的天然正义感下,掀起了一场"人肉搜索"式的网络绞杀。随着各种爆料的不断丰富,尤其是其丈夫公职人员身份的曝光,网络的"权力联想"无限放大形成网络狂欢。舆情的纵深发酵也令舆情处置引导变得更加棘手和复杂。但在舆论诉求已经明确指向公安机关之时,涉事的派出所和公安分局则显得有些反应迟缓，再加上态度略显不明，令舆情持续。8月1日，重庆市官方正式作出回应，舆论风向开始发生逆转，警方在成立调查组十余天后即给出调查结论，兼顾了回应速度与信息质量，迅速引导舆论风向转正。值得一提的是，该份调查通报不仅事无巨细地回应了所有疑问，还对网络不实信息进行详尽的澄清说明，真正做到了调查客观、论证严密、论据充分、结论有力，也因此获得社会各界的认可和高度评价。

■ 经验·教训

此次舆情事件的官方通报可谓扭转乾坤，逆转风向，被舆论赞为"教科书式通报"。事实上，这种舆情处置成功的典型案例越来越多，如"北京劳斯莱斯女司机占医院救助通道"等事件中，官方通报都获得舆论一致称赞，取得了良好的社会效果。由此可见，结论性的调查通报是官方通报工作至关重要的一步，通报发布水平直接决定了舆情处置能否最终获得成功。政法机关在调查处理过程中严格遵守法律法规，而官方通报正是集中展现处置权威性与合法性的"窗口"。一份好的官方通报都有其共同特征，不仅全面细致、逻辑性强，对各个细节"照顾周到"，还敢于直面所有舆论质疑和自身不足，不含糊、不回避、不敷衍，如此不但能及时遏制网络负面情绪的蔓延，收获社会舆论的理解，还能对前期的处置瑕疵起到"亡羊补牢"的效果，发挥"一锤定音"的关键作用。

经验榜之六：河北"涞源反杀案"

【事件概览】

据上游新闻2019年1月18日报道称，一男子在追求某高校大二女生遭拒后仍多次纠缠，2018年7月11日深夜，该男子持凶器翻墙闯入女生河北涞源县家中，与其一家产生激烈冲突后遭到反杀。警方介入后，女生被取保候审，其父母王新元、赵印芝被批捕。期间，涞源县检方曾以当事人"正当防卫"为由，向涞源县公安局发出变更强制措施建议，但该意见未被采纳。对此，舆论普遍认为女生一家属于正当防卫。2019年1月21日，保定市委政法委回应称，正指导当地警方、检方审查该案。2月26日，上游新闻报道称，涞源县警方作出决定，不追究女生刑事责任。随后，保定市人民检察院通报称，王新元夫妇属正当防卫，决定不予起诉。3月27日，王新元一家向涞源县检方、警方提出104万元的国家赔偿并要求对相关责任人追责，但不久后又放弃。

■ 应对评点

案情曝光后，该案件本身的恶劣程度以及"正当防卫"的标签，让公众普遍同情和认同防卫者的行为。尤其在"昆山反杀案"被认定正当防卫、"两高"发文明确界限标准的背景下，该案如何处置被舆论认为是检验正当防卫司法实践的又一块"试金石"。本案例中，检察机关与侦查机关各执一词的定性，加剧了舆情的复杂程度。面对检方的变更强制措施建议，涞源警方坚持将该案件定性为"故意伤害"，引来网民普遍质疑，成为舆情发酵升级的关键点。保定市委政法委在舆情爆发后积极介入，指导公安机关、检察机关启动审查程序，从实体处置层面对接了公众诉求，有助于为焦灼的舆论场降温。后续，涞源县警方和保定市检方先后对相关人员作出不追究刑责和不予起诉等决定，在满足社会对司法公正期待的同时，也通过厘清案情明晰了正当防卫的边界，值得肯定。不过，当地政法机关对最终"正当防卫"决定结果的公布略显迟缓，给公众以"犹豫""拖延""被动"等观感，对当地司法公信和政法形象造成一定损伤。

■ 经验·教训

2019年，"反杀"舆情依然多发：河北"涞源反杀案"、云南"丽江反杀案"均被检方认定正当防卫，辽宁"残疾按摩师反杀案"在争议中进入一审环节，法院尚未宣判。近年来，"反杀案"已经成为一个极易挑动公众情绪的标签，频频引爆网络舆论场。虽然每一起具体案件都有其特殊性而无法简单类比，但目前舆论对司法机关的态度越来越明确，即司法机关要敢于发出权威声音。在当前的舆论环境下，政法机关需提高专业水平，对正当防卫作出准确认定，依法打击违法犯罪行为，保护人民群众的正当防卫权利，弘扬社会正气。同时，还需要关注舆论态度，合理吸纳舆论声音，以此检视自身工作，及时查摆问题，确保执法规范、司法公正。此外，在舆论引导方面，政法机关也需准确研判舆论态势，坚持舆情闭环管理，主动回应舆论关切，使事实真相和官方声音能够以更快的速度、更广的范围传递到舆论场中，争取公众的认可和公信力的提升。

警示榜之一：上海警方处置医院冲突事件

【事件概览】

2019 年 4 月 24 日下午，上海仁济医院胸外科主任医师赵晓菁工作期间与患者发生冲突，上海浦东公安分局塘桥派出所民警处置过程中以强制传唤方式将赵晓菁铐走。由于事发知名医院，大量现场碎片化视频被快速传到网上进而引发网民关注，声援医生、不满警方"粗暴执法"的声音在网络弥漫。4 月 26 日 17 时许，浦东公安分局官微就事件中患者有无插队、警方强制传唤是否合适等多个关键内容作出回应，并称处置民警做法符合法律规定。然而这一回应并未获得网民认可，26 日晚间，知名演员胡歌在其个人微博详细介绍了冲突全过程，再次将舆情走势推高。中国医师协会也随后发表声明，呼吁"尊医重卫"。4 月 27 日，澎湃新闻发文回顾事件的关键细节，涉事医生和警方在接受采访时均表示，相互理解并换位思考有助于化解矛盾。此后，《人民日报》等主流媒体将关注视角放在对事件的反思上，舆情热度很快下降。

■ 应对评点

这起事件因医患纠纷而起，但在警方处警后，舆论关注焦点却从医患矛盾转向医警冲突，舆情走势也迅速转向对警方不利的方向。虽然，后期在主流媒体的积极引导下舆情逐渐趋缓，但复盘舆情可以发现，涉事警方略显僵化的处置方式仍是推高舆情走势的关键。首先，现场民警在执法时未能充分考虑到事发现场的客观环境，在执法过程中缺乏换位思考，在未获医院方面支持的情况下，强行将医生带走调查。这样的处置方式，让广大网民从情感上倒向涉事医生一方，将警方原本合规的执法解读为"粗暴执法"。其次，面对高涨的网络舆情，涉事警方在回应时机和回应内容上均缺乏针对性，既没有第一时间发声表态，也未在随后通报中详细回应质疑，官方信息与网传信息之间的差异性削弱了通报应有的积极作用。可以说，如果没有澎湃新闻、《人民日报》等主流媒体的积极引导，该舆情仍有被持续炒作的可能。

■ 经验·教训

近年来，因医患纠纷引发的舆情事件不在少数，部分医患纠纷还恶化为暴力伤医案件，如山东莱芜、甘肃兰州、北京朝阳等地发生的杀医案更是引发舆论高度关注。鉴于医患冲突引发的案件多表现为突发性和暴力性，除了各级卫健委、涉事医院参与处置外，政法机关的依法介入也是其中重要一环。因此，面对涉医舆情，政法机关要有高度的舆情预判能力，能够根据事件性质和舆情态势做到分级分类处置。比如，面对普通的医患纠纷，公安机关应明确自身角色定位，积极寻求与医院方面合作，形成联动处置机制，在快速解决纠纷的同时，竭力避免因执法不规范引发新的争议，令自身陷入舆情泥沼；在暴力伤医案件中，公安机关及时介入已经是基本操作，舆论普遍对加快司法流程抱有较高期待，希望司法机关能够快捕快诉快判，从严惩处。因此，实体流程加快也对信息动态发布提出更高要求，处置部门及时公布事实真相和相关进展，不但能让舆论了解案情避免误读，还能起到良好的警示效果。

警示榜之二：湖南衡阳"警察夫妇打人"反转事件

【事件概览】

2019 年 7 月 20 日晚，湖南衡阳网民贺国伟在《今日头条》、天涯社区等网络平台发文，自曝遭一对警察夫妇当街殴打至昏迷，打人者分别是衡阳市石鼓区公安分局黄沙湾派出所副所长张鹏及该市女子看守所所长龚琳雅。次日，一段配有字幕和解说的现场监控视频流出，舆情开始迅速发酵。22日凌晨，衡阳市公安局发布通报介绍事件起因及冲突过程，称张鹏被停职调查，龚琳雅配合调查。随后，多家媒体跟进报道称，网传视频经过剪辑加工，事件起因系"贺国伟醉酒强吻7岁女童脸部涉嫌猥亵儿童"。这一反转令网民对张鹏的批评转为力挺。7月25日，衡阳市公安局通报处置结果，贺国伟被处行政拘留15日并处罚款；张鹏因制止过当被取消提拔资格，停职30天，并被政务警告。此结果引发舆论强烈反弹。此后，有自媒体爆料称，因涉嫌寻衅滋事，贺国伟的强制措施已被变更为刑事拘留，但此进展未见官方通报或媒体报道。

■ 应对评点

当地警方在此事件的舆情应对中可谓"有得有失"。衡阳警方的首次回应"质量上乘"：一是舆情爆发24小时左右便发布通报，为舆论场注入权威声音；二是及时抛出"贺国伟殴打张鹏妻子在先"这一关键信息，抢先占据舆论主动；三是警方建议成立联合调查组开展调查，也体现出客观公正、严肃认真的态度，稳定舆情效果明显。

但在随后真相明朗、舆情发生反转、舆论态势对警察一方由不利转为有利之际，当地警方却并未打好手上这副牌，致使衍生舆情不断。第一，衡阳市公安局在第二次通报中，将贺国伟行为表述为"酒后失态""行为不当"，未进行法律意义上的准确定性，对其是否猥亵女童、造谣诬陷民警等疑问未予解答，遗留舆情隐患。第二，造谣猥亵者被行政拘留、警察维护正义反被停职处分，两相对比下，网民不由产生"违法者处罚过轻、警察处罚过重"的观感，甚至有网民质疑是衡阳警方为平息舆情才武断处置。第三，警方对此事的后续通报也有些"疲软"，如对贺国伟处置、张鹏是否恢复工作等舆论关切未予回应，再次错失一次展现积极作为、修复负面形象的良机。

■ 经验·教训

该事件被舆论称为 2019 年涉警案事件"史诗级"反转的代表性事件，从中反映出的三点问题亟须政法机关重视。其一，此类反转事件频发，离不开信息传播要素选择性缺失、大众心理被利用操纵、情绪渲染裹挟立场和偏见等因素。政法机关在面对此类倾向性极强的舆情事件时，不应有恐舆情绪，而是要正视舆情、及时公布真相引导舆论。其二，近年来，通过抹黑警察而掀起的舆论炒作风波时有发生，有的是为一己私利博关注，有的则带有很深的政治意图，甚至有境外势力参与。政法机关需始终保持冷静，以强有力的事实和权威的回应粉碎谣言。其三，当政法干警名誉、利益受损而未得到及时纠正时，队伍内极易产生不满情绪。政法机关需在依法处置的基础上进行合理疏导，防止舆情扩大。

警示榜之三：长沙 9 岁男童被殴打致死案

【事件概览】

2019 年 11 月 6 日，一则"9 岁的男童被人用螺丝起子活活打死"的视频在网络热传。《新京报》等媒体跟进报道案件诸多细节：案件发生于湖南长沙一小区内，犯罪嫌疑人系一名精神病人，当时围观群众数十人但均未上前劝阻。上游新闻称长沙市公安局雨花区分局向受害人家属通报了案件调查情况，称被害男童系窒息而死。11 月 8 日，长沙警方通过澎湃新闻透露，犯罪嫌疑人冯某华曾因患精神分裂症在河南省精神病医院接受治疗，侧面回应了精神病人犯罪的网传信息。9 日 8 时许，"@雨花公安"发布详细通报，还原案发现场情况，称冯某华已被依法刑事拘留，案件正在侦办。警方还澄清"案发时并无其他人员在场，3 分钟后有人经过并报警"。该通报引发网民对精神病人犯罪的担忧。11 月 10 日，有媒体曝出冯某华已被其父母停药半年有余，这促使舆论开始反思"精神病人犯罪监护人是否该担责"这一问题。目前，警方已邀请专业精神鉴定机构对犯罪嫌疑人进行鉴定，案件暂无更多进展。

■ 应对评点

舆情曝光时，案件的突发性、现场视频的残忍性很快引爆舆论场。随后，"嫌疑人有精神病""围观人群冷漠不施救"等各路信息在网络热传，刺激了舆情高热。相较于鼎沸的舆论场，案发 4 天后警方详细通报才姗姗来迟，回应速度离突发事件 24 小时回应的基本要求差距较大，也使得"围观者不施救"等网络传言横行数日，严重冲击了公众对人性良善和社会主流价值观的认知。同时，涉事警方的舆情应对工作也有所欠缺。一方面，从此案曝光到最后处置，该案很多关键信息都是经由媒体"抢先"发出，警方在仅有的一次正式通报后就再无发声，信息发布的主动性和动态性不足；另一方面，面对舆论"精神病是'免死金牌'"的刻板印象，警方对社会公众的情绪疏导工作不够到位，舆论愤懑情绪难以纾解，进而滋生出"法律对精神病人无解"的无力感，使得舆论对公安机关舆情处置整体观感较差。

■ 经验·教训

本案因夹杂了精神病人无预警、无差别的恶性犯罪，其舆情态势比一般的未成年人被害案更显复杂严峻。舆论由此反思，在家人认知不足、监护不到位的情形下，社会如何编织立体的监控防护网，降低精神病人实施恶性犯罪的风险。综合舆论讨论发现，除了继续推进完善法律规定、加大监护人及医院法律责任等立法层面的工作外，舆论还呼吁政法机关从个案处置与综合防控方面加大作为。首先，政法机关必须要对个案的处置有足够重视，及时发布权威通报及案件进展，打击网络谣言，疏导公众情绪，降低恶性案件带来的社会恐慌心理。其次，社会面的群防共治力度也需加大，包括建立政法机关与医院、民政、教育、社区等各部门的沟通联动机制，对精神病人的发现、治疗、出院等实施动态监管机制，以及要求监护人主动报告精神病人行踪机制等，尽可能地将防控精神病人恶性犯罪工作前置，避免悲剧再现。

警示榜之四：云南女大学生李心草死亡案

【事件概览】

2019 年 10 月 12 日，网民"@swordsman11""@李心草妈妈"先后发文字和视频微博称，2019 年 9 月，在昆明理工大学读大二的女学生李心草与室友及两男性友人（李某与罗某某）在酒吧喝酒，李心草遭两男子亲吻、搂抱、殴打后"跳江自杀"。事发后，昆明市盘龙区鼓楼派出所"不立案侦查、不认真调查、不及时验尸"长达一个多月之久。12 月 14 日，盘龙区公安分局回应称已成立工作组介入调查。14 日，澎湃新闻发布一份警方的案件调查通报称，"李心草为意外落水，不构成刑事案件"，相关说法引起舆论强烈质疑。该文很快被删除，警方否认对该通报知情。14 日晚间，昆明市公安局发通报称，已提级成立市局专案组对案件立案侦查，由市检察院、市公安局同步监督和督察，对盘龙分局前期工作进行倒查。10 月 31 日，案件迎来重大进展：经司法鉴定，李心草死亡原因为溺死；昆明市公安局对罗某某强制猥亵侮辱立案侦查，盘龙分局对罗某某等人过失致人死亡立案侦查。12 月 31 日，李心草家属代理律师"@仲若辛"发微博称，警方将侦查期限延长一个月。

■ 应对评点

复盘此次舆情发现，舆情态势随着昆明市公安局的介入发生转折，呈现出差异分明的两个阶段。第一阶段即前期办案阶段，办案的盘龙区警方在舆情曝光前长期"不管不问"，曝光后立马"高度重视"，被网民批评"不曝光不解决""只重舆情不重实情"。此后，"看视频资料是跳跃着看的没注意被打""曾收到打人男子的威胁"等办案人员说法被媒体曝光，更让舆论场中生出涉案人员是"保护伞"、此案是"孙小果翻版"等说法。随后，一则"不构成刑事案件"的"乌龙"通报对公众造成严重误导，但警方"只否认、不辟谣、不说明"的操作，使得公众对警方的信任降至冰点。随着昆明市公安局全面接管案件办理并积极舆论引导，后期办案阶段舆情走势迅速趋好，无论是由市局领导组织专案组"提级侦查"，还是督察支队对前期工作倒查，或是对涉案当事人立案侦查，都回应了舆论呼声，也将事件发展导入法治轨道。然而由于案件侦办迟迟没有结果，也令关心事态进展的网民耐心渐渐减退，在类似女性受害案件中不断追问结果，担心案件最终会"大事化小"，追责"高举轻放"。

■ 经验·教训

李心草死亡事件堪称 2019 年度最为典型的网络维权事件，带给政法机关的启示极为深刻。在当前法治观念已经深入人心的背景下，普通公众仍然通过网络寻找真相，倒逼官方作为，而不是依靠法律的公正性和独立性实现公平正义，这是对政法机关不信任的体现。实际上，政法机关的不作为、慢作为、乱作为的疮疤每被揭开一次，公众对司法公信力的信任值就降一分，后续即使通报再权威、处理再公正，也难以抵消已经产生的不良影响。因而政法机关需将公信力建设当成长久任务来抓，在面对每一起个案，特别是那些关乎生命安全，涉及贫富差距、司法公正等议题的案件时，政法机关还须积极回应当事人诉求、依法处置，及时消除舆情风险。在舆情曝光后，政法机关需要尊重公众知情权，针对舆论关注焦点进行回应说明，对可能存在的违法犯罪行为依法严肃追责，重塑公信力。

警示榜之五：汕头辅警"扔车执法"事件

【事件概览】

2019 年 9 月 15 日晚，一段视频在网络热传，引发网民围观。据视频显示和网民爆料，广东汕头一辆行驶中的摩托车为逃避检查逆行，执勤交警将路边的共享单车扔向摩托车，致摩托车侧翻，车上二人跌倒"一死一伤"。该事件火速引爆舆情，网民普遍猜测交警涉嫌粗暴执法。16 日零时许，汕头交警通过官微发布首则通报，称涉事摩托车驾驶员及乘客受伤系"撞上绿化带"所致。官方说法与网传内容迥异，引发舆论质疑交警部门

"掩盖真相"。同日 10 时许，"@汕头交警"再次通报，称已成立专项工作组调查此事，对民警执法情况和事发经过展开全面深入调查。但网民并不认可相关内容，持续追问摩托车倒地原因。16 时许，"@汕头交警"发布第三次通报，称辅警陈某在协助交警查酒驾过程中，将停放路边的共享自行车推出阻止摩托车逃跑，致驾乘人员受伤，市公安局将严肃追究相关人责任。截至目前，后续处置结果如何，尚无公开通报。

■ 应对评点

该事件在短时间内不断发酵升级，与涉事部门的处置失误密不可分。事件中，警方执法过程是否合法合规成为舆论争议集中的地方。但汕头交警三份通报始终回避这一核心，因此遭到舆论一路追打。具体来说：首份通报急于撇清执法方的责任，"绿化带"的说法迅速引爆次生舆情，交警部门更是面临"官方造谣"的指责；第二份通报虽披露了上级介入和伤者情况等重要信息，本应起到遏制舆情升温的作用，但因过多强调摩托车驾驶人员的违规行为，未能有效消解质疑声音，危机程度继续加深；第三份通报承认了执法工作有不规范之处，并表态将严肃追责，但已经无法对冲此前不断累积的负面情绪，舆论步步紧逼下给出的调查结论仍然难平众怒，加之通报将责任归咎于涉事辅警，使得公众疑问更深，比如事发后不少网民在网上大量发布疑似汕头交警粗暴执法的视频，称这类问题"由来已久"。此外，官方追责处理工作有始无终，该事件不可避免地成为"烂尾舆情"，当地执法部门受损的形象难以扭转。

■ 经验·教训

公安干警粗暴执法作为重要的舆情类型，曾经频频引爆网络舆论场，给政法队伍形象带来严重损害。随着执法规范化建设的全面深入推进，这类事件已经逐渐淡出公众视野，但并不意味着此类舆情不敏感。相反，正是由于执法规范化水平整体提升，舆论对个别地方曝光出来的偶发现象更为关注，对官方工作的审视也会更加严苛。因此，应对这类舆情，需拿出正视网络舆情的态度，摒弃怕、躲、瞒等错误思维和"护犊子""捂盖子"

等错误做法，依法依规开展调查处置，在回应关切、澄清事实、打消疑虑等方面稳妥地做好信息公开工作。还需注意的是，有些主管部门往往任由涉事部门独自面对网络舆情，殊不知，一旦舆论质疑对象从个人扩散到单位，涉事部门很容易掉入"塔西佗陷阱"，甚至累及整个系统的公信力。因此，上级主管部门需适时提级介入或加强督促指导，帮助涉事部门快速渡过舆论危机，提升官方处置的社会认可度。

（观察时间：2019.01.01—2019.12.31）

舆情趋势

輿情研究

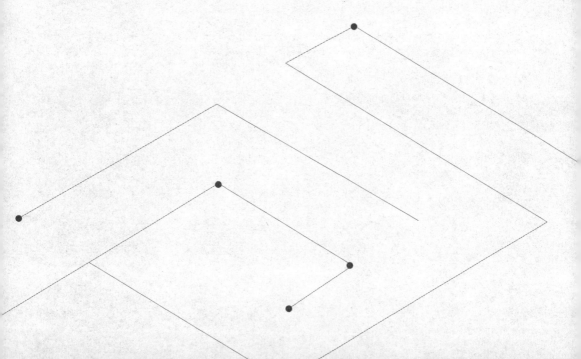

1

暴力伤医案件特征分析及舆情应对研究

编者按： 近年来，医疗行业所面临的高压力、高风险逐步加大，"医闹"、暴力伤医正成为其中一个重要诱因。虽然国家层面已将"医闹"入刑，但暴力伤医案件仍屡见报端，2019 年发生的山东莱芜杀医案、甘肃兰州杀医案、北京民航总医院杀医案等恶性案件，引起全社会高度关注，舆论呼吁政法机关依法从严从重处理的声音愈发强烈。在此背景下，本文梳理总结暴力伤医案件的数据特征和舆情特征，并据此提出对策建议，以期对政法机关有所帮助。

【数据特征】

暴力伤医作为一项社会顽疾，得到来自国家层面的关切，甚至进入了"两高"报告。从新闻部门到学术研究机构，大量的文章和报道对暴力伤医案件进行数据分析和案例研究，试图探讨这类案件频发的深层原因。通过对上述分析文章进行梳理，暴力伤医案件呈现五点特征：

■ 数量分布：2014 年触顶后下降，近年出现波动

根据媒体公开报道，每年均有一定数量的暴力伤医案件发生，但总体来看，现在的伤医案件烈度有所下降，发生数量也在减少。中国人民大学新闻学院微信公众号"RUC 新闻坊"通过分析媒体报道，发布了 2009—2018 年伤医案件大数据研究报告。该报告显示，在 2009—2018 年发生的 295 起伤医案件中，2013 年至 2015 年的伤医案件数量较高，共计 133 起，占总数的 45%；其中 2014 年最高，达 62 起。2016 年至 2018 年出现波动，伤医案件数量分别为 27 起、20 起、32 起，呈现"V"字型分布。

地域方面，广东省发生的暴力伤医案件最多，共有 38 起。山东、江

苏、浙江等东部省份也是高发区。

■ **机构分布：三甲医院、急诊科是伤医案易发区**

在我国，三甲医院由于拥有技术先进、医师水平高而吸引了大批患者，因此伤医案件发生的几率也相对较高。"RUC新闻坊"的报告数据显示，有七成伤医案件发生在三级医院，其中三甲医院占据一半以上。而在医院所有的科室中，近三成伤医案件发生在急诊科。同时，外科、内科和妇产科也是案件多发地。《医学与哲学》2017年发布的一篇研究报告也显示，在2000—2015年发生的暴力伤医案件中，急诊科的暴力伤医事件发生率高但损害后果恶劣程度较低；门诊大厅的暴力伤医事件发生率高且损害后果恶劣程度较高。

■ **伤医原因：医护人员常被认定为过错方**

引发暴力伤医案件的责任在哪一方，是伤医案件发生后，舆论追问最多的地方，也是各种猜测谣言的高发点。《228例网络媒体报道暴力伤医事件的质性数据分析》一文称，伤医原因占比最高的是施暴者认为医生失职或医疗事故，比例为44%。同样，"RUC新闻坊"的报告也指出，对医生提供的医疗服务和对医生的治疗结果不满是引发伤医的主要原因。相对应的，伤医案施暴者多为中青年男性、患者近亲属。

■ **处罚方式：行政处罚最常见　刑事处罚占比低**

从目前媒体公开报道看，伤医案件发生后，媒体并未提及公安机关采取何种处置措施，导致很多案件的后续进展并不明朗。据"RUC新闻坊"报告显示，在所搜集的295起伤医案件中，有115起报道里没有提及伤医案件的后续处理结果；而在提及处理结果的180起伤医案件中，行政处罚是最常见的惩戒手段，有62起，施害者一般被处以行政拘留、罚款处罚。还有部分报道仅跟进到刑事立案或批捕阶段，后续进展如何公众不得而知。

■ **罪名适用：寻衅滋事罪、聚众扰乱社会秩序罪最为常见**

伤医案件在进入司法程序后，如何定罪量刑是舆论关注的焦点。《近

5 年我国法院审理判决的医疗暴力案件分析》一文通过对全国 52 例典型伤医案例分析发现，法院对施暴者适用罪名上，寻衅滋事罪（16 例）和聚众扰乱社会秩序罪（14 例）最为常见。在杀医案的量刑方面，判处施暴者死刑立即执行、死刑缓期执行、无期徒刑的比例较高。《2009—2019 年杀医案嫌疑人分析》一文对裁判文书网上公开的 35 起杀医案执行情况进行统计，在 20 起案件中，犯罪嫌疑人被判处死刑或者无期徒刑。

【舆情特征】

梳理发现，在伤医案件发生后，舆论场并非一边倒地支持受害医护人员一方。之所以出现这种情况，一方面因为医患关系已成为网络中的"流量收割机"，在某些媒体、自媒体不客观的报道影响下，个案往往被抬高到对医疗体制等深层次问题的讨论，给涉事医院、医护人员带来舆论压力；另一方面，在涉及大量轻微暴力情节的伤医案件中，警方执法方式和执法手段常诱发衍生舆情，使得医患纠纷转化为医警冲突，增加舆情的复杂性和敏感性。

1. 医患关系敏感复杂　舆论易从失焦到施压

伤医案件发生后，部分舆论往往将其与当下的医疗体制、医患关系相关联。即使事件中医院和医师方没有责任，舆论场也会有声音刻意将案件导向"看病难、看病贵"等医疗制度问题上。这种讨论看似偏离了个案，但在国内医疗资源、医患关系总体尚显紧张的背景下，很容易引起舆论共鸣，演变成对涉事医院的不满。部分舆论会先入为主地认为过错方在医院而对施暴者抱有同情，如果此时医院、医师方面屈服于这种舆论压力，选择用赔偿、和解等息事宁人的方式解决问题，就是对失焦舆论的变相默许和纵容。例如，2016 年的广东省人民医院口腔科主任医师陈仲伟被杀案，因为 25 年前做的烤瓷牙黄了，"患者"将已退休的陈医生砍死，这样的伤医理由在理性的网民看来过于"奇葩"，但在网络上仍有不少网民抱着"一个巴掌拍不响"的荒谬逻辑，还有旁观者认为受害医生是在为整个医疗制度弊端"买单"。

2.部分媒体报道缺乏客观　加剧医患双方紧张感

目前，部分媒体对医疗领域的报道缺乏客观性和真实性，一方面在报道中过度美化、夸大医生的医疗能力，另一方面对涉医负面内容不加核实就进行曝光，甚至不惜渲染和夸大。这些报道的出现，不但"道德绑架"了全体医护人员，同时也加深了公众对医院固有的负面认识，使得网络舆论上普遍充斥着对医院、医生的不信任。例如，在北京民航总医院杨文医生遇害案中，行凶者孙文斌涉嫌故意杀人，司法机关的处置全程公开透明，并无瑕疵或不当之处。而一些媒体报道以及自媒体文章，抛开犯罪行为不谈，仍然大篇幅讨论医疗机构不当逐利、医疗管理流程不合理等内容，在博眼球、赚流量的同时减弱了该案本应起到的警示教育意义，对广大医务工作者的工作信心也产生了潜在负面影响，反过来加剧了医患之间的紧张感。

3.公安机关"和稀泥"式处置易诱发衍生舆情

从上述媒体报道和学术文章统计数据来看，在出现杀害或重伤医护人员的恶性犯罪案件中，政法机关处置往往较为迅速，涉事公检法机关彼此配合，通过快捕快诉快审机制，提前办结案件，给公众一个交代。如北京民航总医院杀医案被告人孙文斌在案发后不到一个月即被判处死刑，这种做法对公众情绪起到了很好的安抚作用。然而，还有大量暴力伤医案件是轻微违法案件，部分基层警方处警时为了快速解决纠纷，往往偏向"弱势"的患者一方，因此"和稀泥"执法、行政处罚就成为常见执法措施。这种执法除了可能助长"医闹"分子不法行为外，还会招致医护人员群体的不满，使医患矛盾转化为医警冲突。例如，在全国首例医生告警察对伤医不作为案中，因不满长沙警方对伤医的患者家属仅处以罚款，2017 年，长沙中南大学湘雅三医院副主任医师江凤林将办案警方告上法庭，目前该案处于再审阶段。

【舆情建议】

暴力伤医案件发生后的实体处置和舆论引导工作，需要多部门合力完成，这其中，政法机关所扮演角色至关重要。为此，政法机关一方面要立足自身职能，敢于向暴力伤医者"亮剑"；另一方面，在舆论引导过程中要协调专业人士发挥积极作用。同时，相关部门也需要重视预防工作，吸收各地化解伤医风险的先进经验，改进工作方式方法，提高工作成效。

1. 实体上依法处置　坚决打击暴力伤医行为

暴力伤医案件发生后，政法机关在处置过程中严格执法、司法，一定程度上形成威慑力，有助于防范和减少此类事件的发生。多篇分析文章显示，不少伤医案件在前期都有不同程度的征兆出现，一些医院也曾报警，但警方在出警时或是碍于医院属于内部单位执法无据，或是出于对患者一方的同情而没有严格执法，未能在萌芽状态将伤医风险予以化解，最终导致出现伤医悲剧。因此，在《中华人民共和国基本医疗卫生与健康促进法》将医院属性升格为"公共场所"的大背景下，政法机关要敢于在伤医案件中"亮剑"，打人就是打人，暴力就是暴力，在这样的基本事实面前，不应有任何犹疑与偏差。同时，在日常工作中也需对医院进行重点盯防，对暴力伤医等扰乱公共秩序的违法行为，坚决、快速予以处置和严厉打击。

2. 引导上利用专业声音　提升公众法治理念

暴力伤医案件总会伴随着快速发酵的网络舆情，处置部门除了要及时通报案件办理进展信息、回应公众关切之外，还要在舆论引导中善于运用第三方专业声音的作用。由于伤医案件不少是由医患纠纷演变而来，而医患纠纷又多涉及医学、法律领域的专业知识，普通公众多是一知半解，容易产生误解。这种情况下，政法机关应对暴力伤医案舆情时，可以邀请中立的医学界专家、法律界权威人士向网民普及事件背后涉及的医学、法学知识，引导公众运用法治思维看待问题，利用法律武器维权。

3. 找准问题根源　多举措提前化解风险

暴力伤医不是公安机关的"门前雪"，作为社会顽疾，需各部门、全社会共同参与治理，维护和谐的医患关系和安宁的就医环境。除了政法机关介入处置，相关部门也需积极追溯根源，通过设置预防措施来提前化解风险。例如，医院管理方可吸收专业分析意见，加大对急诊、外科等易发区的安保力度，防患于未然。公安机关可协助医院及其上级管理部门强化医院内部的安保力量配置，共同加强警务工作站建设，有力维护和保障医疗机构安全。有媒体报道广西南宁第二人民医院实行"先安检后看病"，试运行首日查出管制刀具。不少网民表示支持，认为这一举措提升了患者和医护人员的安全感。对于地方创新性的措施，有关部门还可积极推广相关经验。如江苏省南京市司法局设立的市医患纠纷调处服务中心的"1+6"工作模式，将与医患纠纷处置相关的各种社会力量进行整合，患者和家属能享受到一站式服务，有效降低了医患纠纷转为暴力伤医的可能性，此举也受到业内广泛认可。

（观察时间：2019.01.01—2020.01.16）

入境人员妨害疫情防控类舆情研究

当前，国内疫情防控形势持续向好，海外疫情却在加速蔓延，一些境外人员和海外留学生选择回国避疫，"外防输入"成现阶段疫情防控工作的重中之重。在此关键时期，少数人员采取各种手段隐瞒出境史或隐瞒病情，不遵守防疫、隔离等规定，妨害疫情防控秩序，给我国的疫情防控工作带来巨大压力，引发舆论高度关注。本文选取 2020 年 3 月以来热度较高的 16 起个案，简要分析其类型和处置结果，梳理舆论观点，并就后续处置提出应对建议。

【舆情事件】

法制网舆情监测中心根据案事件类型、舆情热度等参数，并以通报时间先后进行排序，具体案例情况如下（截至 2020 年 3 月 22 日 24 时）：

通报时间	事件内容	案事件类型	处置结果
3 月 4 日	4 人从意大利抵京后被确诊，登机前使用退烧药	未如实申报	涉嫌妨害传染病防治罪被警方立案侦查
3 月 10 日	浙江丽水 6 名华侨从意大利返境未如实申报后被确诊	未如实申报	涉嫌妨害传染病防治罪被警方立案侦查
3 月 11 日	河南首例境外输入病例郭某鹏隐瞒出入境情况	隐瞒出境史	涉嫌妨害传染病防治罪被警方立案调查
3 月 12 日	内蒙古赵某、莎某返回呼和浩特后故意隐瞒出境史	隐瞒出境史	涉嫌妨害传染病防治罪被警方立案侦查
3 月 12 日	北京两居民故意违反隔离规定多次前往疫情严重国家"代购"	隐瞒出境史	被处以行政拘留 10 日处罚
3 月 14 日	澳籍华人梁某妍不服从疫情防控外出跑步	不配合防控工作	北京警方注销其工作类居留许可，限期离境

通报时间	事件内容	案事件类型	处置结果
3月14日	宁夏男子自伊朗回国在沪停留两天致86人密切接触	妨害卫生检疫	涉嫌妨害国境卫生检疫罪被警方立案调查
3月15日	甘肃省临夏2名回国人员未按规定如实报备	未如实申报	涉嫌妨害传染病防治罪被警方立案侦查
3月15日	浙江一女子自泰国返京未主动报备，隐瞒行踪，不自觉隔离	未如实申报	公安部门已立案调查
3月16日	河北廊坊2人故意隐瞒韩国旅居史	隐瞒出境史	被廊坊警方行政拘留、家人被罚款
3月16日	意大利归国女留学生集中隔离期间对水质不满坚持喝矿泉水	不配合防控工作	被民警口头警告
3月17日	美籍华人黎某某携家人返京隐瞒美国就诊病史	未如实申报	涉嫌妨害传染病防治罪被警方立案侦查
3月17日	吉林一境外回国人员居家隔离期与男友私自驾车离开住处	不配合防控工作	行政拘留10日
3月18日	留法学生回上海后因对医院检疫工作不满打110投诉，威胁警察"发视频到外网"	不配合防控工作	不详
3月22日	湖南常德一男子故意隐瞒境外归国经历、多次私自外出	隐瞒出境史	行政拘留5日
3月22日	回国女子拒绝隔离大闹重庆机场	不配合防控工作	宣传部门称做遣返处理，但未有官方通报

上述案例中，不配合防控工作的案事件共5起，相关舆情热度也最高。如澳籍华人女子返京拒隔离外出跑步一事自曝光以来，多个相关微话题累计阅读量超10.5亿次，网民讨论持续数日。隐瞒出境史、未如实申报的案件各为5起，河南首例境外输入病例郭某鹏事件的媒体关注度最高，相关报道量达6.3万余篇。此外，宁夏男子自伊朗回国在沪停留两天致86人密切接触，因涉嫌妨害国境卫生检疫罪被立案调查，此事系全国第一起妨害国境卫生检疫案而引发较多关注。

处置工作方面，公安机关是处置主体。有7起案件进入刑事立案阶段，

10 余名涉案当事人因涉嫌妨害传染病防治罪、妨害国境卫生检疫罪等被调查。有 6 起案件的当事人被公安机关给予行拘、罚款等行政处罚，其中澳籍女子返京拒隔离被警方注销工作类居留许可并限期离境。还有 3 起事件的处置结果不详，引发网民追问。

【舆论观察】

梳理发现，除了对涉事人员的批评谴责，舆论对入境人员干扰妨害疫情防控相关涉法话题的讨论主要聚焦于以下三点：

1. 呼吁强化法律约束　严惩相关违法犯罪

在惩治境外疫情输入违法犯罪行为方面，我国刑法、治安管理处罚法、国境卫生检疫法等法律法规已有规定。在此基础上，一些媒体也积极呼吁我国法律应及时"亮剑"。《人民日报》、光明时评等评论称，"必须要强化法律的硬约束，绝不容任何人钻空子"。3 月 16 日，最高人民法院、司法部等五部门联合发布意见，进一步明确刑法"妨害国境卫生检疫罪"有关法律适用问题，舆论称赞该举措"正当其时"。上海律协刑诉法与刑事辩护业务研究委员会主任王思维认为，意见的出台确保了国境卫生检疫工作的顺利进行，对我国当前处理此类妨害国境卫生检疫违法犯罪行为具有极强的指导作用。《南方周末》文章称，这一最新司法解释非常及时，有助于堵住境外输入病例的传播。

2. 关注疫情防控举措　相关判罚引发争议

舆论对公安机关如何处置干扰破坏疫情防控行为这一问题较为关注。从整体舆论态势看，多数网民对公安机关的处置结果表示认可，但也出现了一些争议。一方面，对于一些情节相似但处罚结果差别较大的案例，舆论场上"同案不同罚"的声音有所增多。比如湖南常德一男子故意隐瞒境外归国经历被警方行政拘留 5 日，但在浙江丽水 6 名华侨从意大利返境未如实申报、内蒙古赵某等回国故意隐瞒出境史等案件中，当地警方都作出了刑事立案侦查决定，这使得警方处置行为受到部分网民质疑。另一方面，公安民警在疫情防控工作中的个别言行也被指有失妥当。比较典型的是意大利归国女留学生坚持喝矿泉水一事，尽管多数网民支持民警予以口头警告的做法，但仍有部分网民认为执法人员反应过激。

3. 建议加强法治宣传　依法保障入境人员权益

如何防范这类干扰疫情防控措施的违法行为发生，清华大学法学院教授余凌云建议，要对境外人员反复进行必要的法治教育，比如在航班上宣讲法律法规。尤其是按照北京、杭州等地出台规定，一些未成年人属于不适宜集中隔离的人员，安排其进行居家隔离，这时就需要对监护人普法，确保其监护到位。江苏省人大代表、三法律师事务所主任孙勇认为，各地政府和职能部门除了加强疫情防控相关法律法规和政策的宣传解释外，同时也要为回国人员提供隔离、检测、治疗保障，在法律框架内维护其应有权益，确保在法治轨道上推进疫情防控工作。

【舆情建议】

据当下境外疫情发展形势判断，打击各类入境人员妨害新冠肺炎疫情防控的违法犯罪行为，将成为公安机关在下一阶段的重要任务，各地办案机关仍将面临较大压力。对此，法制网舆情监测中心提出三方面应对建议，以供参考。

1. 坚持依法处置　为后续舆论引导赢得主动

从前述案例来看，各地公安机关在打击此类违法犯罪行为时，基本能做到及时响应、快速处置。特别是对于"郑州郭某鹏""澳籍华人外出跑步"等社会关注度高的案件，公安机关跟进应对，及时通报后续处理进展，获得舆论好评。在后续实体工作中，公安机关还需坚持依法及时、从严惩治，在提高政治站位的基础上，对于入境人员妨害国境卫生检疫、瞒报境外行程等各类违法犯罪行为，综合运用行政和刑事手段坚决打击，有效震慑违法犯罪，维护社会稳定。同时，公安机关还可立足自身职责，完善疫情防控工作流程机制，确保依法规范、公正文明办案，为舆论引导的有序开展创造有利条件。另外，面对一些轻微事件，警方处置力度可能引发争议，公安机关还需仔细甄别其具体行为的危害性，注重人性化执法、柔性执法、说理执法、防止过度执法、粗暴执法，力求执法效果与社会效果的统一。

2. 重视舆论宣传 "充分告知"与"精准普法"

当前，我国的疫情防控形势已由"内防扩散、外防输出"及时切换到"外防输入、内防反弹"这一模式，工作重心的变化也对公安机关疫情防控的舆情应对思路有了新要求。如果说，对内疫情防控工作宣传定位是以"普法"为主，那么在对外的宣传上就需升级为"告知 + 普法"的有机结合。具体来说，"告知"层面是指让境外回国人员充分知晓入境之时和之后要遵从的疫情防控要求，引导其积极配合、减少抵触情绪。各级公安机关可将宣传工作前移，借助大数据手段准确掌握回国人员信息，并通过手机 APP 等社交工具和社交媒体精准推送相关入境防疫措施；在各类入境交通工具以及入境口岸上做好相关政策规定的宣传普及活动，予以广泛告知。"普法"层面是指要加大普法的力度和准确度，让入境人员了解违反防控措施的严重危害性。对此，公安机关可主动设置议题，加强疫情防控相关法律法规等方面的普法宣传；在主动通报境外人员违法管控措施的典型个案后，积极关注舆论声音走向，对于争议焦点、个案处置措施等舆论关切，视情作出详细解读和回应，引导网民理性讨论。

3. 提升防范意识 警惕不当宣传引发次生舆情

公安机关在进行境外输入疫情典型案例的宣传过程中，宣传内容主要围绕本职工作进行，舆论整体反馈正向。但也需看到，目前舆论场中已经出现了因宣传内容不当而引发次生舆情的事件。比如近期"上海洋女婿被优待"一事遭到网民强烈批评，造成比较负面的舆论影响。这一次生灾害也折射出公众对个别地区在疫情防控过程中给予外籍人士"超国民待遇"的抵制和不满。公安机关在执法过程中需坚持一视同仁、公平公正处置，以免诱发舆情，降低执法权威性。尤其是尽量避免采取类似宣传方式，确保报道内容贴合实际，呼应舆论关切，以保障正面宣传效果得到最大发挥。

（观察时间：2020.03.04—2020.03.22）

四川凉山"3·28"森林火灾舆情研究

编者按：3月28日19时许，四川省凉山州木里县发生森林火灾，造成19名地方打火队员牺牲，引发舆论震动。恰逢新冠肺炎疫情防控时期和清明前夕，且该县曾在2019年同时期发生一起导致31人遇难的森林火灾，舆论悲痛记忆再次被唤醒。面对火情，当地政府部门积极开展处置，最终扑灭火灾。不过，当地政府在舆论引导工作中出现一些瑕疵，影响了公众对此次森林火灾处置的整体评价。本文还原事件过程，梳理舆论场观点，从如何做好突发公共安全事件的舆论引导角度给出建议，为有关部门工作提供参考。

【舆情事件】

1. 凉山木里再发森林山火，19人牺牲震惊舆论

3月30日，据四川省凉山州木里县森林草原防灭火指挥部办公室消息，28日19时许，凉山州木里县乔瓦镇锄头湾村与项脚乡项脚村交界处发生森林火灾，目前已调集多方力量参与扑救。当晚，凉山州、西昌市召开紧急联席会议，安排部署火情处置工作。西昌市公安局官方微博"@西昌公安"、凉山州西昌市人民政府新闻办官方微博"@西昌发布"连发十余条微博，从消防力量增援、群众疏散、交通管制、火场情况通报等多个方面通报事件进展。突如其来的大火引发舆论关注，网民纷纷跟帖祈祷消防员们平安归来。

3月31日，习近平总书记作出重要指示，要求坚决遏制事故灾难多发势头，全力保障人民群众生命和财产安全。当日10时，"@西昌发布"突然公布噩耗：由于火场风向突变，有19名打火队员在救火途中不幸遇难，

其中 18 名为宁南县组织的专业打火队员，1 名为当地向导，另有 3 名队员负伤。打火队员牺牲一事令舆情热度迅速攀升。网民第一时间联想到，2019 年 3 月 30 日，凉山州木里县曾发生森林山火致 31 人死亡，不少人一度怀疑是假新闻，还有网民追问当地为何山火频发、当地政府部门是否履职不力。媒体方面，《新京报》、澎湃新闻推出十余篇聚焦英雄生平的人物侧写稿，如《牺牲队员黄元林：留下年幼儿女，朋友圈"是热爱生活的样子"》等。31 日下午，西昌市政府召开发布会通报目前大火救援情况，提出为牺牲的 19 名扑火英雄启动烈士申报程序；"@西昌发布"先后转发《川报观察》等媒体解读文章，向公众解释了凉山一带为何林火高发、扑火救援危险高等问题，累计阅读量超 10 万次，一定程度上减弱了网民疑虑。

2. 清明期间舆情热度触顶，起火原因公布引发热议

此后，舆情随着火情持续，仍在燃烧的山火牵动人心。尤其是木里北线火势加剧，当地应急部门立即出动多架直升机增援。起火原因是公众最为关注的话题，据媒体报道，西昌市公安局指挥部相关人士透露，火灾未排除人为因素。4 月 4 日清明节，西昌为牺牲的 19 名打火队员举行追悼会，宁南县万名群众走上街头，手拉横幅迎接英雄"回家"。"@央视新闻"等推出清明追思主题微博，公众对牺牲英雄的缅怀之情达到高峰。4 月 6 日，木里火场北线明火完全扑灭。此后相关舆情热度逐步回落。另据官方信息显示，国家、省级相关部门已组成核查组对 19 名扑火队员牺牲过程进行核查。

4 月 12 日，木里县政府官微"@微木里"发布通报称，经公安调查，木里县"3·28"森林火灾案起火原因告破，系犯罪嫌疑人田某某（男，11 岁）在后山用打火机点燃松针和木罗松烟熏洞内松鼠时不慎失火引发，目前案件正进一步侦查。如此惨痛的事故，诱因却如此之轻，这一结论令舆论惊愕。部分网民呼吁惩罚肇事"熊孩子"，讨论如何追究责任以及监护人是否需担责；部分舆论呼吁重视"孩子贪玩诱发火灾"问题，加固防控链条上的薄弱环节。

截至 4 月 12 日，与西昌森林火灾有关的媒体报道（含客户端）共 11.7 万篇，微博话题"＃西昌火灾＃""＃悼念西昌森林火灾牺牲勇士＃""＃西昌森林火灾牺牲人员名单＃"等微话题阅读量超 9 亿次，微信文章 3.5 万篇。

【舆论观察】

整体看，舆论对此次事故以缅怀、追思为主，与 2019 年火灾发生后的舆论场基调较为相似，但也出现了一些新的舆论观点，具体如下：

1. 表达哀思 呼吁从悲剧中吸取教训

2019 年"3·30"木里森林火灾余痛未平，一年后几乎相同的时间、地点悲剧再次上演，深入开展安全隐患排查、加强消防安全教育的呼吁较为普遍。多家媒体发表文章，认为应该从悲剧中吸取教训。映象网文章认为需要把防范的关口前移，建议在设备的配备上更高端，对森林草原出现的火灾有更准确的判断，及时修正一些不正确的方式并在细节上更重视；《中国青年报》表示，防控举措必须走在事后追责的前面，特别是生活在林区的住户，务必警钟长鸣。

2. 转变消防理念 "生命至上"应成共识

舆论场出现较多反思论调，其中最凸显的就是消防职能理念转变问题。《新京报》刊文指出："2018 年以来的消防体制改革，就是意在让消防体制变得更加专业化、职业化，而这些应该落实到每一地的基层与防火一线。"光明网文章认为，"在经历了数次类似的消防员大规模伤亡事件后，此次缅怀消防员们的新闻下，最高赞评论也渐渐从整齐划一的夸赞'最美逆行'，变成了'一定先保障好消防员的人身安全'。社会在生命价值上的这种共识转变，理当同步体现到消防理念的进化中去"。

3. 追问政府日常火灾防范应对是否失职

两次火灾发生场景相似，不少网民自然将两者对比，对当地政府部门日常火灾防范和应对工作提出质疑。一方面，舆论批评当地政府应对火灾的意识和改进措施落后。央视网评论认为,如果说风向突变、风力陡增,扑火人员避让不及是客观自然环境的原因,那火情的日常监测、扑救的专业水平和事发后的应急保障,则有很大主动作为的空间。《新京报》进一步指出:"历年来(包括 2020 年),凉山当地春季都是防火关键期。当地在火灾应对上有没有卓有成效的改良?应急预案与扑火装备是否更专业?在去年的火灾中,暴露了当地地形复杂等特点,那么在此之后,当地是否对此研究出更具针对性、更有效的防火、救火路线与方案?"另一方面,舆论对政府打火队伍专业性也有所质疑。有专家指出,这支扑火队成员主要由普通农民、民兵等构成,刚成立 3 个月的半专业扑火队受制于培训和装备,缺乏应对大型火灾的能力,派这样的扑火队员上一线是否属于指挥不当,理当有科学的调查结论。

4. 官方宣传模式引发"煽情宣传"质疑

此次政府部门以及媒体的宣传模式激起舆论大量批评。悲剧发生后,由官方宣传部门和媒体发起的"车辆鸣笛致哀牺牲勇士""转发送别扑火英雄""山火牺牲队员最后画面曝光"等话题在社交平台刷屏,部分舆论质疑此举是"煽情宣传"。微信公众号"传媒茶话会"撰文评论称:"从 19 位扑火队员不幸牺牲,到现在(3 月 31 日)已经 48 小时。当地指定对外发布信息官微账号'@西昌发布'没有一个字提到相关方面的责任,相反还在赞颂参与救援的武警战士'他们睡着的样子真美',把一个惨烈的悲剧变成庆功大会,把丧事变成喜事报,这样的报道只会引发读者的反感和愤怒。""大 V""@李海鹏"也批评道:"同一个地方,同一个宣传干事,同一个当地宣传部群,西昌又响起了跟去年一样的鸣笛致敬,为什么不去写写这一年来政府做了什么,又没做什么,写写遗忘和承受,写写得失?"

【舆情建议】

本事件中,当地政府从救援部署、信息发布、善后工作、专业释疑等方面积极应对,最终平稳度过此次舆情。不过也要看到,当地政府宣传工作出现的瑕疵，导致舆论口碑受到影响。当前正值森林火灾等自然灾害易发高发时期，政府等部门不但面临形势严峻的防灾减灾压力，也需警惕因宣传工作触发舆情危机。法制网舆情监测中心认为，增强重大灾害事故中的舆论工作效果，引导部门需注意以下三个舆论倾向，避开宣传"雷区"。

1. 体察情感变化 舆论引导以疏导为主

相对以往类似事件，此次舆论场表现出了更多的悲痛、愤怒、质疑、焦虑等负面情感，整体舆论氛围较差。究其原因，这与当下正处于新冠肺炎疫情防控工作中后期这一大背景密切相关。经历了连续数月紧张的疫情防控状态，舆论情绪较为敏感、脆弱，加上清明特殊节点的影响，此次森林山火事故如同一个火山口，让负面情绪集中释放。在此情形下，政府部门的舆论引导更需要以安抚疏导为主，一味地宣传崇高、赞美牺牲，反而容易激起反感心理，更难唤起共鸣和认同。因此，宣传引导部门首先要具有共情能力，随时体察公众的情绪变化，在议题涉事上避免激化矛盾和争议，引导公众情绪有序释放。

2. 正面回应关切 破除"无作为"等舆论猜测

2019 年木里森林火灾 31 名消防救援人员牺牲，当时的舆论讨论已经延伸到如何避免悲剧再现的层面，然而山火依然再次发生，这就让舆论对当地政府一年来的履职情况多了几分审视味道。部分媒体从当地的打火队伍专业度、硬件装备配备、救火路线策略等角度进行分析，认为政府部门的防火应对工作存在较多不科学、不到位的地方。但是面对舆论关切，当地政府发布的信息只侧重解释为何森林火灾此时多发、救援难度大等专业问题，对于政府一年来做了哪些改进和努力、还有哪些问题与难点等却没有更多说明，显然难以对接公众希望悲剧不再重演的预期，因此遭到"没有进步，没有反思"的批评。因此，政府部门还需本着勇于担责的心态正面回应，以此破除舆论对政府部门无作为、消极作为的猜测。

3. 坚持正确导向 摈弃"丧事喜办"等惯性思维

重大突发事件特别是灾难性事件和往往与死亡、惨烈等关键词相联系，因此也格外需要官方或者媒体、注意宣传报道方式尺度，避免因报道导向不正、表述不当引发受众不适。此次正面宣传就引起了舆论反弹，在打火队员牺牲之后，"@西昌发布"曾发图文微博称"他们睡着的样子真美"，个别媒体以"逆行青年挺起中国脊梁""一个有希望的民族不能没有英雄，一个有前途的国家不能没有先锋"等口吻描述扑火队员，均遭到网络批评。由此警示，重大灾难性事件中，政府部门的舆论宣传应该摒弃"丧事喜办""消费灾难"的惯性思维，宣传方式要客观平实、实事求是，将关注重点转移到问题现状与反思等现实层面，否则将掉入"多说多错、越做越错"的恶性循环，折损舆论口碑。

（观察时间：2020.03.28—2020.04.12）

4

疫情后期涉入境外籍人员防控类舆情研究

编者按： 自 3 月 11 日世界卫生组织宣布新冠肺炎疫情为"全球大流行"以来，我国的入境人员呈现增长趋势，一些入境外籍人员违反我国疫情防控政策的事件持续引发舆论热议，相关微博话题阅读量已累计超过 10 亿次。这其中既有舆论对外国人违反防控政策的批评，也有对防控部门工作措施的评价，个别地方甚至还出现负面舆情。随着疫情防控重点由内向外转移，舆论关注重心也转向入境人员，现阶段此类事件如果处置不当，很容易上升为热点舆情，累及政府部门的公众形象。因此，梳理近期所发生的类似事件，总结相关处置措施的利弊得失，十分具有现实参考意义。

【舆情事件】

1. 外籍人员违反疫情防控政策类舆情

一些入境外国人拒绝配合我国的防疫防控政策，甚至还涉嫌违法，事发地的公安机关均及时进行处置，然而舆论反馈和社会效果却有所不同。其中舆论反馈正向的热点案例有：3 月 27 日，北京朝阳区一外籍男子返京后不配合防疫措施，私拆其家中安装的隔离报警器且不戴口罩出门，引发所在小区居民恐慌，朝阳区警方依法对其作出行政处罚并限期离境；3 月 29 日，陕西西安一名外籍男子未戴口罩进入商场被拦下，大骂防疫人员的同时还用手机砸人，西安市雁塔区警方依法给予其行政处罚，并处限期离境；4 月 1 日，一名外籍新冠肺炎确诊患者在广州市第八人民医院抽血检查时，咬伤阻拦其离开的护士，广州市白云区警方对其采取刑事强制措施。

在少数个案中，事发地警方的处罚力度被指疲软，引发网民质疑和追问。3 月 25 日，广州市天河区警方在处置一起外籍男子违反居家隔离规定的案件时，认为当事人认错态度好，且暂未造成其他不良影响，对其进行警告处罚。多数网民对此表示不满，认为在现在境外输入疫情增多的趋势下，应该予以强制集中隔离，不能因为是初犯就姑息。

2. 疑似区别对待外籍人员类舆情

此类舆情因个别社区、基层部门的涉外防控措施而起，舆论关注较高的事件主要有三起。一是上海"洋女婿"事件。3月20日有媒体报道称，上海一位英国籍女婿辗转多国回沪后拒绝集中隔离，居委会协调岳母妻儿暂时离家，房子留给该男子独居隔离。这一做法引发大量网民质疑，网民认为"不应给予外籍人员特殊对待"。对此，3月23日，上海市静安区三彭浦新村街道办回应称，居委会允许涉事外籍男子居家隔离的做法，符合上海疫情防控的有关规定，可能有一些具体防控流程没有披露引起了误解，居委会的做法并未违规。

二是南京一街道为外国人提供"暖心服务"事件。3月26日，《南京日报》刊文介绍南京市栖霞区仙林街道对684名外籍隔离观察对象的"包保服务"，包括"多次帮老外扛桶装水到楼上""帮一名老外一天送了20多趟快递"等内容。对此，不少网民质疑街道给予外国人"超国民待遇"。对于舆论的质疑和指责，仙林街道办事处回应称，外籍人员由于语言沟通方面存在问题，街道办工作人员提供暖心服务是为了将疫情防控工作做好，并强调处于疫情隔离期间的中国居民会享受相应的服务。

三是青岛外籍人员插队事件。4月1日上午，网曝3名外籍人员在山东青岛崂山区疾控中心进行核酸检测采样时插队，在遭到排队人员质疑时涉事外籍人员不仅扔掉了质疑者的单据，还大喊着"中国人出去"。对此无理要求，工作人员纵容默许，要求排队人员"给面子"配合。此事迅速引爆网络舆情，当日晚间崂山区卫健委回应致歉。舆论呼吁当地依法处理，绝不纵容，真正做到"一视同仁"。4月2日，崂山区人民政府再次通报称，公安机关已对涉事外籍当事人依法依规进行批评教育，当事人对此表示诚恳接受，并就其不当言行向公众致歉。

3. 涉外籍人员谣言事件

广州市作为我国非洲籍外国人的主要聚居地，随着境外疫情形势严峻，入境的非洲籍外国人开始增多。然而，自4月6日起，一系列针对在广州居住的外国人尤其是非洲籍外国人的谣言在自媒体、微信群、朋友圈中传播，引发广州市民恐慌之余，也滋生了一些非理性的情绪。这些谣言包括"网传因黑人导致广州瑶台片区被封""广州三元里、瑶台等地有两名外籍人员带病逃脱""广州白云、越秀大量外籍人员核酸检测为阳性"等。对此，广州市政府、卫健委、民政局等相关部门及时予以辟谣，当地警方快速追查谣言来源，对造谣、传谣者依法予以查处，迅速安抚网民的恐慌心理。

【舆情解析】

1. 境外疫情暴发令国内紧张情绪反弹

新冠肺炎疫情发生后，全国范围实施的应急管控措施收到显著成效，各地新增病例数呈现明显下降趋势，复工复产也逐步开始。然而，境外疫情的大面积暴发让疫情防控瞬时上升为全球性问题，防范疫情境外输入的压力骤增。哈尔滨、广州等地连续出现因境外输入型病例引发的聚集性疫情，使得我国的疫情防控形势再度紧张，公众的恐慌、焦虑情绪随着境外输入型病例增多出现反弹。因此，外籍人员入境后能否遵守当地的防疫政策，关系到外防输入的防控效果。在公众看来，国内民众艰苦奋战换来的防控成果不能因此功亏一篑，对入境外籍人员必须一视同仁，从严管控。

2. 故意违法行为触动舆论敏感神经

在疫情防控期间，全社会已经形成共识——要服从防疫规定，尊重防疫人员。然而，短期内各地连续曝出外籍人员违反疫情防控的案例，包括"肆意辱骂防疫人员""私拆隔离报警器""咬伤护士"等涉违法犯罪的行为。这些行为带有故意挑衅的色彩，反映出个别外国人傲慢无礼、充满戾气，触动了舆论敏感神经，导致不断有声音追问"谁给他们肆意妄为的底气"。

部分舆论还探究背后的原因，质疑个别基层部门给予外籍人员"超国民待遇"，由此而生的极端化、情绪化、对立性言论，既为谣言滋生留下空间，也给舆论场带来严重撕裂。

3. 地方处置措施差异引发舆论隐忧

近期，全国公安机关查处了多起入境人员违反疫情防控案件，对于情节较重的违法行为，公安机关予以刑事立案侦查，启动刑事追诉。4月3日，最高人民检察院、公安部联合编发了依法惩治涉境外输入型疫情防控的3起典型案例，备受关注的河南郭某鹏案也在其中。疫情时期，执法部门严格执法，司法机关从严打击妨害疫情防治的各类违法犯罪，大大拉高了舆论期待。妨害疫情防控将承担法律责任，这条红线应当划在所有人面前。然而，在涉及外籍人员时，个别部门的处置措施出现了明显差异，引发舆论注意，成为一些舆情事件导火索。面对"内外有别"和处置疲软的质疑，虽然涉事部门后续均有所回应，但回应更像是在辩解，并未打消舆论对人为制造疫情防控漏洞的隐忧。

【舆情建议】

严防境外输入是当前疫情防控重中之重。面对我国疫情防控重心的调整，疫情后期规范管理入境外籍人员是各地有关部门亟待解决的一个重要问题，需要从舆论和现实两个层面加以解决。

1. 了解舆论环境变化　实体工作契合舆论期待

目前，我国疫情防控的重心已经转向严防境外输入病例再次引发本土疫情上来，国家权威部门通报的数据显示，境外输入型病例及其关联病例已成为我国近期疫情的主要来源。在这一背景下，国内公众普遍希望入境外籍人员能够遵守我国的疫情防控政策，对于那些拒绝执行防疫措施、扰乱防疫秩序、危害公共健康和安全的外籍人员，希望有关部门能够依法依规、不卑不亢地予以处理。因此，相关部门在开展工作时需要掌握舆论心态，通盘考虑入境外籍人员的疫情防控工作，坚持一视同仁、依法依规，避免在工作中出现"特殊化""不依法"的情况，尤其是宣传报道时要注意宣传角度和措辞，以免不当宣传引发舆论批评甚至炒作。

2. 摸清舆情成因　坦诚道歉与主动整改同步进行

上述涉及入境外籍人员的舆情事件，触发原因各不相同，社会危害性和影响力也有较大差异。因此，相关部门应先摸清舆情成因，在此基础上分类处置、有的放矢，如果只是为平息舆论仓促处置，反而会导致舆情持续发酵，最终形成"长尾效应"。例如，对于入境外籍人员扰乱疫情防控的具体案例，要做到及时发现、快速处置，用严格执法、规范执法打消舆论执法疲软的猜疑。对于涉及外籍人员疫情防控措施的负面舆情事件，涉事部门不但需要主动解决舆论反映问题，还需注意在舆论引导上多下功夫，用诚恳道歉和切实整改挽回受损的公众形象。值得注意的是，在网络上出现的针对外籍人员的谣言，意在挑拨当地群众的仇外排外情绪，传导至线下极易产生社会稳定风险，公安机关、网信部门除了依法打击之外，还需要及时联合相关部门予以辟谣，消除公众恐慌心理。

3. 解决现实困难　从源头处降低舆情发生概率

对于近期出现的涉外籍人员的网络舆情，相关疫情防控部门需要秉持辩证思维来看待，除了对故意违法违规的行为要予以严厉惩处外，还要看到疫情尚未结束，这些外籍人员入境后在日常生活、工作、学习中面临种种现实困难，需要所在地的公安、民政、社区等部门予以关注解决。只有在一视同仁的前提下尽可能提供人性化的帮助，才能既让外籍人员感受到管理部门的善意，体现应有的城市温度；也有助于向外籍人员宣传我国现行的入境人员防疫政策，进而引导其积极配合，从源头上降低此类舆情发生的概率。

（观察时间：2020.03.11—2020.04.09）

5

上市公司高管涉"性侵养女"案舆情研究

编者按： 4月8日，有媒体报道称，上市公司杰瑞集团高管鲍某某的"养女"李星星（化名）称，自2016年起其被鲍某某长期控制并多次遭性侵，但在烟台报案后迟迟没有进展。随后，一段"南京警方问话烟台警方"的录音在网络热传，引发舆论对该案的关注。9日晚间，烟台警方发布通报称，目前案件正在侦查过程中。随后，鲍某某被杰瑞集团解约、从中兴通讯辞职，而其律师身份持续引发舆论关于其知法犯法的抨击。同时，舆论对如何保护未成年人免遭侵害讨论热烈，令舆情态势更加复杂。4月13日，最高人民检察院、公安部针对此案派出联合督导组，北京市司法局也表示已经针对相关线索展开调查，舆论对调查结果表示期待。本文通过梳理该舆情事件，分析舆情成因，从后续处置的角度提出建议，以供参考。

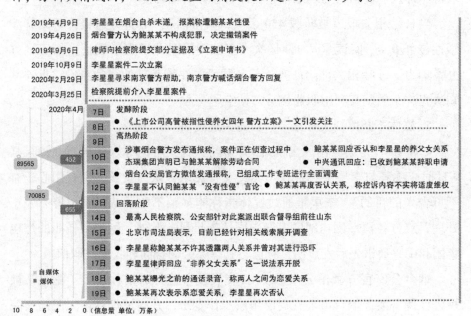

2019年4月9日	李星星在烟台自杀未遂，报案称遭鲍某某性侵
2019年4月26日	烟台警方认为鲍某某不构成犯罪，决定撤销案件
2019年9月6日	律师向检察院提交部分证据及《立案申请书》
2019年10月9日	李星星案件二次立案
2020年2月29日	李星星寻求南京警方帮助，南京警方喊话烟台警方回复
2020年3月25日	检察院提前介入李星星案

2020年4月

发酵阶段
- 7日 《上市公司高管被指性侵养女四年 警方立案》一文引发关注

高热阶段
- 8日
- 9日 涉事烟台警方发布通报称，案件正在侦查过程中 ● 鲍某某回应否认和李星星的养父女关系
- 10日 杰瑞集团声明已与鲍某某解除劳动合同 ● 中兴通讯回应：已收到鲍某某辞职申请
- 11日 烟台公安局官方微信发通报称，已组成工作专班进行全面调查
- 12日 李星星不认同鲍某某"没有性侵"言论 ● 鲍某某再度否认关系，称控诉内容不实将适度维权

回落阶段
- 13日
- 14日 最高人民检察院、公安部针对此案派出联合督导组前往山东
- 15日 北京市司法局表示，目前已经针对相关线索展开调查
- 16日 李星星称鲍某某不许其透露两人关系并曾对其进行恐吓
- 17日 李星星律师回应"非养父女关系"一说法系开脱
- 18日 鲍某某曝光之前的通话录音，称两人之间为恋爱关系
- 19日 鲍某某再次表示系恋爱关系，李星星再次否认

89565　452

70085　655

■ 自媒体
■ 媒体

10 8 6 4 2 0 (信息量 单位：万条)

1. 媒体曝光高管性侵"养女"丑闻引关注

4月8日,《南风窗》报道称,杰瑞集团高管鲍某某的"养女"李星星称其自2016年起,被鲍某某长期控制在山东烟台某公寓里,并遭多次性侵,报案后警方的调查工作迟迟没有取得进展。澎湃新闻4月9日发出跟踪报道,一段关于"南京警方问话烟台警方"的录音在舆论场被热传,录音中烟台警方对该案件漠不关心、支支吾吾的态度,引发众怒,网民批评烟台警方"敷衍应答""推卸责任"。

4月9日23时32分,山东省烟台市公安局芝罘分局官方微博"@芝罘警官在线"发布案情通报,称侦查工作仍在进行中,并表示"我局将严格依法办案,切实维护当事人合法权益"。相关微博被转发近万次,评论数近千条。当日晚间,实名认证的微博"大V""@赵皓阳–Moonfans"发微博称,鲍某某为律师。"@新京报我们视频"补充报道称,鲍某某具有中国律师执业资格与美国联邦最高法院出庭律师资格,其于1996年7月取得律师执业资格,为北京市泰德律师事务所律师。

当日,相关报道被转载450余次,微博话题"#警方通报公司高管涉嫌性侵养女#"阅读量达1.3亿次。多数网民对此事表示震惊,指责警方办案不力,呼吁相关部门严查;部分网民关注鲍某某的律师身份,批评其知法犯法,质疑其利用职业优势"钻空子"。

2. 媒体不断爆料案件细节　舆论关注高热

4月10日,据《南风窗》、澎湃新闻、观察者网等媒体报道,鲍某某9日回应称其与李星星不存在"养父女"关系,认为女孩"别有用心,有不可告人的目的"。李星星通过媒体指称鲍某某不敢承认,希望警方公正处理。双方各执一词,网民多倾向同情李星星。此外,鲍某某任职的杰瑞集团和中兴通讯先后发声明,称已与其解除劳动合同和收到辞职信。

烟台公安官方微信公众号11日凌晨发布警方通报称,关于鲍某某被控告性侵一案,烟台市公安局已组成工作专班,并商请烟台市人民检察院派员参加，对前期芝罘公安分局侦办的案件事实及公众关注的相关问题正在进行全面调查。调查结果将及时公开，接受社会各界监督。当日 7 时许，"@ 央视新闻"转发该通报，引起网民高度关注，新浪微博话题"# 烟台警方全面调查女子控告鲍某某性侵 #"阅读量很快破亿次。"@ 央视新闻"发布微评，称"请办案机关加快办案速度，让真相尽早水落石出！"网民跟帖调侃烟台警方"连夜成立"，批评其"又被舆论推着办案"。

值得注意的是，财新网 4 月 12 日刊发特稿报道《高管性侵养女事件疑云》，文章开篇便称"这更像是一个自小缺少关爱的女孩向'养父'寻求安全的故事"，内容极尽暗示李星星是其母亲卖的"童养媳"，还用言情小说的笔触描绘两人感情。该报道在舆论场激起强烈声讨，网民称报道内容"毁三观"。4 月 13 日晚，财新网发表声明称，"报道确有采访不够充分、行文存在偏颇之处，已在当日撤回报道"。

在此期间，舆论场热度不断攀升，章子怡、韩红等众多女明星在社交媒体上发声，持续推高热度。微博话题"# 鲍毓明 #"阅读量高达 6.3 亿次。部分网民质疑当事人鲍某某作为律师，可能已提前"消灭证据"，还有部分网民猜测其背后存在"保护伞"。此外，也有人呼吁北京市律协等部门干预和发声，要求吊销其律师执业证书。

3. 相关部门相继发声和介入调查备受舆论期待

4 月 12 日，"@ 新京报"报道称，北京市西城区律师协会会长王兆峰回应称，鲍某某在外任职的情况与专职执业的要求不相符，相关部门将对此按照规定进行调查，再根据情节情况来做处理。

4 月 13 日下午，据央视新闻客户端报道，针对鲍某某涉嫌性侵一案，最高人民检察院、公安部已派出联合督导组赴山东，对该案办理工作进行督导。另据新京报网报道，鲍某某专职律师执业期间在企业担任高管不符合规定，北京市司法局表示，目前已经针对相关线索展开调查。此外，李星星的代理律师吕孝权（北京千千律师事务所律师）透露，女孩目前状态很差，鲍某某目前处于取保候审状态。

在此阶段，微博话题"＃最高检公安部联合督导鲍某某涉性侵案＃""＃北京司法局介入调查鲍毓明＃"累计阅读量近亿次。网民观点中，超五成网民表示期待官方调查结果，呼吁深挖事情真相和内幕，严惩不贷；部分网民质问为何北京相关部门此前从未发现鲍某某律师执业正当性问题，少数网民持续呼吁吊销其律师执业证书；还有网民对鲍某某取保候审表示不满，认为此举意味着"案子基本成不了了"。

4. 双方当事人通过媒体发声　舆情持续发酵

4 月 14 日，据"＠新京报"消息，受害女孩接受采访表示，鲍某某不允许其向外透露二人发生性关系一事，并以女孩母亲性命作威胁进行恐吓。4 月 15 日，"＠澎湃新闻"称鲍某某通过中间人曝光 2018 年 6 月 17 日其与受害女孩的通话录音，二人在交流中发生不快，但鲍某某对受害女孩明确表示"我在等你，等你毕业"。4 月 16 日，据头条号"新京报"报道，鲍某某 15 日接受采访时表示，二人于 2017 年下半年确立恋爱关系并发生关系。受害女孩则坚称二人非恋爱关系，其在 2015 年底被鲍某某性侵、强制控制、甚至被逼迫观看色情视频。其中，超过六成网民认为鲍某某一直强调二人"情侣关系"是为了逃避法律制裁，利用法律为自己开脱。

截至 4 月 19 日 12 时，相关报道超 4000 篇，客户端文章超 2.2 万篇，微信文章近 8000 篇，微博讨论近 25 万条，微博话题"＃鲍毓明养女发声＃""＃鲍毓明＃""＃鲍毓明养女坚决否认恋爱关系＃""＃性侵案女孩母亲称女儿被威胁＃""＃鲍某某明涉性侵案双方通话录音＃"等阅读量累计超过 50 亿次。

【舆论观察】

此次事件中，舆论场讨论较为复杂，既有对事件性质和案件走向的讨论，有对当事人本人身份的关注，也有对事件牵涉的违法现象和法律问题的分析，还有对调查组介入后调查结果的期待。

1. 关注事件性质　讨论案件走向

一是追问性侵案件的事实。红星新闻评论痛批"矫饰并不能完全包裹真相"，并且连连发问，领养孩子，怎么就成了领养女友？这中间是怎么转换的？当事人鲍某某即便再舌灿莲花，再铁齿铜牙，也无法让事件反转。二是呼吁执法机关调查。《人民日报》官方微博称此事件"令人骇然"，质问"那些摧折人心的细节是否属实"，同时呼吁全社会有责任求证，执法机关更有责任调查。《新京报》评论认为，烟台警方当尽快回应关切，正义不仅要实现，还要以看得见的方式实现。三是认为案件审理需谨慎对待。《南方周末》也发表快评，认为此类案件中，固然不能只听信女方单方面的说法，但也不能轻易相信男方的说法，尤其是鲍某某身为律师，熟悉法律，对他的口供更要格外谨慎对待；澎湃新闻评论称，关键是如何将这些零碎的事实归纳成有效的证据链，从而对整个事件形成精准的、不枉不纵的法律定性，既要保护未成年人的合法权利，又要避免公民受到冤枉。

2. 关注当事人律师身份 呼吁监管部门介入

一是认为其作为律师，具有较强"反侦查"能力。微信公众号"南风窗"发文称，作为资深律师的鲍某某，是一个懂得钻法律空子的"狡猾"对手。微信公众号"周蓬安"猜测，鲍某某对中国法律肯定非常熟悉，在对未成年人实施性侵前，就做好了退路准备。二是猜测其背后存在"保护伞"。有自媒体文章称，律师做到这个级别，一定是在公检法系统有"人脉"的，前两次受害者向北京和烟台两地警方报警均未果，其如何能影响到这两个地方的警方才是关键。三是呼吁相关部门介入。微博"大 V""@罗昌平"称，"双面律师"鲍某某的出现，是法律行业的耻辱；还有律师建议北京市律协立即在行业纪律、职业道德规范等方面，对鲍某某进行调查、处理，以降低其对整个律师群体的声誉损害。

3. 分析事件牵涉的违法现象和法律问题

一是关注"送养收养"乱象，建议完善制度漏洞。《法制日报》认为，进入互联网时代后，送养者、中介、收养者借助网络逐渐形成了一个衔接紧密的灰色产业链条，司法机关应严厉打击违法行为，同时对收养法进行修订，根据社会现实情况，适度放宽合法收养门槛，将私自收养人群分流到依法收养的轨道上来。光明网评论称，我国收养法对收养人、送养人都提出相当严格的要求，但这些严格的法律规定，在泛滥的私自送养的灰色产业链面前却成了"马其诺防线"，法律被轻易绕过，监管被轻易绕过。二是讨论如何处置14周岁以上未成年人遭性侵案，社会热议集中在两方面：滥用信任地位型性侵犯罪和性同意年龄。中国政法大学教授罗翔建议在刑法中增设滥用信任地位型强奸罪，认为"当双方存在特定关系，未成年人对特殊职责人员有关的性同意，在法律中应视为无效，只要与未成年人发生性关系，特殊职责人员就应以强奸罪论处"。该说法被多家媒体评论文章引用。中国应用法学研究所未成年人保护研究中心研究员苑宁宁认为可借鉴国外立法实践，调整我国的性同意年龄，如美国各州的性同意年龄都不低于16周岁，有些州则高达18周岁，相比之下我国未成年人性同意权的年龄较低；中国政法大学讲师朱光星也建议修改法律，提高我国的性同意年龄，并且完善相应的法律配套措施。

4. 对调查结果表示期待 呼吁全面深入调查

一是呼吁调查部门依法严查案件。央视新闻评论称，最高人民检察院、公安部联合督导鲍某某涉嫌性侵案，彰显查出真相的强大决心，给人强烈的法治信心，相信作奸犯科之徒难逃惩处。西南政法大学教授蔡斐指出，最高人民检察院和公安部的介入，一方面要引导侦查机关尽可能全面地收集各种证据，有助于解决取证难、证据少、打击不力的问题；另一方面也应全面审查案件的背景、报案经过、被害人的认知表达能力和陈述的客观性稳定性、取证的合法性等。二是认为需调查鲍某某执业问题。《新京报》评论称，鲍某某律师执业的正当性存在问题，鲍某某有没有为了达到"双薪"目的，向行业协会和政府部门隐瞒自己的职业经历，有关律师协会的调查对诸般细节也该一一查实。此外，财新网报道认为，无论是疑似双重国籍，还是专职律师兼任高管，对于鲍某某在执业资格上的相关问题，还有待有关部门的进一步全面调查。无论如何，都不能让一个执业律师在资质上存在如此大的漏洞。

【舆情解析】

本次舆情发酵过程较为复杂，先是由办案警方遭"怒怼"拉开舆情序幕，经多家媒体报道后在网络发酵，众多明星的声援持续推动舆情升温，其间社会讨论话题围绕未成年人权益保护和涉事律师身份展开，而媒体的不恰当报道行为，也增加了舆情处置复杂程度、推高了主体舆情的量级。总而言之，多重因素共同推动了该舆情的高涨和持续。

1. 办案警方被"怒怼"成舆情导火索

本次舆情起源于传统媒体报道，却发酵于社交网络，媒体采访音频中，烟台警方要求受害者不再提及"强暴"事实，对南京警方的协查要求也不予配合，惹来一片非议。而来自同行"你们还是不是派出所"的灵魂拷问，迅速激起网民共鸣，成为舆情发酵的导火索，烟台警方几乎立时陷入舆论指责的旋涡。根据媒体报道，李星星之前向烟台警方报警，之后却遭到"撤案"；此后该案在检察院的监督下被二次立案，从2019年10月至舆情爆发侦查仍无进展，而李星星的律师爆料称总联系不上办案警察。其中蹊跷的种种情况和细节，导致舆论一边倒地指责烟台警方的不作为，社会公众对其产生了包庇犯罪的印象，并呼吁有关部门对涉事警察进行查处和问责。

2. 众星接力发声推动舆情升温

经过媒体报道，该事件在微博、知乎等各大平台持续发酵，成为社会讨论的焦点事件。随着事件的迅速升温，关注的人也越来越多，多位明星也为李星星发声。章子怡、韩红、周迅、吴亦凡、杨洋等数十位明星相继在社交媒体发文，或谴责鲍某某行径、或质疑办案警方、或呼吁公正处理、或期盼真相大白，相关微博话题"# 姐姐来了 #""# 哥哥也在 #"冲上热搜榜，"妹妹别怕姐姐来了"还在微博上形成超级话题。与此同时，那些曾经遭遇教授性侵的学生等相同经历者，也纷纷站出来讲述自身遭遇，鼓励被性侵的女孩勇敢维权。明星群体以其自身流量扩大了这次事件的影响力，引发大规模的网络声讨活动，推动舆情更加高涨。

3. 未成年人权益保护是核心议题

近段时间以来，未成年人遭性侵、性骚扰的案件频繁引发关注。有研究发现，性侵未成年人犯罪具有熟人作案多、犯罪手段隐秘、再犯风险高等特点，同时这类犯罪人员往往还有着恋童癖、儿童性骚扰、儿童性虐待等"前科"，吸引媒体和网民深入挖掘其个人经历，持续搅动舆论场。本案就是其中的典型案例，双方当事人年龄、经济地位过分悬殊，"未成年女性受害者"李星星长期遭受性侵和精神控制，令公众情绪像一桶"炸药"被燃爆。而大量社会讨论里有关保护未成年人的反思和建议，则使得个案在短时间内迅速上升为社会问题。

4. 律师身份引发"舆论审判"

该案件中，鲍某某的律师身份引发了极大关注，尽管案件调查尚无结论，但其强调受害人已满 14 周岁、否认"养女"关系强调"恋爱"关系，加上警方多次立案又因证据不足撤案等细节，足以触发公众的负面联想。于是愤怒的网民发起"舆论审判"，将鲍某某刻画为熟知法律漏洞、拥有复杂社会关系网络、钻法律空子、将未成年女童当作玩物的"禽兽人渣"形象，并对其口诛笔伐，"必须死刑""让他接受严惩"等偏激言辞十分常见。这表明，舆论不但担忧鲍某某逃脱法律制裁，更担心一旦他逃脱制裁，还会有下一个受害者，因此期望能够发挥社会公众和新闻媒体的舆论监督力量，倒逼办案机关重视该案，并给出公正结论。

5. 媒体价值观问题触发衍生舆情

在舆情焦灼之时，财新网的一篇特稿报道将案件描述为"霸道总裁"和"萝莉女友"的故事，报道使用的语言和方式引发了巨大争议，网民指责该媒体"吃人血的馒头"。此案涉及伦理、道德、法律多个方面，受害方和加害方都借助媒体发声，争取舆论同情和支持。不恰当的甚至带有偏见的报道会误导公众，使公众对性侵案件的原因产生错误认识，而且过度的渲染还可能引发模仿效应，此前也多次出现过因媒体过度挖掘被害人隐私致其遭受二次伤害的事例。因此，舆论对案件的讨论还衍生出媒体报道规范和新闻伦理这一分支话题，由此反思在此类事件报道中，媒体应当承担怎样的角色、遵循哪些基本原则。

【舆情建议】

目前，随着最高人民检察院、公安部联合督导组介入案件，公众对后续处置充满期待，办案部门在实体处置和舆论引导中更需要谨慎。法制网舆情监测中心对此提出以下三点建议：

1. 防止舆情反复 明确媒体责任

该案因媒体持续爆料而深度发酵，涉事双方当事人也不断公布通话录音等爆料，刺激舆情反复。应该看到，性侵未成年人案件性质恶劣，未成年的受害人在公众面前需要承担巨大的心理和精神压力，舆情引导工作首先要明确媒体报道责任，保障未成年受害者个人及家庭隐私和权益。官方需引导媒体坚持客观原则，保持如实报道，以警方、医院等官方权威机关部门给出的事实为准，不给事件任何一方"贴标签"，拒绝一切"添油加醋"的主观判断，谨防因一味追求"独家爆料"导致舆论失序，造成不良社会影响。

2. 主动引导舆论 及时公布动态

随着案件调查的进展，警方、检方和律师先后介入案件之中，相关处置也可能带来新的质疑焦点。对此，政法机关宜在保证全面、严谨的基础上，快速推进案件调查工作，持续、动态通报相关进展，改变公众之前已形成的"舆论压力推动案件办理"的观感，满足公众获取真相的迫切心情。这就要求在不同处置阶段，政法机关都能保持处置联动，密切关注舆情动态，利用好网络平台收集民意，有针对性地开展调查处理工作；同时，及时将相关调查处理结果分阶段地公布出来，用正面信息对冲网上的负面情绪，以此获得公众的理解和认同，并且引导网民在法律框架内理性讨论，树立起司法机构公开透明的良好形象。

3. 全面调查案件 消解舆论疑虑

该案引发公众高度关注后，最高人民检察院、公安部派出联合调查组，体现了国家对未成年人保护的立场和姿态，也为调查结果的公信力提供保障。面对社会舆论对调查结果的殷切期待，办案机关需全面收集证据，全面审查案件的背景和经过，尽最大可能还原事实真相，在法律事实与程序正义基础上，客观公正地办理案件。正如媒体所呼吁的那样，"如果查实此案涉及违法犯罪，就依法惩戒作恶者，抚慰被害人。如果查实系恶意造谣中伤，则廓清事实，处罚造谣者"，总而言之，政法机关需以全面翔实的调查通报，不枉不纵的处理，严格夯实法律每一处细节，以权威调查驱散疑云、回应社会关切，坚定舆论对法律的信心。

（观察时间：2020.04.08—2020.04.19）

6

河南原阳4名儿童被埋身亡事件舆情研究

编者按：4月18日下午，河南省原阳县一建筑工地土方堆放场发生一起违规作业致4名儿童压埋窒息死亡事故，致命悲剧引发舆论关注，当地政府部门迅速介入事故处置调查。在此过程中，当地政府部门失误不断，先后暴露出现场救援不当、媒介素养不足、舆情应对水平低下等多处硬伤，致使自身在舆论旋涡中越陷越深。从一起生产安全责任事故最终演变为一场全国性的重大舆情事件，这其中的教训不可不予以重视。本文梳理舆情整体脉络，汇总舆论焦点，总结官方应对得失，为有关单位处置类似事件提供警示和参考。

【舆情事件】

1. 4名儿童被压埋致死事件引发关注　官方通报被指"打官腔"

4月19日凌晨，河南省原阳县委宣传部在县政府网站通报称，4月18日17点30分至22点40分，在原阳县盛和府小区堆放的土方中陆续发现4名5—11岁儿童尸体，均系与该小区相邻的原阳县原兴办事处温庄村人，初判可能因土方压埋窒息死亡。新乡市和原阳县应急管理、公安、住建等部门成立两级联合调查组展开调查，包括该小区项目法人代表吴某在内的7名相关责任人已被控制接受调查。当日，原阳县应急管理局在原阳网续报称，县政府及公安、应急、住建等部门负责人已赶赴现场组织救援。

事件立即引发网络关注。当日，救援现场视频及媒体报道在舆论场传播开来。《北京青年报》《钱江晚报》等多家媒体推出《河南原阳被埋男童家长：坑深6米，3孩童遗体损毁严重》《河南小区土方现4名男童尸体　家长：事发前一小时孩子还在家门口玩耍》等现场报道，图文和视频直击人心。另外封面新闻等媒体报道，事发工地为新乡市众孚置业有限公司开发建设的小区，事发前曾两次被举报涉嫌违规建设。对此，原阳县住建部门负责人回应举报属实。调查组相关负责人称，该事件已被定性为刑事案件。舆论表示关注案件后续进展；部分网民不满官方通报"打官腔"，质疑关键信息语焉不详、含糊其辞。

2. 媒体披露事件大量疑点　舆论呼吁官方彻查

4月20日，舆情持续发酵。据红星新闻报道，原阳县城市综合执法局、住房和城乡建设局以及涉事项目所属的原兴街道综合行政执法大队相关负责人均称，涉事项目违规施工问题不在其"管辖范围内"。媒体通过连线死者家属、采访附近村民披露更多案件细节，如围挡有多处空隙、埋压处无塌方痕迹、使用挖掘机进行救援、遗体严重破损但尚有体温、官方阻止村民进入工地救援、第一具尸体被带离现场且拒绝家属辨认、施工方与村民因违建问题多次发生冲突等多个相关细节，令不少网民直呼"细思极恐"。"@人民日报"、《现代快报》等媒体也表示，该案疑点颇多，务必要一查到底。

4月21日，微信公众号"新乡日报"发布事故初查结果称，调查组初步判断，4名儿童可能是从围挡豁口钻入，在卸土下方玩耍时被土方压埋；该工地属无证非法施工，涉事车辆在倾斜土方时后方无人查看，系违规作业。公安机关已于19日对建筑工程负责人、挖掘车司机等涉嫌重大责任事故犯罪的8名嫌疑人刑事拘留。同日，事故调查组在县政府网站通报称，对该事故中负有监管责任的县住建、城管等多个部门负责人予以免职、问责。网民呼吁严查官员是否有失职渎职之处，并要求追究相关人员的刑事责任。

3. 记者采访被打引发次生舆情　官方遮掩回应致热度触顶

一波未平，一波又起。据《新京报》21日报道，当日下午，4名遇难男童下葬。红星新闻、上游新闻等多家媒体记者前往采访，但在陵园门口被十余名不明身份人员阻拦且遭言语威吓。在交涉过程中，2名记者手机被抢，有记者衣服和眼镜被损坏，胳膊和脖子有受伤痕迹。红星新闻记者称，现场至少有一名原阳县政府工作人员在场，但并未上前制止。现场视频流传开后再次引发舆论哗然。

当日18时许，官方针对此事作出回应。据"@时间视频"消息，原阳县委宣传部副部长卞瑞峰回应称，"有死者家属不同意记者采访，与记者发生冲突"；原阳县政府办"赵主任"则以"我这信号不好"回避上游新闻记者的连线采访。22时许，卞瑞峰等人归还手机并向2名记者道歉，但记者发现手机被"刷机"，通讯录以及事发现场的图片、视频等内容全部被删除。面对"被抢手机是谁送还""殴打记者的人是谁""为什么拦阻记者""为什么把手机刷机"的记者询问，卞瑞峰一问三不知，同时否认"动手者是死者家属"这一说法。匪夷所思的"操作"引起网民愤慨，"殴打记者公然向法治叫板""法治社会不容有人违法掩盖悲剧真相"等声音持续扩大。23时许，新乡市委书记回应称，已连夜责成政法委、公安局、记协等部门成立调查组，依法依规进行彻查。舆情热度于当日触顶。

4月22日，封面新闻拿到一份《关于原阳县盛和府建筑工地"4·18"压埋窒息事故情况说明》。说明中显示，原阳县委、县政府迅速成立"4·21"涉记者治安事件调查组展开调查，新乡市公安局对调查过程全程督办。经调查，视频中的9名人员均系原兴办事处工作人员。事发当天，涉事工作人员到陵园协助家属料理后事。死者家属表示，至今不知孩子死亡的确切原因。当日，人民网专访当地有关负责人，原兴街道办事处主任解释称，阻拦记者进陵园是为了严防人员聚集，尊重当地夭折儿童安葬仅仅是家人和亲属到场的风俗。原阳县委书记表示，已先期对相关责任人予以停职调查，待查清责任后再作进一步处理。

截至4月24日12时，相关报道9113篇，客户端文章4.6万余篇，微博31.1万余条，微信文章1.1万余篇，"#河南原阳一小区土方发现4具儿童尸体#""#河南4儿童被埋压原阳县住建局官员被免#""#河南原阳归还抢夺记者的手机并致歉#""#河南原阳遇难儿童家属同意尸检#"

等微博话题累计阅读量超 1.1 亿次。目前，该事件最终的调查结论尚未公布。

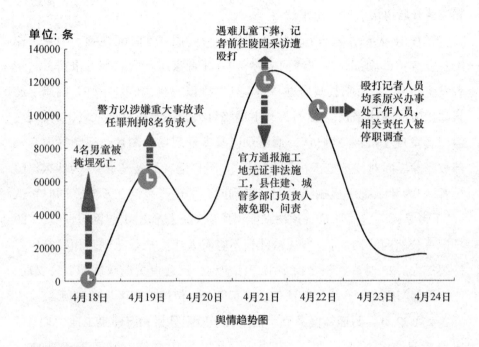

单位: 条

遇难儿童下葬，记者前往陵园采访遭殴打

殴打记者人员均系原兴办事处工作人员，相关责任人被停职调查

警方以涉嫌重大事故责任罪刑拘8名负责人

官方通报施工地无证非法施工，县住建、城管多部门负责人被免职、问责

4名男童被掩埋死亡

舆情趋势图

【舆论观察】

　　此事件自曝光以来热度持续走高，记者被打事件更是达到舆情峰值。那么，本是一起生产安全责任事故，为何最终演变为一起全国关注的重大舆情事件？法制网舆情监测中心梳理出舆论关注的四个焦点话题，从中可以看出刺激舆情发酵升级的重要因素。

　　1. 痛点：4 名儿童被活埋悲剧折射儿童保护漏洞

　　从情感上来说，4 名儿童被活埋致死本身就是十分极端的悲剧，官方毫无预警的通报引发媒体对各种细节的深度挖掘，促使舆情热度层层升级。新华社发文表示"居家学习儿童的安全问题不容忽视"；《新京报》发表文章呼吁，有必要在定性刑案后，以彻查到底挖出事故之源，追究有关人员责任，给公众以交代，也让类似悲剧不再重演。但最深刻的当属央视网评论的观点："这起悲剧向社会、向每一个家长、每一个公民发出这样的拷问：更严密的法网、更严厉的处罚，为人父母的责任心、作为公民的良心，每一个都不可或缺。"

2. 难点：事涉施工方、监管者等多方主体的责任划分

除了心痛，"责任"成为舆论场另一关键词，相关方的法律责任认定也成为此次事件的难点。对于施工单位而言，项目法人代表等责任人需要承担法律责任已毋庸置疑。央视新闻评论文章认为，此事暴露出监管的漏洞，坐实了施工方重大事故责任，其中不排除直接责任人员的刑事责任。北京富力律所律师殷清利等法律人士表示，该工地可能涉及行政责任和多项刑事责任，如重大责任事故罪、强令违章冒险作业罪、不报谎报安全事故罪、过失致人死亡罪4项罪名。部分舆论还表示，有关部门是否监管、督促整改到位，同样需要检视。东方网评论文章就指出，县城管执法监察局执法不力，导致违法施工造成严重后果，也应对此负一定的失职渎职责任。对于工作人员殴打记者的行为，多名律师指出，殴打记者、抢走手机的行为涉嫌寻衅滋事犯罪，若打人者是公职人员，涉嫌滥用职权罪；而将手机刷机，则涉嫌破坏计算机信息系统、非法获取公民个人信息等罪名。

此外，"遇难儿童监护人也需要担责"的观点引发较多舆论共鸣。河南当地一位教育工作者表示，施工方无疑是事故责任方，而作为监护人的家长要多花些时间陪伴照看因疫情居家没开学的孩子，平时也要对孩子进行安全教育和生命教育，为儿童的成长竖起安全围墙。在微博中，"追究监护人失职法律责任而不是赔偿，才是真正保护广大未成年人"的评论得到不少网民支持。

3. 疑点：政府处置方式、施工单位背景等诸多问题有待回应

《三联生活周刊》、封面新闻等媒体先后推出多篇追踪报道，从"警察为何不让家属第一时间辨认尸体""官方为何不让家属进入施救现场并看视频监控""怎样精准地找到孩子遗体的""遇难者家属为何后来缄默其口"等多个角度发问，直指官方处置不合常理。其次，施工单位的

背景问题也成谜团。红星新闻报道称，"该项目之前就被投诉存在违建情况。4月15日，也就是事故发生的前3天，相关部门还对该项目下达过整改通知，要求停止施工。为何在被叫停之后其依然能够违规施工？又是哪里来的底气？"最后，施工方的救援方式也备受诟病，其中争议最大的就是采用挖掘机进行挖掘。一些建筑行业专业人士表示，施工现场发生这种状况的正规处理方式应该是由消防队员采用人工方法进行施救，而不应该采用挖掘机造成二次伤害。另据澎湃新闻报道，有孩子被挖出后"身体尚有余温"，据此网民质疑："为什么发现孩子后没有第一时间送医抢救？是不是因为反复拖延才耽误了抢救时机？"

4."雷点"：殴打记者风波遮掩处理暴露更多治理问题

此次舆情事件中，当地街道工作人员殴打记者、抢手机的举动无疑是刺激舆情高热的关键因素。据法制网舆情监测中心不完全统计，仅4月21日至23日，媒体就记者被打事件刊发的评论文章就有75篇之多，形成几乎"一面倒"的抨击之势：《人民日报》、央视新闻等主流媒体发声称，"既要'儿童被埋'真相，也要严查殴打记者，真相不容'掩埋'"；微信公众号"侠客岛"文章指出，"河南原阳殴打记者，是对法治、民意与舆论监督的三重叫板"；《南方日报》刊文聚焦打记者背后的问题，称"不明身份人员，都是些什么人？他们恶意阻挠采访，是另有隐情还是蓄意报复？查清这些问题，不仅是给一线记者答复，也是对新闻行业的交代"；《新民周刊》则进一步指出，无论是儿童被埋身亡事件本身还是殴打记者、抢夺手机、销毁数据，反映出的都是当地某些机构法律意识的缺乏、治理水平低下和对媒体监督的不尊重。

【舆情点评】

客观来讲，当地政府在舆情初起时的应对还算及时妥当：快速组织人力救援安抚善后、成立市县级事故联合调查组开展调查，问责相关监管部门；公安机关同步介入并对事件定性，刑拘涉案犯罪嫌疑人等，这些都应予以肯定。但遗憾的是，当地政府并未延续这一良好开局，在随后的舆情处置中接连出现硬伤。本文总结了当地政府舆情处置工作的四点失误，以期为其他类案处置部门提供工作参考。

1. 缺乏统一部署　信息发布混乱无章消解权威

此次事件性质恶劣，且涉应急、住建、政法等多个部门，因此，成立市县两级联合调查组并由其作为统一出口，可最大程度保证信息发布的主体、渠道、内容等方面的统一性与有序性。但就当前的几次信息发布情况看，当地政府并未利用这一优势。首先在主体上，新乡市政府、原阳县政府、应急部门、公安部门等都曾发声释放信息，回应部门混乱分散，稀释了权威信息的合力。其次在渠道选择上，当地官方主要依赖县政府官网和本地媒体《新乡日报》，信息发布层级较低，造成公众对重要信息的知晓度不高，舆论引导辐射力整体偏弱。这也暴露出当地政府部门在舆情处置上明显缺乏经验，没有建立起一套系统、完整、立体、有效的信息发布和联动处置机制，导致一遇到重大突发舆情就乱了方寸，毫无章法，丧失了主动地位。

2. 信息质量不高　官方通报偏离舆论关切

此次事件中，舆情发展脉络主要围绕两条线展开：主线是儿童被埋事件的前因后果，支线是记者被打事件的调查处置。这不仅牵涉到本次事故的完整真相，也关系到具体责任的划分。但直到目前，官方对这两方面的处理结果仍如云山雾罩，充满疑点。比如对于儿童被埋一事，已知信息仅限于应急救援、事故初查、善后处理、人员追责方面，对舆论最为关心的"孩子如何进入的工地""被整改工地为何还在施工""谁在监督、谁来担责"等问题均未正面回答。又如记者被打一事，当地政府虽已致歉并归还手机，但同样没有解释"手机为何被清空"这一关键问题。舆论场一连串问号等待拉直，但当地政府给出的信息却始终处于外围层面，完全避开问题核心，仅靠道歉和成立调查组无法满足舆论期待。当地政府还需加快事故调查进度，对舆论关切给出详细的、有说服力的解释说明，以完整、自洽的证据链条还原真相、澄清疑问。

3. 舆情应对拙劣　错漏百出难消舆论质疑

4名男童不幸遇难是轰动全国的热点舆情事件，从事发至今，当地政府部门的每个举动、工作人员的每次言论被置于公共视野之下，接受社会大众的审视与评判，所以更要谨言慎行。可是自舆情曝光以来，当地政府工作人员在舆情回应上却屡屡犯错。比如，媒体就"在未获得施工许可证的情况下，涉事项目为何还能多日施工"问题进行采访，原阳县城市综合执法局负责人称此事"不属于该局管辖范围"；原阳县住建局负责人称"下发了整改通知书，但直到此次事发都未收到回复，按规定住建局没有执法权"。双方矛盾的说法被网民解读为推诿塞责。又如对于"何人打了记者"这一细节问题，政府工作人员要么是一问三不知，称"不了解、不清楚"，要么是前后说法不一；先是推到家属身上，随后又改口称"系街道办人员所为"，同样引发网民不满和质疑，留下舆论猜想空间。

4. 媒介素养低下　漠视舆论监督招致次生舆情

在此次事件中，以红星新闻、《新京报》、封面新闻等为代表的地方媒体表现抢眼，在帮助公众了解事件真相、传达官方声音方面起到重要作用。不过，当地政府显然缺乏与媒体沟通的能力，他们抗拒媒体报道，甚至以封堵采访、殴打记者、清空手机、言语威胁等粗暴方式应对媒体，活生生地"把天灾搞成了人祸，把人祸叠加成了舆情灾害"，令自身深陷次生舆情、难以自拔。近年来，中央曾多次强调地方政府要改进新闻舆论工作、搞好舆论监督，但推进国家治理体系和治理能力现代化最终要落实于具体行动。此事再次警示各级地方政府，在新媒体时代的大环境下，政府部门需对舆论监督形成正确认知，将媒体看作是查遗堵漏、防微杜渐的有益帮手。如果遇事就躲、就堵，甚至"动粗耍横"，不仅与中央改进新闻舆论工作、搞好舆论监督的要求相悖，更会折损官方公信力，给政府形象蒙上阴影。

（观察时间：2020.04.18—2020.04.24）

7

"窃格瓦拉"出狱走红的网络现象分析

【舆情综述】

1. "不可能打工"男子出狱遭网红公司争抢引爆舆论场

4月18日,据《南国今报》报道,"这辈子不可能打工的"当事人周立齐已于当天上午从柳州监狱出狱,这已是其第四次因盗窃、抢劫入狱。综合媒体报道,2012年6月,广西南宁男子周立齐因盗窃电瓶车被抓,警方审讯过程中,周立齐因一句"打工是不可能打工的,这辈子都不可能打工的"而蹿红网络。此外,因其本人造型与拉美革命家"切·格瓦拉"相似,被网民称为"窃格瓦拉""精神领袖"。周立齐入狱后成为"网络传说",表情包层出不穷,其"经典语录"也被模仿造句、改编成歌曲或影视剧海报在网络热传。在各类网络平台上,有以其命名的贴吧,微博、抖音均有相关话题,B站鬼畜区与周立齐有关视频中,播放量最高的一条已经超过1000万次;还有网店售卖带有其头像或言论的商品,就连自传小说等领域,也出现其身影,诸如《窃格瓦拉传》《盗圣列传》《史记·周立齐列传》等广泛流传。

据红星新闻报道,周立齐出狱当天,多家网红经纪公司、直播平台人员开着豪车在外等候。周立齐家人透露,目前为止已经有30多家类似的公司接触过家属,200万元、300万元的签约价都有人提过。周立齐服刑监狱的民警也表示,"最近来问这位周某的,除了媒体,更多的是做直播和拍抖音的人"。有网民猜测其出狱后将被"包装"成网红进入直播行业。还有不少网民担忧周立齐重新犯罪,"《今瓶没》将上映""他将在街头随机抽取一名幸运儿,让其走路回家"之类的调侃段子频现评论区。对此,南宁市五塘镇司法所工作人员表示，周立齐出狱后将被重点关注，司法所将为刑满释放人员提供帮教，以帮其更好融入社会。微博话题"#这辈子不可能打工男子将被重点关注#"以超过420万次的搜索量冲上热搜榜第一，阅读量超过8.5亿次；微话题"#30多家公司想签这辈子不可能打工男子#"在热搜榜持续到第二日，阅读量达1.7亿次。

2."天价签约费"传闻愈演愈烈，主流舆论批判网红营销乱象

有关周立齐高价签约网红公司的传闻愈演愈烈，更有传言称其被某影视公司以1500万年薪签下，引发舆论哗然，大量网民谴责网红公司"没下限"，认为炒作刑释人员当网红会形成不良示范，甚至误导青少年。此后多方发声辟谣。4月19日晚，南宁市公安局兴宁分局官方微博"@南宁兴宁警方"发布视频称，当日下午，南宁市兴宁区政府工作人员将其送回家乡，面对民警"后悔做过那些事（犯罪）吗"的提问，周立齐直言"后悔"。对于签约传闻，周立齐本人表示否认，其家属也回应称"签约一事不属实"。

4月20日，多家媒体刊发评论文章，对此事进行批判和反思，掀起更加热烈的网络讨论，舆情热度达到顶峰。主流舆论纷纷发声抵制网红营销行为，引起较多舆论共鸣：如人民网批评争抢"不打工男"的公司"病得不轻"；《解放日报》刊发评论文章指出，不能"纵容网红公司为我们决定娱乐内容"，尤其是去竞相追捧打造"窃格瓦拉"这样的网红；"@新京报"微评更是以"网红行业粪坑化倾向"直斥故意营销炒作的网红机构。中国政法大学传播法研究中心副主任朱巍表示，追捧这种的流量网红，对社会主流价值观将产生不可估量的负面作用，对青少年的"三观"将带来更加深远的危害；澎湃新闻也警示，"警惕罪恶被网络鬼畜洗白"。这些观点概括了网民的"劣迹网红鼓励犯罪"的担忧。然而也有一些声音认为舆论担忧并无必要，周立齐是否做网红属于个人选择自由，而且他的意外走红不具有持续性，不过是资本用来攫取利益的"工具人"。

3. 行业组织和监管部门相继表态，舆情热度快速下落

随着此事引发越来越多的关注，行业组织和监管层面也相继表态。"中

国广告协会"官方微信公众号 4 月 21 日针对部分机构欲签周立齐的这一举动发表声明，称"对于以此为噱头炒作'搞事情'的网红经纪公司，行业坚决予以抵制，对这些无视行业道德底线，破坏行业健康生态的网络经纪公司，纳入负面清单"。另据红星新闻报道，4 月 22 日下午，成都市委网信办、成都市文广旅局联合成都市锦江区网信办、文体旅局等多个部门对网传"1500 万元签约不可能打工男"的四川攀辉影视文化传媒有限公司进行约谈，告诫企业严格遵守法律法规，合法合规经营，后续一旦发现其有违法违规行为将依法查处。舆论对此多表示支持，并呼吁整顿无底限营销行为。至此，舆论热议结束，部分自媒体转而关注这类流量网红的个人命运，如"Vista 看天下"发文指出，被榨干是每个"窃格瓦拉"逃不掉的结局。

截至 4 月 24 日 12 时，与该事件相关新闻 1617 篇；微博约 31 万条，微博话题多达 19 个，其中热度最高的阅读量近 9 亿次，大部分已经被删除；微信文章超过 1 万篇。

【舆情解析】

"窃格瓦拉"出狱的消息引起网络狂欢，令人大呼不可思议，然而深入探究其背后的社会逻辑和大众心理，不但能发现这一现象产生的原因，甚至还可预测类似热点事件的舆情走向。这一奇葩舆论现象显然是多方力量共同作用的结果。对于网络治理主体来说，只有透过现象找到"幕后推手"所在，才能做到有的放矢。

1. 第一重推手：流量变现的驱动力

网络经济时代的共识是，热度即流量，流量即价值。所谓流量就是用户的注意力，它能转化为点击率、播放量，进而变成估值和收益，这个过程就叫作"流量变现"。网红经济就是流量变现的一种商业模式，它利用网络红人在社交媒体上聚集流量与热度，对庞大的粉丝群体进行营销，将粉丝对他们的关注度转化为购买力，从而将流量变现。因为这一逻辑，流量争抢便成为网络时代的家常便饭，那些自带"流量"的网红人物成为"香饽饽"，包括因言论走红网络的周立齐。在该事件的舆论讨论中，除了与周立齐本人有关的，10个高频词里6个与网红经济有关，包括"网红""公司""签约""直播"等。"新浪科技"文章发现，周立齐的流量价值在短视频平台上已经开始显现，在抖音、快手上，出现了不少未经认证、挂着周立齐名字和头像的账号，有的账号没有发布任何内容，已经收获10几万到30多万粉丝。抖音号数据更可观，不但有"百万粉丝联盟"，还有近360万个赞。人气所在，便是利益所在，这些网红公司就是在周立齐身上看到了流量和利益。随着网红经济的野蛮生长和快速发展，对流量的追逐很容易滑入无底线的低俗炒作中，尤其是在近几年火起来的各类直播和短视频平台上。例如草根明星"大衣哥"朱之文近日频繁上热搜，当地不少村民通过在网上直播其日常生活获利，为了吸引点击量有人甚至踹开了朱之文家的大门。虽然踹门者被警方行拘，但视频带来的1万多转发和200多万个点赞，显然能够换取不小的收益。

2. 第二重推手：资本裹挟的泛娱乐化生态

流量经济的本质是"眼球经济"，就是利用人们的猎奇和猎新的心理。近年来因一张图片、一个动作、一句口头禅爆红网络的现象比比皆是，其中多数是恶搞、低俗的内容，网络内容生态逐渐低俗化、泛娱乐化，尽管已经引起主流舆论的反感和讨伐，但是商业资本的深度加入进一步助长了网络低俗营销趋势。《解放日报》在评论文章中犀利指出，如果说个体网红为了流量，想尽一切办法博眼球是一种对于规则的追随，网红公司重金争夺"窃格瓦拉"，则是在源头上扭曲规则，将使网红生态不断陷入恶俗、审丑、猎奇的怪圈。"囚徒网红"也不新鲜，曾因"大力出奇迹""一天少花五百浑身难受"闻名网络的"大力哥"赵金龙，2016年出狱后多家传媒公司先后找他当主播，他的首场网络直播吸引了20多万名粉丝，获得最高140多万的实时人气。不独中国，境外也是如此。美国男子杰里米·米克斯因非法持有武器、在街头实施恐怖活动被美国警方逮捕，其帅气外形引起美国网民追捧,出狱后被模特经纪公司看中而成为当红男模。但也必须看到,这些资本创造的"短、平、快"等产品,抓住了"眼球经济"的审丑心态,"以违背常识的面貌,制造汹涌而短暂的流量变现",而新鲜感一旦消失,他们立即被资本抛弃。纵观近年来的网红兴衰史,不管"大力哥",还是"流浪大师"沈巍,或者是以表情包"出道"的杭州小吴,都可以得出这一结论,爆红之后就是无人问津。

3. 第三重推手:媒介的力量

传播学有种观点认为,公众对社会公共事务中重要问题的认识和判断,与传播媒介的关注存在着一种高度对应的关系,即传播媒介作为"大事"加以关注的问题,同样也作为大事反映在公众的意识中;传播媒介给予的强调越多,公众对该问题的重视程度越高。因此,周立齐时隔8年能够再次出现在公众视野中,换句话说,与媒介对受众的迎合不无关系。早在3月底4月初的时候,部分自媒体炒作"窃格瓦拉即将出狱"的信息,为其"归来"造势;4月10日开始有媒体在微博发布相关内容,"这辈子都不可能打工的盗贼将第四次出狱";4月18日下午,有关周立齐出狱遭网红公司争抢的报道在网络上密集出现。从预热到放料再到集中引爆舆论场,媒体、自媒体以及社交网络等大众传播媒介共同制造了这场"集体狂欢"。若我们将视线拉到更早远之前,早在周立齐对着镜头说出的"名言"被媒体广泛宣传时,媒介这个推手早已就位。到了新媒体时代,很多自媒体故意截取片段、放大冲突作为"噱头"和"卖点",一些媒体也热衷于挖掘涉事者的悲惨身世、惨痛经历,放弃了对公共价值的追求,迎合舆论的猎奇取向,导致犯罪行为娱乐化、段子化大行其道。

4. 第四重推手:文化虚无主义

有研究学者指出,对社会主义核心价值观的公然挑衅和蓄意背叛,是文化虚无主义的惯常表现和真正意图。周立齐的"累犯"人设传递出的价值导向本身就是病态,他被网红公司追捧,还透着文化虚无主义的身影。在网络营销的逻辑里,通过赋予周立齐的出格言论与犯罪历史娱乐化意义，将其符号化为反叛主流的"精神偶像"，就能够吸引大量人群的跟从和膜拜。同样的套路也出现在"流浪大师"沈巍身上。沈巍因学识丰富、点评犀利被封为"大师"，引来大量围观，"集体狂欢"之中透露出浓浓的反权威倾向。这种虚无主义的文化价值导向，不断冲击社会主流价值观，将大众的文化品位引导向庸俗和低俗，拉低公众对善恶美丑的敏感度的同时，也扭曲着网络发展的健康氛围。"窃格瓦拉"走红后，有舆论关联"正能量网红"张文宏遭到网络围攻的现象感慨称，"好人成佛需要经历九九八十一难，而坏人只需放下屠刀"。《人民日报》也注意到网红世界里的"文化癌变"现象，警示社会"要警惕互联网之下的大众狂欢沦为突破底线的盲目疯狂，也要避免商业逐利的需求对网络发展趋势形成裹挟"。

（观察时间：2020.04.18—2020.04.24）

8

"广州小学教师涉嫌体罚学生"事件舆情研究

编者按： 5月30日，网络爆料称"广州市方圆实验小学老师体罚哮喘6岁学生至吐血"，引发广泛关注，爆料微博获转发超百万次。当天中午，广州市白云区教育局回应，已联合公安等部门，成立专项调查组对该事件进行调查。次日，白云区公安和教育部门相继发布调查通报，证实此事系学生家长为扩大影响编造谎言，涉事家长因涉嫌寻衅滋事已被警方刑拘，成功扭转舆情态势。本文总结舆情成因和应对经验，为有关部门处置类似舆情事件提供参考借鉴。

【舆情事件】

1. 网民举报教师体罚小学生致吐血　引发百万量级转发

5月30日6时许，网民"@小岛里的大海"发微博称，其6岁女儿就读于广州市方圆实验小学，从小患有哮喘，不能剧烈运动，班主任刘妍在知情的前提下仍于2019年12月10日罚其女儿绕操场跑步10圈，随后其女儿开始剧烈咳嗽并伴有吐血、呼吸困难、呕吐的情况。经广州中医药大学急诊科抢救，其女儿连续高烧十余天导致神经系统受损，留有手抖后遗症，甚至影响孩子小提琴生涯。事件发生后，该网民前往公安机关做了笔录，监控视频也显示包括其女儿在内的5名学生被罚跑10圈。该网民还称，刘妍曾向其索要6万元"照顾费"，半夜潜伏对其进行袭击、威胁，其尝试各种方式维权均不了了之，刘妍没有受到惩罚且仍然正常教书。微博爆料配有多张带血校服的照片、门诊病历及孩子输液的照片，呼吁网民予以转发。相关内容迅速引发网民关注、微博"大V"转发，舆情热度迅速上升，形成"#刘妍#""#广州一小学体罚哮喘儿童至吐血抢救#"

"# 广州方圆实验小学 #"等多个相关微博话题，其中"# 刘妍 #"曾登上微博热搜榜榜首。不到半天时间，原发微博转发次数已超过 100 万次。此时舆论呈现出"一边倒"的态势，多数网民情绪激动，呼吁相关部门调查涉事教师行为；部分网民表示事情已经发生半年之久，质疑教育部门包庇纵容教师体罚学生，公安机关不作为。

当天中午 12 时许，广州市白云区教育局通过官方微信"广州白云教育"发布声明称，已联合公安等部门介入，成立专项调查组对相关情况进行调查。多数网民不满教育部门行动缓慢，调侃"广州教育局连夜成立""维权只能靠微博"。也有部分网民对事件真实性表示质疑，一些医学领域博主指出了"哮喘出现咯血的情况非常少见""图片衣服上血迹过多、血液颜色不正常"等疑点。

2. 官方密集通报还原真相　事件出现反转

5 月 31 日凌晨 1 时许，广州市白云区公安局通过官方微博发布通报称，发帖人"@ 小岛里的大海"承认其女儿遭体罚吐血、其被老师威胁殴打、送老师 6 万元等情节均为故意编造的谎言，带有血迹的衣服是伪造而成；就诊医院也表示家长及孩子均未提及有哮喘史和吐血的情况，家长刘某也无法提供其女儿患有哮喘诊断的病例。此外，警方还发现家长刘某雇请相关人员进行网络炒作的情况。自此，事件出现反转，不少微博"大 V"及网民均表示错愕、愤怒，认为涉事家长"愚弄"了所有人；也有网民追问涉事老师是否存在"体罚"情节；亦有网民追问雇请他人进行网络炒作的具体情况，以及背后是否有"黑色产业链"存在。

当天 12 时许，"广州白云教育"跟进发布通报，就老师惩罚学生一事作出说明。通报称，因学生违反纪律，刘妍让刘某女儿等 5 名学生跑步 10 圈，监控视频显示，刘某女儿跑跑停停共跑 9 圈，随后继续上课、自习，直到被家长接走时均无异常情况。学校已于 12 月 12 日对刘妍作出暂停班主任职务并全校通报批评等处罚。微博评论中，网民讨论风向转变："家长造谣影响太恶劣了！""网友的善良被人当枪使。""造谣的怎么处理？"

6 月 1 日，广州市白云区公安局再次通报称，家长刘某故意编造虚假信息，冒用其他家长身份恶意传播信息，雇请人员进行网络炒作，从而达到迫使学校开除涉事老师、索要赔偿等目的，涉嫌寻衅滋事，警方已立案侦查，并依法对刘某采取刑事拘留强制措施。同日，涉事家长微博账号也被关闭。网民纷纷表示涉事家长"活该"，呼吁依法予以严惩。各大媒体也陆续发声，如央视新闻发表热评称，"公众正义感不该被亵渎"，家长刘某不仅应当承担民事责任，还应承担刑事层面责任。"@ 人民日报"微评追问"受雇于刘某进行网络炒作，都是哪些人？网络炒作是否形成黑色产业链？"并呼吁对网络炒作依法严惩。

此外，校方对涉事教师的处罚也引发争议，有网民评论表示，此事可能会使更多的老师不敢管教学生。舆论场上有关"教育惩戒权"讨论再起，《半月谈》文章认为，当教师在合理范围内行使惩戒权时，学校和教育部门必须站在教师这边；光明网评论称，教职工犯了错应该坚持过责相当的原则，进行处罚、教育，但是面对家长的不合理乃至非法的诉求，也应该守住立场和底线，坚定维护教师正当权益。

截至 6 月 11 日 12 时，相关报道 3223 篇，微博 225 万余条，微信文章 7237 篇，微博话题"# 刘妍 #""# 广州警方通报教师涉嫌体罚学生调查结果 #""# 谎称女儿遭老师体罚吐血家长被刑拘 #"等微博话题阅读量累计超过 21 亿次。目前舆情已平息。

【舆情解析】

网络维权爆料引发社会关注，进而倒逼相关部门介入调查的事件并不少见，但此事在短时间内就达到百万级别的转发量，传播速度、热度均远超过其他同类事件。梳理发现，舆情快速发酵的原因主要在于事件内在的敏感因素和外部推手两方面。

1. 内在因素：爆料内容具备多重敏感要素

首先，六一儿童节临近，"体罚学生"话题是社会各方都较为关注的内容，爆料本身带有一定敏感"基因"；其次，在涉事家长精心策划之下，"被罚致吐血""教师索要金钱""教师殴打威胁家长"等夸张剧情，以及学校袒护、警方不管的恶劣情节，给公众营造出涉事教师"势力强大""有背景"等负面印象；第三，家长维权半年无果，将自身塑造为与公权力抗争的"弱者"形象，极大地赚取公众同情之心，令网民产生了助其"维权"转发动力。

2. 外部因素：三方推手参与刺激事件迅速传播

纵观事件的发展，涉事家长原发微博在短时间内达到百万次转发，炒作现象已有迹可循。一是"水军""营销号"炒作。涉事家长在此事爆发之前曾多次通过微博发布相关信息，但未能引发关注，5 月 30 日 6 时许的原发微博自 7 时 20 分许开始被密集转发，且大部分转发者的昵称为"无意义中文+字母/数字"，转发文本均为清一色的"转发微博"，显然是"网络水军"。评论区热评中还有网民"指导"家长购买热搜维权。营销号也开始推波助澜，"@吃瓜少年""@当时我就震惊了"等营销账号的加入，迅速扩大了信息传播的范围。二是微博"大 V"助推信息实质性扩散。涉事家长在微博评论中"点名"多名微博"大 V"，希望帮其转发微博，扩大影响，"@作家陈岚""@管鑫 Sam""@武志红"等"大 V"出于义愤，相继转发帖文，带动真实用户转发，加速舆情引爆。三是编造谎言扩大牵涉面。涉事家长伪装成其他家长爆料，持续发布涉事老师体罚学生的负面信息，编造"多名学生受害"的虚假现象，进一步刺激网民转发。此外，爆料微博下方还出现"@微博抽奖平台"发布的抽奖信息，奖品为 30 支某品牌口红，一定程度上增加了网民转发"热情"。

【应对评点】

一则网络爆料经由多重推力，发酵成全国瞩目的热点事件，致使舆论场负面情绪高度集中，当事教师、学校以及相关教育和公安部门，全部被裹挟进网络情绪。面对这样一起小事件引爆的大舆情，当地有关部门遵循"一快二实三勤"处置方法，迅速还原真相，破除网络谣言。

1.直面舆论危机　迅速介入掌握主动权

舆情伊始，面对舆论"围攻"，教育、公安部门及时发现舆情，正视舆论危机，积极地同步介入，掌握舆论主动权。在网络爆料热度急剧上升之时，第一责任主体——广州市白云区教育局第一时间作出回应，表示已联合公安等部门介入，成立专项调查组对相关情况进行调查。首发通报距离舆情发酵的时间间隔不到6小时，可谓神速；而专项调查组的成立也表明实体工作正在同步开展，尽管网民吐槽依然汹涌、舆论情绪依然激动，但是权威声音不缺位、不失声，则为后续舆论引导工作打下坚实的基础。

2.还原事实真相　扭转舆情"一边倒"态势

如果说，后真相时代情绪比事实先行，那么阻断舆情恶化必须让真相跑到前面。因此，对于舆情处置部门来说，快速准确的事实通报应当摆在优先位置。5月31日凌晨，公安部门通报事件初步调查结果，介绍了涉事家长说法、医院说明以及存在网络炒作情况。同日中午，教育部门也跟进二次通报，通过调取监控视频还原"罚跑"现场，通报对涉事教师的系列处理结果，驳斥了家长的指控。这些实实在在的证据都指向了该事件的谣言属性。舆论态度顿时扭转，由原来对涉事教师及官方的一片喊打转为对涉事家长一致声讨。这种迅速切换也表明，舆论对警方调查结论的认同。

3.保持动态通报　引导和巩固舆论风向

经观察发现，整个舆情事件经历了三次波峰，每次均与官方应对密切相关。第一次是在官方表态介入调查之后，舆论追问事件真相；第二次是在白云警方通报调查结果后，网民愤怒于善意被消费、被利用，呼吁依法严惩涉事家长的声音此起彼伏。警方在结果公布的次日发布处置进展，依法对涉事人员采取刑拘措施，形成第三次舆论高峰。可以看到，官方用动态进展回应舆论期待，一步步地巩固前期舆情处置和舆论引导成果。随后，舆情热度迅速下降，舆论讨论也朝着理性方向发展。

4. 依法处置衍生问题　形成社会警示效果

小事件之所以能成为煽动舆情风暴的"蝴蝶效应"，与其总能精准击中公众痛点、引起情感共鸣有关。而这类事件的微小特性也决定了其发展周期必定短暂，一旦个案正义抵达，舆情也很快消亡。但是，"速生速灭"的网络舆情更值得反思和关注的是个案背后的现象问题，比如此案暴露出的教育惩戒权边界和尺度、网络水军治理等衍生话题，已进入公众视野，也需引起重视。涉事教师行为是否是体罚、校方处理是否妥当，涉事家长购买"水军"炒作、煽动网络暴力等行为如何界定、如何处罚，这些舆论追问需要处置部门进一步作出解释，通过依法依规、合情合理的处置，将个案打造成一堂具有警示教育意义的法治公开课。

（观察时间：2020.05.30—2020.06.11）

舆情热点

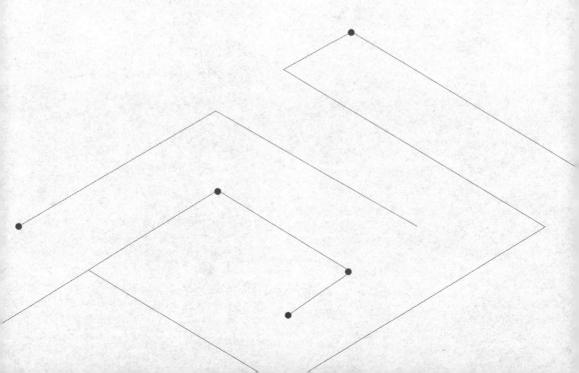

1

云南"丽江反杀案"被认定为正当防卫
类案聚集需审慎应对

【舆情综述】

2019 年 8 月，云南"丽江反杀案"经媒体报道后曾引发广泛关注，嫌疑人唐雪是"正当防卫"还是"防卫过当"，舆论一直争议不休。2019 年底，该案迎来新进展：云南省人民检察院通过官方微信发布详细通报称，经补充侦查和依法重新审查，永胜县人民检察院认定唐雪行为系正当防卫，依法不负刑事责任。当天，永胜县人民检察院已撤回案件起诉，并对唐雪作出不起诉决定。

通报发布后不久，新华社刊发云南省人民检察院释法文章，检方就"唐雪行为系正当防卫的依据"及"不属于防卫过当的依据"两大焦点予以解答。《法制日报》《检察日报》相继刊发专家解读文章，陈兴良、张明楷等四位法学专家从法理角度对该案进行细致分析，支持检方对案件正当防卫的定性。另据澎湃新闻网报道，死者李德湘的父亲认为检方通报的情况与事实不符，称正与律师按司法流程向丽江市人民检察院申诉。

案件结果很快在舆论场传播开来。多数舆论为检方决定点赞，"正义的胜利"等观点在微博评论区刷屏。《新京报》评论称，当地检察机关明确树立起了正当防卫的标杆，再次明确了"不苛求"处于应激状态下的当事人的司法适用标准。但同时，一些不认可唐雪正当防卫的声音也在社交媒体中浮现，有网民质疑检方不予起诉是"矫枉过正"；还有网民认为检方通报对"死者拦车真相""致死刀具下落"等案件关键细节并没有涉及，留下了一些疑点。

2020 年 1 月 9 日，央视《新闻直播间》栏目播发 13 分钟报道，披露了本案的大量关键细节，如冲突因"挪车"而起、唐雪回击时"反手握刀"

等，一定程度回应了网络质疑声音。当日，微话题"#央视还原女子反杀醉汉案经过#"阅读量达 2.1 亿次。此后，类案继续曝光，安徽检察机关公布 2019 年典型案例，其中一例女子反杀施暴者被认定为正当防卫案引起媒体转载；媒体曝光山东一起"反杀案"，烟台男子宋立英反杀入室行凶者被判防卫过当激起舆论质疑。1 月 15 日下午，最高人民检察院检察长张军与媒体座谈检察新闻宣传工作时，强调认定"可以将唐雪正当防卫案作为素材，展现司法机关司法理念的转变"，张军的表态令正当防卫类舆情再度出现回暖，相关讨论仍在持续。

【舆情点评】

该案作为 2019 年备受舆论关注的"反杀案"之一，在年末岁尾之际终有定论，体现出当地检方对舆情的重视以及所传递的司法温度。与此同时，云南检方在回应关切与舆论引导方面所做的努力值得肯定。检方通报甫一发布，相关案件负责人的释法、专家的权威解读便立即跟进，"官方通报＋专家释法＋媒体评论"的"标配"引导方案与公众的心理预期形成共振，使得检方正当防卫的定性更深入人心。不过，舆论场中的一些质疑声也有存在，比如通报中未明晰冲突起因及致死过程、央视报道细节与检方通报有所出入、通报对唐雪在事发时的换刀情节及用刀过程的描述不够精准等，这些遗留问题可能会降低检方通报的逻辑说服力，留下舆论想象空间。目前，死者家属已提出申诉，当地检方还需紧密跟踪舆情，依法依规办案，及时通报结果。针对网传流言，涉事检察院也可视情予以回应，防止舆论情绪下沉。

受唐雪案等系列"反杀案"辐射效应的影响，一些与本案类似的已决或未决案件都被接连曝光，增加话题热度。类案聚集之下，舆论必然会就案件情节、判决结果等进行对比，进而对个案结果提出疑义，形成舆论压力。面对这样的舆论风向，政法机关还需保持舆情敏感意识，依法依规、妥善应对每起个案，避免产生"正当防卫认定扩大化"等质疑，影响司法权威。

（观察时间：2019.12.30—2020.01.16）

2

江西男子"代购"火车票获刑
二审法院有效引导促舆情消退

【舆情综述】

1月9日,据《新京报》报道,江西男子刘金福因帮人实名抢火车票牟利案二审宣判,南昌铁路运输中院以倒卖车票罪从轻判处刘金福有期徒刑11个月,并处罚金124万元。

据媒体此前报道,在过去不到1年时间里,刘金福在12306网站实名注册账号935个,利用抢票软件帮人抢票收取佣金,倒卖票面数额120多万元,获利34万余元。2019年9月,刘金福被南昌铁路运输法院一审以倒卖车票罪判处有期徒刑1年6个月。获刑后刘金福上诉,中国之声、澎湃新闻网、红星新闻等媒体均跟踪报道过此案,表达对法院二审工作的关注。

舆情曝光后,控辩双方的争议焦点——"刘金福行为究竟是倒卖还是代购、是否构成犯罪"同样引发舆论激辩。中国政法大学教授阮齐林、知名律师邓学平等人认为,刘金福的行为是一种民事代购行为,与刑事犯罪有本质区别;江西师范大学政法学院副院长教授颜三忠持相反意见,认为法院量刑适当,称"火车票是一种公共福利,刘金福的这种行为会导致他人购票机会被剥夺"。然而引发更多争论的,是个人代抢火车票与第三方平台代抢火车票性质有何不同的问题。有法学专家认为,如果第三方平台采用了刘金福的这种行为,也是涉嫌犯罪的。刘金福称其曾实名举报携程网、飞猪网等抢票软件,但公安机关回复是"查无实据"。对此,不少网民追问"为何个人常遭司法对待,平台却几乎没被当作犯罪处理?"《法制日报》等媒体表示,司法的实务操作应出台一个明确统一的、各方都能接受的、关于倒票行为的认定标准。

伴随着舆论争议，审理法院的释法工作也在同步开展。1月10日，中国之声、央视新闻等推出报道及专题栏目，刘金福案主审法官朱映红就"为何认定是倒卖车票罪既遂""平台抢票是否合法"等舆论关切问题作出回应。1月13日，该案审判长通过《法制日报》、《新京报》、"@梨视频"等媒体再次回应案件焦点，获得舆论广泛关注转载。目前，舆论争议基本平息。截至1月16日12时，相关媒体报道1186篇，微博899条，微信文章251篇。

【舆情点评】

该案二审宣判次日，2020年春运大幕正式开启，"买票难"催生关注热度，因此判决结果曝光后，很快引发舆论聚焦。面对舆论场的不解之声，审理法院的释疑引导工作可圈可点。宣判当日，法院借助《新京报》等媒体报道，对案件判决的各项法律依据全面公开，使公众先了解到案件全貌。随后，审理法官在宣判后次日通过央视发布关键引导信息，及时化解网民疑虑。在舆情热度持续期间，又通过《法制日报》等权威政法媒体，对定罪量刑依据、罚金数额标准、从轻判决依据等角度作出跟进解释，引导舆论理性看待法院判决。得益于法院引导工作的全面性、及时性和连续性，该舆情热度最终平稳消退。

但诚如刘金福案主审法官所称，"平台是一种怎样的运作模式不是本案审理范围"，此次个案舆论引导的成功也不能令舆论忽视"平台之争"背后的司法困境。据媒体报道，自网络订票实名制实行以来，四川、广东等地都曾发生过类似"代抢"车票获刑的案例。舆论普遍认为，企业的抢票行为似乎已被默认为一种商业服务游离于法律监管外，而个人却要面临司法处罚甚至遭遇牢狱之灾，这才是类案曝光屡屡冲击人心的根本原因。立法部门和司法机关需充分凝聚"倒卖车票仍须禁止、入罪界限亟待明确"的舆论共识，通过出具有针对性和权威性的立法、司法解释，划清"罪与非罪"行为的界限，才能最终避免此类"司法差别对待"的尴尬。

（观察时间：2020.01.09—2020.01.16）

3

南医大女生被杀悬案告破
警方"两个及时"抓住引导主动权

【舆情综述】

2月23日22时49分，南京市公安局官方微博"@平安南京"通报称："1992年3月24日发生的原南京医学院女生林某遇害案的真凶麻某某，被南京警方于23日凌晨抓获。目前案件正在进一步侦办中。"28年前的悬案一朝告破，迅速在网络和社交媒体引发传播，不少网民积极点赞南京警方锲而不舍的追凶行为，同时表示希望能公开破案细节。值得注意的是，有部分网民误认为是另一旧案"南大碎尸案"被侦破，在转载警情通报时深切表达感慨之情。

2月24日，网络讨论热度进一步攀升。当日早上，社交媒体流传一篇文章称遇害女生林某的师兄掌握了DNA样本并发动校友比对一步步发现嫌疑人，推动了破案。不少网民对该说法信以为真，也有网民希望警方能公布更多真相。媒体开始深挖案件相关细节，如《新京报》称警方通过DNA手段取得了案件突破；红星新闻提及案发后遇害者父母每年都到办案机关打探进展；《现代快报》则在报道中披露了犯罪嫌疑人麻某某的职业背景。当日中午，"@平安南京"对此发布辟谣帖，回应称网传的"师兄破案"说法不实。网民留言中多批评造谣网帖故意抹杀警方作为，并对警方工作表示认可。24日下午，南京市公安局召开新闻通气会，介绍案件侦破详情，并公布了现场抓捕视频。大量网民留言呼吁严惩凶手，当日微博话题"#28年前南医大女生被杀案告破#"阅读量突破10亿次。"南大碎尸案"遇害者家属也表示关注此案，并称"不放弃破案希望"，再次引发网民对这一旧案的讨论。

此后，舆情开始趋缓，媒体报道主要集中在三个方向：一是关注此案的追诉时效，刑法专家阮齐林、许兰亭等人表示，此案虽然超过20年诉讼时效但仍可追诉，需要报请最高人民检察院批准；二是关注此案中现代刑侦技术的深度运用，人民网等媒体指出，此案侦破中运用了 DNA 检验的重要手段——Y-STR 家系排查，甘肃"白银案"的破获也与之有关；三是对嫌疑人个人经历的挖掘，澎湃新闻、《扬子晚报》等媒体则转向对麻某某生活经历和家庭背景的报道。截至 2 月 28 日 12 时，与该事件相关报道 1200 余篇，相关微博 20 余万条、微博话题阅读量近 13 亿次，微信文章近 4000 篇。

【舆情点评】

南医大女生遇害案告破之所以能在短时间内引发高度关注，除了悬案本身的热度，还与警方工作有着非常密切的关系，一方面南京警方 28 年来从未放弃追凶办案，坚持不懈的精神感动了广大网民；另一方面，此次破案利用了 DNA 检验等现代刑侦技术手段，在吸引眼球的同时，也让舆论对其他未破大案充满期待。

该案舆论反馈正面，南京警方的舆论引导措施值得肯定。首先，及时发布破案通报并召开新闻通气会答疑解惑。23 日晚间，南京警方在抓获嫌疑人当天就发布通报，交代了案件破获的初步情况，这一举措避免了其他来源抢先爆料导致警方被动的尴尬。24 日舆情集中发酵后，南京警方在当日下午立即召开新闻发布会，通报案件破获的细节，并对舆论关心的问题进行解答，充分保障了公众的知情权。其次，及时辟谣拉回舆论视线。警方破案通报发出不到 12 小时，关于案件破获细节的谣言就流传于社交媒体中，"师兄破案"的说法不但掩盖了办案人员的辛苦付出，也给舆论场带来混乱，有损刑事侦查的严肃性。为此，南京警方在几小时内作出澄清回应，经过随后召开的新闻通气会的佐证，网络谣言的负面影响很快消散。总体来说，当地警方通过及时开展信息发布和舆情应对，掌握住网上舆论引导的主动权，进一步提升了司法为民的正面形象，为此类旧案告破后舆论引导工作提供了经验参考。

（观察时间：2020.02.23—2020.02.28）

4

武汉城管殴打配菜员惹众怒
有关部门快速处置

【舆情综述】

3月2日上午，一则"城管殴打配送员"的视频在抖音、微博中流传，引发网民关注。视频显示，多名身穿制式服装的城管人员正围着一名黄衣男子进行殴打。同日，据红星新闻报道，上传该视频的网民称，被打男子是其朋友，由于公司与当地社区有供菜合作，该男子在武汉市江汉区一小区外门店分拣配菜，但城管看到后"认为这是违法经营，也不听解释，上来就要收东西"。该报道还称，江汉区城市管理执法局一名工作人员回应视频内容属实，目前正在调查此事，有结果会及时公布。涉事城管被指暴力执法，网络舆情迅速发酵。

3月3日9时许，江汉区政府办官微"@两江交汇"发通报称，公安部门正在调查处置；汉兴街工委和纪工委对发生冲突的吕某某等3名城管人员予以辞退，对负有管理责任的汉兴街公共管理科相关负责人立案调查。当日，《新京报》采访被打的蔬菜配送员，其回忆称城管以"影响市容市貌"为由发生冲突，"我问特殊时期不能理解一下吗？他们说理解不了"。接警的派出所工作人员表示，被打者并未受伤，警方已介入调查。舆情在当日触顶后回落。

舆论场上，红星新闻评论批评称，"这就是典型的没有执法温度，不问事由，不由分辨，不容转圜"；光明网评论指出，抬手就打、抬脚就踹的"执法手段"，即便亮出"防疫"旗号也解释不通。网民观点中，除了"城管暴力执法"这一高频词被反复提及外，武汉城管的"黑历史"再次被翻出，"前有锁建火神山施工车的蔡甸城管，后有打配菜员的江汉城管，

143

武汉的城管这么牛的吗"等评论获得大量网民"点赞"。还有网民将城管群体"标签化"，评论称"城管连黑社会都不如""城管人员大多数是临时工，素质差"。另外，部分网民关联此前武汉市青山区小区居民反映社区物业造假等事件，直指武汉当地官僚主义、形式主义严重，亟须整改。还有少数网民不满官方处理，猜测"想甩锅临时工"。

截至 3 月 6 日 12 时，网络中与事件有关的媒体报道约 1800 篇，微信文章近 700 篇，微博中"# 城管殴打配菜员 #""# 武汉城管殴打配菜员 3 人被辞退 #"等微话题超过 3 亿次。

【舆情点评】

在武汉全市住宅小区实行封闭管理的特殊时期，一名保障市民生活的配菜员遭遇"暴力执法"，理由还是"影响市容"这种小问题，难怪有网民调侃称"执法制造舆情这种事，城管部门从不缺席"。此次舆情快速升温，归根结底在于执法者违法，滥用权力必然会引来舆论追打。面对舆论怒火，当地政府部门的处置工作十分迅速：事发当日下午，涉事单位通过媒体先行表态"会调查，及时公布结果"，表现出较高的舆情意识；距离舆情爆发不到 24 小时，江汉区政府兑现承诺，通报了相关责任人处分结果，推动舆情快速回落。总体来看，尽管还有"临时工背锅""处理偏轻"等猜测和不满，但官方处置基本上受到了认可。

此次舆情的责任主体为城管执法部门，公安机关因介入调查，也面临着一定的舆情风险。从事发至今，主管部门已快速处置了涉事人员和相关责任人，但公安部门却迟迟没有公布案件调查结果，冲突起因、事件责任等关键问题仍不明了。对比之下，公安部门的调查犹如一只未落地的靴子，难免让网民心生疑窦，怀疑警方放任不管，令事件最终不了了之。因此，当地警方不能因时过境迁而忽视舆情风险，仍需要通过细致工作查清事实、还原真相、厘清责任，给当事人一个公正说法，也给公众一个明确交代。

（观察时间：2020.03.02—2020.03.06）

5

湖北孝感一小区发生聚集事件
官方回应有提升空间

【舆情综述】

1. 网曝孝感一小区发生居民聚集　现场视频被热传

3月12日20时许，微博上出现多段"湖北孝感应城市海山小区居民大规模聚集"的视频，视频显示"小区篮球场上站满了人""有警车被人群包围"，还有人高喊"下课"，现场视频与照片引发大量网民围观。有自称是事发小区居民的微博用户解释称："海山小区物业联合大润发超市长期向居民卖高价菜，且经常有烂菜，有志愿者联系到平价爱心菜来小区卖，却被物业举报，志愿者被警察带走，引发居民强烈不满，随后部分居民在小区篮球场聚集抗议，要求放人。"视频与爆料双重叠加，刺激着舆论的敏感神经。部分网民质疑"物业与超市勾结发疫情财"，部分网民呼吁"疫情防控期不宜聚集"，还有大量网民到"@人民日报""@央视新闻"等官微留言呼吁关注，其中多人复制发表同一段文字表达诉求，形成刷屏之势。相关视频在微博、抖音等平台上快速传播，播放量激增，并短暂出现在"热门"推送中，但随后被陆续删除。

2. 官方深夜发布两版回应　"删除再发"难平疑问

3月12日23时54分，孝感市人民政府新闻办公室官微"@孝感发布"发出回应，介绍事发情况，落款为"应城市新型冠状病毒感染的肺炎防控指挥部"。这篇400字左右的情况说明，在诸多细节上引发网民质疑。首先，第一段简介聚集情况时，称当晚"海山小区约100人在小区篮球场聚集"，有网民将网传图片中的众人一一标出后发现，仅可数范围内就有359人。其次，第二段称"疫情防控期间，严禁他人私自售卖生活物资"，并指出业主程某"以爱心菜的名义"联系商家卖菜,"被小区物业阻止并报警,防控巡逻队赶赴现场处置时,导致小区居民围观"。对此,网民追问"私自卖菜虽不合规,但为何不解释业主联系卖菜的背后原因",还有网民指出居民聚集系"维权"并非"围观",认为官方说法"避重就轻""轻描淡写"。最后,针对舆论最为关心的菜价过高问题,回应中仅用一句"价格在网上公示,并限价销售"带过,既没有说明是否存在长期配送高价菜问题,也没有表示会否对事件责任方追责。最后一段表态应城市将"提高服务质量,防止类似事情发生",却未披露具体措施。网民评价称,整篇回应没有透露任何有价值信息。发出不久后,该回应即被删除。

3月13日零点43分,"@孝感发布"引用《湖北日报》报道,发布第二版回应。与前一版本相比,第二版通报结构出现微调:先说官方部署,后说事件经过。同时内容有增有减:增加了保供稳价具体措施,表示将"通过引入竞争机制全面降低主要生活物资价格""政府对参与保供的市场主体进行补贴""成立工作专班,从生产基地采购一批爱心菜,直供城乡居民";删掉了"100人聚集"和"限价销售"之说,保留了"严禁他人私自售卖生活物资"的要求。但对于菜价过高形成的原因、统一配送是否有利益输送以及后续是否进行调查与追责等追问依旧没有解释,并且关闭了评论,被网民质疑"高高在上""闭目塞听""掩耳盗铃",遭到舆论持续追打。

3. 媒体报道菜价下调 舆情热度逐渐回落

据《新京报》报道,13日下午,供货超市已参考政府文件下调菜价,应城市疫情防控指挥部后勤组已和小区物业对接,处理海山小区居民蔬菜配送问题,居民可以通过小区物业订购蔬菜。同时,报道披露了警方处置细节:"业主程先生托人联系县城周边的蔬菜种植户,将菜运到小区售卖。蔬菜在运送途中,程先生即被警察带走。警方告诉他,私自组织团购的行为涉及无证售卖。约一小时后,程先生被释放归家。"记者就此询问应城市公安局城南派出所,工作人员称需联系上级部门采访。而上级应城市公安局宣传科工作人员称需再联系领导了解情况。目前，警方未有公开发声。此后，舆情热度逐渐降低。

经法制网舆情监测中心统计，截至 3 月 15 日 12 时，该事件相关媒体报道 270 篇，微信文章 448 篇，微博（含被删除）超 12 万条。"# 应城海山 #""# 湖北应城因生活物资保障问题发生业主聚集 #""# 湖北孝感回应 100 人在小区聚集 #""# 居民联系商家到小区卖菜被阻止 #""# 官方回应孝感一小区居民聚集反映菜价过高 #"等微博话题阅读量累计超 3.5 亿次。

【舆情点评】

疫情期间，与居民生活物资保障相关的舆情事件接连曝光，从"武汉嫂子怒怼商超捆绑销售"到"小区居民向中央指导组喊话物业造假"再到"垃圾车运送爱心肉"等事件，频频引发众怒的同时，也刺激更多网民通过社交媒体反映民生问题，以便引起有关部门关注和介入。而本次事件中，利益相关者的行动由网络转到现实世界，"大量人群聚集篮球场"，与公众在疫情期形成的习惯与认知产生强烈反差，凸显出事态严重性与反常性；"警车被围"、情绪性的呼喊声等标签，使得网络视频和爆料内容瞬间发挥吸睛作用，引来大量关注。另外，在全国各地纷纷为湖北省捐赠爱心菜的情况下，当地居民却因价格和供应问题发生聚集，背后原因难免令人产生追问。

聚集事件发生后，应城市有关领导迅速赶到现场，承诺解决问题，半小时后小区即恢复正常，4 个小时后发布情况说明，在实体与舆情方面均做到了及时高效。然而处置部门在信息发布环节出现的问题，却严重影响了舆情工作的成效，需在今后加以重视。第一，官方通报应尽量避免"删除后再发布"。作为官方信源，"@孝感发布"第一版回应发出后，很快引发媒体官微转载与推送，还有媒体在微博上设置话题，相关信息已然形成传播之势。第二版调整后的回应突出了稳供保价的具体措施，但在深夜的舆论场很难再起到明显的传播效果。即使有人发现，在当下的舆论环境

147

中，网民的关注焦点也不在于"官方发了什么"，而是"官方删了什么"，部分自媒体甚至将两版回应内容进行对比分析，导致关键信息被忽略，而措辞上的问题被放大。因此加强审核、慎发慎删，显得格外重要。第二，官微对热点事件进行回应后需谨慎"关评论"。"@孝感发布"在发布第二版回应后关闭了评论功能，不仅切断了与网民沟通互动的重要渠道，此举也被解读为"心虚"而留下舆论揣测空间。不妨就让公众敞开评论，坦诚听取民意并虚心采纳，通过改进实际问题而赢得认可。

通过复盘此次舆情演变过程，还有三处细节值得引起注意。首先，注重前期信息发现与预警。经信息溯源发现，3月8日在人民网领导留言板上即出现"应城市海山物业不尽其责"的爆料，说明小区居民不满情绪已逐渐滋生，而四天后物业举报业主私自购菜只是引爆此次事件的"导火索"。如果前期及时捕捉与监测到相关信息并跟进解决，事态升级或可避免。其次，微信群组的情绪煽动力与动员组织力不可忽视。网传截图显示，在"海山社区"多个200至400人微信群中，有人发布"业主被抓"及声援地点等相关信息后，不少居民接龙式响应"马上下楼"，最终导致了聚集场面。最后，警惕聚集事件后的群体效仿。在海山小区因菜价问题发生聚集后，次日网曝附近的奥林花园、蒲韵尚都等小区出现居民聚集表达诉求的情况。对此有评论称，疫情重灾区湖北和武汉已经成为负面情绪的"高压锅"，只需一点火星就会引爆舆情。当地有关部门需密切跟踪网络信息，妥善解决群众诉求，着力疏导负面情绪，避免类似舆情再发。

（观察时间：2020.03.12—2020.03.15）

6

郑州首例境外输入瞒报病例引公愤
舆论关注后续处置结果

【舆情综述】

3月11日15时许，"@郑州发布"发布新冠肺炎疫情情况通报称，该市新增首例境外输入性确诊病例，患者郭某鹏3月1日由北京起飞辗转阿联酋、意大利等多个国家，7日抵京后返回郑州。回家后，郭某鹏未居家隔离，还瞒报出境史，出入办公场所。3月10日，郭某鹏出现发热情况并被确诊。目前，郑州市公安局大学路分局以郭某鹏涉嫌妨害传染病防治罪对其立案侦查。随后"@平安郑州"转发该微博。

该消息火速触发舆情，网民怒斥郭某鹏"缺德""一颗老鼠屎坏一锅汤"，痛心"郑州连续19天病例'零增长'局面被打破"。11日晚，"@梨视频"跟进报道此事，郭某鹏及其母亲向公众解释并道歉，称"回来时没症状，没想到要给社区报备"。当事人的道歉未获舆论谅解，其家庭背景遭到挖掘。

3月12日，舆情继续发酵，舆论将关注重点转向入境人员防控机制。《新京报》刊文追问："为何制定了严密的入境人员监测措施，但郭某鹏还是成了漏网之鱼？"部分网民猜测，北京海关入境及郑州社区防疫工作存在漏洞。对此，北京海关负责人称，郭某鹏入境时，海关对其身体状况进行了排查，其当时未表示有接触史和身体不适；郑州市卫健委回应称，出入郑人员健康扫码登记系统或存在防控漏洞，已采取改进措施。同日，河南省公安厅相关负责人在疫情防控新闻发布会上批评此种行为"害人害己"。

12日当晚，一些自媒体文章散布消息，称"郭某鹏密切接触者有39373人"，并将其贴上"郑州毒王"标签，引发舆论恐慌。澎湃新闻等媒体予以辟谣，舆论担忧之情有所缓解。同时，网传河南一律师事务所拟向郭某鹏提出千亿元索赔，引起自媒体转载。部分律师热议郭某鹏需承担的法律责任，大量网民呼吁追究刑责、从严惩处。目前此舆情已回落。截至3月15日12时，事件相关报道1500余篇，微信文章近3000篇，"@郑州发布"通报阅读量超过700万次，"#郑州境外输入病例男子被立案#"等微话题阅读量近7亿次。

【舆情点评】

随着海外新冠肺炎疫情的持续扩散，严防境外输入成为国内疫情防控工作新挑战。在这紧要关头，涉事者却故意隐瞒接触史、拒绝执行防控措施还行经多地，造成多人被隔离、复工复学被强制暂停的严重后果，着实令人痛恨不已。正因如此，此事披露后，舆论情绪十分激烈，网上骂声一片。

当地政府在通报病例后紧跟着通报了警方立案情况，用主动的公开透明安抚了网民焦虑情绪。随着舆情升温，新的质疑接踵而来：涉事者如何隐瞒信息，通过海关、机场、车站、社区、单位的层层关卡？防控机制是否有漏洞？针对这些疑问，北京、河南两地相关部门先后作出回应，既解释了郭某鹏为何能正常入境，也客观承认了追踪手段的不足并承诺改进，有效缓解了舆论质疑。河南省公安厅副厅长的公开表态，进一步拉高了舆论对"严惩不贷"的期待。有赖于两地多部门的积极处置，舆情在两日之后快速回落。

"一千字谆谆劝告，不如一次依法严惩"。此次舆情工作能否最终形成完整闭环，还要看当地政法机关的后续处置。在当前输入性案例持续增长的背景下，"全省首例"案件的特殊意义以及其造成的严重社会影响，给司法部门带来巨大的舆论压力。如何平衡政治效果、法律效果和社会效果，考验司法机关业务能力与水平。相关部门需准确研判后续舆情风险，制定科学有效的引导预案，通过"以案说法"等形式进行防疫法律知识普及，发挥个案的警示教育意义。

（观察时间：2020.03.11—2020.03.15）

部分地方防疫文件疑似"朝令夕改"
背后法治问题需重视

【舆情综述】

新冠肺炎疫情防控期间，多地陆续出现政令、政策发布后又被撤回的现象，受到舆论高度关注。其中广东省汕头市"封城令"、湖北省武汉市"解封令"、湖北省潜江市"复工令"、黑龙江省巴彦县"禁酒令"等事例引发热烈讨论。

1. 广东省汕头市"封城令"不到3小时被收回

1月26日上午10点半左右，广东省汕头市新冠肺炎疫情防控指挥部发布通告称，从27日0时起，禁止车辆、船只、船员进入汕头。在当时仅有2例新冠肺炎确诊病例的情形下，汕头"封城"之举迅速引发舆论猜测和恐慌。市民纷纷涌向超市抢购生活用品。通告发出后不到3个小时，事态突然反转。13时许，该指挥部发布收回通告，称城市交通照常运营。这波来也匆匆、去也匆匆的操作看得市民一脸懵圈，有网民无奈表示，"领导拍脑袋决定事情，不深思熟虑，不讲程序，受苦的只是老百姓"。《新京报》评论称"疫情防控既要'快'也要'准'，不能乱了方寸"。还有学者指出，"封城"是紧急状态下的非常态措施，应有极其严格的适用条件，不能想启动就启动。

2. 湖北省武汉市"解封令"发布3小时后被宣告无效

2月24日11时许，武汉市疫情防控指挥部发布通告（第17号令）称，"因保障疫情防控、城市运行、生产生活、特殊疾病治疗等原因必须出城的人员，以及滞留在汉外地人员可以出城"。然而，这则通告发出3个小时后，就被新发出的第18号令宣布无效。"@武汉发布"解释称系"市指挥部下设的交通防控组未经指挥部研究和主要领导同志同意发布"。新通告掀起大量讨论，"#进出武汉市车辆和人员管理通告无效#"等微话题阅读量超过2亿次。网民批评政府决定草率，认为此举损害了政府通告的公信力。法律人士指出，武汉市新冠疫情防控指挥部发布的通告具有正式的法律效力，直接宣布其"无效"在法律上站不住脚，如果一定要撤回，从程序正义的角度来说，应当宣布其"失效"。

3. 湖北省潜江市"复工令"实行6小时后遭取消

3月11日4时许，以"硬核"管控获赞的湖北省潜江市政府发布"优化调整市内交通管控、人员管理和复工复产措施的相关通告"。当地市民欢欣鼓舞，舆论认为这是湖北省按下重启键的积极信号。然而当日10时，潜江官方在微信公众号上紧急取消该通告，称全市继续实行严格交通管制、人员管控，这纸"短命通告"再引热议。网民意见分化较严重。支持一方认为"特殊时期可以理解"；质疑一方认为，事关居民生产、生活的重大政策调整，几个小时后就全面否定，显得有些随便、不够严谨。

4. 黑龙江省巴彦县"禁酒令"下发当日被予撤销

2月26日，黑龙江省巴彦县新冠肺炎疫情防控工作指挥部发通知称，为阻断因饮酒而造成人员聚集、传播疫情的风险，决定自通知发布之日起全县各类经营场所严禁销售酒类及含酒精饮料。当日稍晚，该指挥部又予以撤销。舆论围绕"禁酒令"的合理性和合法性展开讨论，网民批评"决策拍脑袋"，律师也表示"禁酒令"缺乏法律依据和正当理由。《春城晚报》等媒体评论称，防疫政策要精准拿捏好防疫与社会生活等方方面面的平衡，不要让不当的防疫政策给防疫添乱，消解防疫的严肃性。

【舆论观察】

1. 批评政令发布反复无常影响恶劣

面对接连出现的"朝令夕改"现象，舆论评价总体呈现否定态势。相关批评大致分为两方面：一是挫伤政府公信力。光明网等媒体认为，"政令改来改去，不仅有损党和政府的公信力，丢掉了民心，还会给广大群众的利益带来不可挽回的损失"。微博用户发起"疫情期间，朝令夕改的事情屡次发生，你怎么看"的相关投票调查中，超过四成网民认为"非常影响公信力"。西北政法大学行政法学副教授钱卿认为，"短命通告"的产生，固然有很多现实因素，但"朝令夕改"会干扰防疫工作的开展和正常的社会秩序，导致社会公众对政府的政策措施难以形成稳定的预期和信赖。二是引发社会恐慌。比如汕头"封城"事件曾致城市秩序短暂失控，武汉"解封"导致"30万人流出武汉""1735人进入长沙"等谣言盛行，给湖北周边地区居民造成恐慌。

2. 赞同政府及时纠错、勇于担当

部分舆论认为政府部门撤回或取消政令是主动纠错，应当予以肯定。这类观点认为，特殊时期的通告、政策取决于新的情况，和以往公众心中的"朝令夕改"是不同的概念，政府部门冒着被批、被骂、被黑的可能，及时发现问题调整政策，足以证明他们勇于担当，大家对此应多些理解，多些体谅。红网也发文称："我们当然希望政府始终正确权威，但也要允许政府出错。政府取消已发布的通告，这是政府主动容错纠错的体现，应给予理解和支持。"

3. 反思此类事件的警示意义

还有部分舆论从总结经验教训的角度对这类问题进行反思，如微博"大V""@马进彪"写道："一则通告的发布，相当于一道命令的下达，其意味着方方面面的迅速执行和定时定点的完全落实，也意味着各种资源的重新调遣和重新配置。对于各地方部门来说，不管将来在复工复产过程中还需要发布多少通告，其中必须有着力透纸背不可或缺的四个字，那就是：实事求是。"北京市京师律师事务所律师李国清称，"疫情防控特殊时期，政府一定要站在'总体战、阻击战'的高度，认真研究，全面权衡，努力增强决策的科学性、合理性、合法性，避免朝令夕改现象再次发生"。

【舆情点评】

疫情防控特殊时期，突发的新冠肺炎疫情是对国家治理体系和治理能力的一次大考，一些政府决策行为的力度、影响范围是"前无古人"，如对武汉这样一个超千万人口的城市进行"封城"。在此背景下，相关政策"朝夕令改"的情况与以往"一日游"有所不同，政府部门发布的通告、政策决策多数是基于疫情防控形势的需要，初衷是为了有效遏制疫情，引起争议后也能迅速更正，因此舆论愤怒过后很快冷静下来，舆情得以快速平息。不过，舆论理解不等于认同，更不代表"朝令夕改"合法合规。初衷挺好但不能用力过猛，政令发布若总是反复无常、出尔反尔，不仅给社会带来巨大的经济成本，为紧张焦虑的公众制造恐慌，更是对政府公信力造成损伤，不利于社会稳定。

从维护和提升政府公信力的高度来说，"朝令夕改"反映出来的法治问题需要引起高度重视。从上述几起事件来看，有的问题在于决策内容缺乏法律依据，有的是发布程序出现纰漏，有的是撤销程序出现合法性危机。各地政府部门需以此检视工作流程，及时查缺补漏，避免类似舆论危机再次出现。目前，疫情防控工作的形势仍然严峻，地方政府不仅要坚持不懈地防控疫情，还要面临企业复工复产等重要工作，后续将会涉及方方面面的政策文件发布。除了政策制定部门坚持民主决策、科学决策的基本要求，各地司法行政部门也可依法依规加强对疫情防控文件的合法性审查，如北京市一系列以市政府或者市政府办公厅名义印发的行政规范性文件，均经过了该市司法局的合法性审查后才发布，如此才能从源头上避免"朝令夕改"情况的反复出现，确保依法防控落到实处。

（观察时间：2020.01.20—2020.03.19）

8

北京一男子出狱后再犯命案引发舆论关注

【舆情综述】

1. 郭某思故意伤害致人死亡被批捕　舆论强烈呼吁严惩

3月28日，北京市人民检察院官方微信发布通告称，3月14日，北京刑满释放人员郭某思在一超市排队结账时摘下口罩，因被老人段某某提醒佩戴口罩而心生不满，将段某某殴打致伤，后经救治无效死亡。3月28日，北京市检察院第二分院依法对郭某思以涉嫌故意伤害罪批准逮捕。对此恶劣情节，舆论一致呼吁严惩；还有律师评论称，郭某思刑满释放7个月后又犯罪，是累犯，应当从重处罚。

2. 郭某思旧案遭翻炒　服刑期间9次减刑引发热议

3月29日，据财新网报道，2005年2月24日，郭某思因犯故意杀人罪被判处无期徒刑。2007年6月，郭某思被减为有期徒刑19年。此后10年间，郭某思因认罪服法、积极改造，共获得8次减刑总计6年11个月，刑期至2019年7月24日止。10余年间9次减刑引发热议。自媒体多质疑减刑背后有隐情，部分自媒体文章称其为"北京版孙小果"。微信公众号"资浅记者"指出，郭某思平均1年2个月左右获得减刑一次"很不正常"；微信公众号"法律人生路"称，减刑每一步都卡着合法合规的线，很显然背后有人操作。网民也纷纷猜测其有着势力强大的"保护伞"。

舆论讨论减刑问题的同时，舆情继续发酵，郭某思此前所涉故意杀人案被挖掘。微博话题"#打死劝戴口罩者男子曾杀害女友#"阅读量达2.1亿次。"杀人被判无期"引起网民对法院量刑的讨论。3月30日，郭某思旧案代理律师钱列阳接受《潇湘晨报》记者采访时表示，郭某思来自普通公职人员家庭，当年法院综合自首情节、受害人谅解、赔偿40万元等因素，作出无期徒刑的判决。然而，此说法未平息网民关于郭某思身份特殊的猜测，不少网民称"2005年能赔偿40万说明他家庭条件不差"。"@时事法律评论员王洋"发微博称，从公开信息来看，郭某思服刑期间共换过3所监狱，并对郭某思为何转监表示不解。还有部分声音指出，减刑裁定书只是简单通报减刑理由是"认罪服法、积极改造"，应当公布更细致的改造情况。

3. 北京市政法委公开回应全面调查郭某思减刑情况获赞

3月31日，北京市委政法委在疫情防控例行新闻发布会上回应称，市委政法委已组织市高级人民法院、市人民检察院、司法局和监狱管理局等单位开展工作，全面调查郭某思在服刑期间多次被减刑情况，相关事实查清后将及时向社会公布。官方及时回应关切，获得舆论认可，阻断舆情恶化的趋势。"@人民日报"评论称，官方做法回应了舆论关切，"期待以公正调查还原真相"。主流舆论也发文释法，正义网等媒体评论称，在具体个案上，不能用现在标准认定当年减刑有问题，彻查郭某思多次被减刑，是对公众质疑的最好回应。法学专家和律师均认为，减刑次数多不意味着一定有问题，仅就披露出的减刑裁定作出的时间、减刑后的刑期皆符合当时的相关规定，但执行机关所报送的改造材料是否真实客观，还有待查证。另外，专业人士还探讨如何进一步完善减刑制度，如通过一定程度的狱务公开、发挥监狱执法监督员职能作用、扩大减刑案件开庭审理范围等方式，强化对减刑的社会监督等。

截至4月10日12时，相关报道2628篇，客户端文章16055篇，微博82347条，微信文章4026篇。"#男子殴打劝戴口罩者致其死亡被批捕#""#北京将调查郭某某服刑期间减刑情况#""#郭某某所涉旧案家属发声#"等多个微博话题累计阅读量超6亿次。

【舆情点评】

1. 减刑细节曝光引发次生舆情 "特权想象"挤占舆论场

本案原是一起情节简单明了的故意伤害案件，因犯罪嫌疑人的刑释人员身份引起媒体注意，经过媒体挖掘报道，最终发酵成一起次生舆情灾害，席卷检法司多个系统，引发全社会关注。郭某思从服刑期间表现良好多次获减刑，到出狱后数月便伤人致死，巨大的落差难免令人生疑其是否真正改邪归正。9次减刑与"公务员家庭出身"的身份背景，不可避免地触发了网民潜意识里的"特权想象"；无期徒刑减为有期徒刑、转监3所监狱、服刑监狱专门关押"老弱病残"服刑人员等细节的曝光，更是加深了舆论猜测。部分舆论还把郭某思称作"北京版孙小果"，甚至揣测有一个庞杂的关系网为其运作。公众出于对司法腐败的警惕和厌恶，强烈要求严惩郭某思、严查"保护伞"，同时还将审视的目光延伸至监狱减刑制度、法律惩戒功能等关联话题。

2. 类案多发形成叠加效应　增加个案舆情烈度

疫情防控是一个公共安全话题，事关每一个人的切身利益，在紧张、恐惧、焦虑等情绪的裹挟下，妨碍疫情防控的违法行为极易引发群情激愤。疫情防控阻击战打响以来，妨害疫情防控犯罪案件如云南马某某持刀杀害2名防疫卡点工作人员、湖北叶某拒不配合疫情防控管理暴力袭警、江苏唐某某因值班医生提醒其戴口罩暴力伤医，均引起舆论一致谴责。然而，同类案件多发会在舆论场上形成叠加效应，增加个案舆情的烈度。郭某思因小事打死老人，手段残忍、性质恶劣，媒体报道中呈现的"郭某某身材魁梧，现场五个人才将他控制住""出狱7个月又杀人"等信息，放大了郭某思"有暴力倾向""生性凶残狠毒"的负面形象，进一步激起舆论的愤慨、不安情绪，"必须死刑""杀人偿命"等偏激声音充斥网络。据法制网舆情监测中心观察，该舆情发酵的每一阶段，均在微博上形成话题，累计话题超20个、总阅读量超6亿次，足见舆论关注之高。

3. 官方及时表态阻断舆情恶化趋势　调查结果决定舆情走向

该事件中，北京市政法委的舆情回应值得称道。首先，回应时机"佳"，舆情发酵仅2天，舆论重点严重偏离故意伤害案，转向深挖"保护伞"等内容，在暗流涌动之时，北京官方第一时间宣布启动调查，有效遏制谣言滋生，有效阻断舆情恶化势头，舆论纷纷表示"相信官方、坐等结果"，讨论逐渐回归理性。其次，回应层级"高"。减刑疑云涉及检法司多个系统，官方提升办案层级，由北京市委政法委直接督办案件，多部门成立联合调查组介入核查，确保了调查工作的权威性和公信力。

近年来，监狱减刑案件受到公众严厉审视，特别是知名人物的减刑案，即使程序合法，也不可避免地引发司法腐败的疑虑，如陕西"表哥"杨达才减刑案、前三鹿集团董事长田文华减刑案，引爆舆论场的"孙小果案"更是将种种利用漏洞、违规减刑的操作暴露出来。纵然有法律人士发声解读、普及减刑相关的法律知识，也无法消除舆论疑虑。只有官方的权威调查还原真相，才能彻底平息质疑。此次北京官方表态将"全面调查"，从舆论关切来看，调查内容至少应包括郭某思历次减刑申请材料是否真实、能否在程序上站住脚、能否在法律上找到依据，以及其为何转监3所监狱、为何在"老弱病残"专门监狱服刑、家庭背景如何等方面。建议联合调查组参考此前"黄某英事件"的成功处置经验，快速公布调查进展，详细介绍事实真相，主动做好舆论引导，交出一份回应民声的"高分答卷"。

（观察时间：2020.03.28—2020.04.10）

9

"吴春红案"再审改判无罪
如何避免悲剧重演引起反思

【舆情综述】

4月1日，据《新京报》报道，河南"吴春红投毒案"于河南省高级人民法院再审宣判，法院以事实不清、证据不足为由改判吴春红无罪。案件宣判后，河南省高级人民法院微信公众号"豫法阳光"发布《答记者问》文章，解释改判依据，称法院遵从疑罪从无的刑事审判原则，改判其无罪。据媒体此前报道，2004年11月15日，河南民权县2名儿童"毒鼠强"中毒致1死1伤。7天后，民权县公安局刑警大队宣布侦破此案，当地村民吴春红被认定为犯罪嫌疑人。2005年至2007年，商丘市中级人民法院3次以故意杀人罪判处吴春红死缓，河南省高级人民法院3次以"事实不清"为由发回重审。2008年10月，吴春红被判处无期徒刑。2018年，最高人民法院以证据不确实、不充分为由对本案作出再审决定。

再审结果迅速引发舆论关注，各方媒体纷纷跟进报道，采访当事人、回顾案件始末、挖掘案件细节。吴春红接受媒体采访表示将申请国家赔偿，并希望当年冤枉他的人能够公开道歉，为其恢复名誉；大众网文章梳理吴春红的家庭背景，回顾吴春红艰辛的"申冤"历程，如在领导视察监狱时喊冤被关禁闭、其家人累计向有关部门邮寄六七百份申诉材料等。澎湃新闻网则关注判决书细节，即吴春红曾翻供称原来的有罪供述系公安人员刑讯逼供所作，但该案件再审期间，部分侦查人员否认此事。据媒体报道，4月1日，死者的父亲王战胜亦专门从打工地赶回，准备寻求警方的帮助，查明真凶。

舆论场上，媒体和法律人士追问冤案产生原因，反思如何避免，并呼吁调查追责、堵塞漏洞。《中国青年报》认为，缺失有效证据时的"快判"与对嫌疑人的刑讯逼供，是造成冤案的重要因素，在司法活动中坚持落实疑罪从无原则，可以在最大程度上避免类似悲剧的发生；光明网发表评论追问，该案审判监督程序一度陷入了死循环，办案者是否存在违反诉讼法律、审判纪律的问题，需要有关部门介入彻查。近半数网民认为办案民警曾对吴春红进行刑讯逼供，呼吁严肃问责；部分网民认为应给予吴春红高额的国家赔偿金，并追问真凶下落。截至4月10日12时，相关新闻报道339篇，微博信息21408条，微信文章1071篇，微博话题"#河南16年前投毒杀人案再审改判无罪#""#吴春红要求道歉恢复名誉#"等讨论量超过4.5亿次，阅读量近2万次。

【舆情点评】

随着吴春红被改判无罪，本案司法审判程序暂告一段落。但就当地政法机关而言，还有三方面风险需加强重视：首先，吴春红"申冤"经历及家人近况，经过媒体追踪报道后激起舆论恻隐之心，当年的办案警方首当其冲遭到舆论质疑；其次，针对国家赔偿诉求，法院受理态度以及赔偿金额认定都将受到舆论高度关注，应对不妥容易触发次生舆情；第三，在舆论看来，是否对办案人员进行追责以及相应的问责力度都将直接影响到错案纠偏的"含金量"，若涉事政法机关未能对舆论呼声作出有效回应，舆情还有复燃可能。对此，当地政法机关针对上述舆情风险进行科学研判，制定舆论引导方案，主动设置议题，争取舆论引导的主动权。

近年来，政法机关在纠正、防止冤假错案方面取得长足进步，"呼格吉勒图案""聂树斌案"等多起具有标志性意义的冤假错案被纠偏，增强了公众对司法公正的信心。但也需看到，冤假错案纠正多、追责少的问题并未得到有效改善，导致舆论不满情绪悄悄滋生并不断累积，长此下去将会动摇司法公信力。各地政法机关需引以为鉴，通过强化审判监督程序，坚持落实疑罪从无原则，对违法违规办案人员终身追责等方式，纠正错案、提防新的冤错案件发生。

（观察时间：2020.04.01—2020.04.10）

10

多地积极推进禁食野生动物立法
标准不一等引发热议

日前，全国人大常委会出台《全国人民代表大会常务委员会关于全面禁止非法野生动物交易、革除滥食野生动物陋习、切实保障人民群众生命健康安全的决定》（以下简称《决定》），引发舆论高度关注，农业农村部随后就《国家畜禽遗传资源目录》征求意见，地方立法进程也在加快。综合媒体报道，目前，广东、天津、福建、湖北、青海等12省市已出台或修改地方性法规，全面禁止食用野生动物；北京、广西正就修法征求意见。梳理舆论反馈发现，此轮地方立法存在禁食范围各异、非食用性利用标准不一等问题，导致部分条款内容遭到质疑或引发讨论。

一是立法突出地方特色，禁食范围不同引发争议。《决定》规定全面禁止食用国家保护的"有重要生态、科学、社会价值的陆生野生动物"以及其他陆生野生动物，包括人工繁育、人工饲养的陆生野生动物，水生野生动物不列入禁食范围。大多数地方法规与《决定》的禁食范围一致，部分地方禁食名单更为严格。湖北、青海规定，全面禁止食用所有陆生野生动物，青海将本省重点保护的水生野生动物也纳入禁食范围。同时，部分地方的禁食范围引发争议。例如，深圳拟将经人工繁育的龟、甲鱼等野生动物列入禁食名单引发"一刀切"质疑。媒体呼吁各地综合当地物种资源的情况、需求、文化等因素进行考量，科学制定禁食范围。最终通过的《深圳经济特区全面禁止食用野生动物条例》将人工繁育、饲养的龟、甲鱼移除禁食范围。

二是从重处罚为各地共识，但处罚方式标准不一。多地在立法中结合实际情况，参照上位法规定处罚的最高上限，设置了严格的法律责任，加大对违法食用野生动物行为的处罚力度。广东、深圳、珠海按价值或货值

161

倍数处罚，深圳"最高可处 30 倍罚款"被舆论称为"最严禁野令"；山西、青海、江西则直接规定罚款金额。针对两种处罚方式，有专家指出，按野生动物价值倍数论罚比较真实客观，但针对交易尚未发生、禁止交易或没有市场定价的野生动物，罚款数额难以确定和统一；直接规定罚款金额较具操作性，但也可能造成自由裁量权滥用或处罚过度。对此，研究人士建议各地制定处罚标准应因地制宜，从当地野生动物市场繁荣程度、各地行政执法能力等出发。

三是地方非食用性利用标尺不一，或留"洗白"空间。在野生动物的非食用性利用上，《决定》确定的范围是"科研、药用、展示等特殊情况"，江西将其扩大到"医用药用、展演展示、旅游观光、物种保护、种源繁育、文物保护等其他特殊情况"，浙江省、青海省则分别明确可用于"公众展示展演""人工繁育"等情形。第一财经发文指出，这可能会刺激食用型人工养殖向非食用型转化，以及非食用型人工养殖为食用型"洗白"。业内专家也指出，允许非食用人工养殖对扩大野生动物非法经营提供了可突破的"口子"，使得修法初衷大打折扣，建议应逐步予以规范乃至全面取缔。

四是救助补偿等过渡措施不明，亟须出台退出机制。严格"禁野令"下，现存庞大的人工繁育产业将受到影响，大量野生动物养殖户陷入了"不能卖、不能杀、不能放"的困境，相关的救助和补偿等过渡措施却迟迟不见踪影。各种反映养殖动物断粮、死亡等问题的视频在网络广泛流传，引发大量讨论，舆论呼吁各地应尽快建立科学有序的退出机制，通过财政补贴或引导措施帮助野生动物养殖行业转型。3 月 12 日，广东省印发《关于扶持人工养殖野生动物扶贫产业转型的通知》，对辖区内野生动物扶贫产业转型进行补偿，并对选择转型的企业或贫困户降低贷款门槛、简化贷款审批手续。舆论认为，人工养殖野生动物产业的退出，应当建立在妥善维护养殖户权益的基础之上，把对民生和经济的影响降到最低，广东的做法给其他地方树立了示范。

（观察时间：2020.01.01—2020.04.16）

11

多家长租公寓企业被曝光资金链断裂
社会风险需警惕

近年来，长租公寓作为房屋租赁的一种新型模式，凭借其方便、快捷的优势，受到租房一族的青睐。然而，自2019年起，全国多地相继发生长租公寓企业爆雷事件，据不完全统计，2019年爆雷的长租公寓有57家，原因均为资金链断裂。2020年以来，受疫情直接影响，爆雷潮仍在持续，3月至4月，青客公寓、小家联行、嗨客等长租公寓企业相继出现爆雷或资金链断裂的情形。其中，青客公寓是我国第一家赴美国纳斯达克上市的长租公寓供应商，其影响力更为广泛。

媒体报道显示，目前我国长租公寓的经营模式，主要为通过年付或半年付模式收取租客租金，向房东则是按月或季度支付租金。公寓方依赖付款时间差，得到一笔沉淀资金，并利用这笔沉淀资金通过市场金融运作产生收益。然而，这样的经营模式因缺乏监管，抗风险能力弱，在当前的经济下行压力背景下，一旦出现资金链断裂，租客和房东都将成为受害者。多位业内专家分析，随着疫情的持续进行，2020年长租公寓可能会有更多的企业爆雷。由此引发的司法纠纷增多、维权多发、人员流动增加三重风险，将对涉事地的社会稳定局面产生直接的冲击，需要各级政法机关加以警惕。

首先，企业爆雷将导致"房东—企业—租客"三方纠纷显著增多，法院解纷能力受到考验。长租公寓企业爆雷多表现为企业倒闭或经营者"失联跑路"，多地因此出现房东为降低自身损失驱赶租客的极端情况，"房东—爆雷企业—租客"三者间的矛盾日趋尖锐，三方因租赁纠纷诉诸法院的情形或将频繁上演。有法律专业人士指出，由于问题的关键在于爆雷企业，即使法院判决支持房东或租户，在实际执行过程中被执行方仍存在较大抵触情绪，不利于司法判决本身所起到的定分止争效果的发挥。

其次，长租公寓受众广泛，爆雷后或出现维权潮引发的舆情聚集。公开数据显示，长租公寓企业经过近年的扩张，掌握了数量较多的房源，因其爆雷利益受损的房东和租客数量会在短时间内呈现几何级增长。如在黑猫投诉上，青客公寓已经有高达4945条投诉，其中还有3915条投诉尚未完成。从多个长租公寓维权案例分析来看，因长租公寓已与租客、房东签订租赁合同，且先期已如约履行了合同，所以爆雷事件界定为经济纠纷还是刑事案件尚存争议，各地处理的方式也各有不同，但"钱难要"是共性情况。为获得上层关注、推动问题解决，他们往往通过线上发帖求助、线下聚集的方式来维权，很容易形成舆情聚集现象。

再次，爆雷后租客或将面临无家可归境地，或对现阶段疫情防控产生隐患。目前，我国疫情防控整体形势趋好，但短时间内大量人口流动对疫情防控来说仍是较大隐患，而长租公寓密集爆雷所带来的一个直接后果就是大量租客面临无家可归的境地，部分媒体报道和网络爆料也证实了这种情况。如果这些因公寓爆雷被迫流动的人群不能得到及时妥善的解决，受害者不满情绪逐渐累积，可能迁怒于疫情防控措施，进而出现不理解不配合的举动，给防疫防控工作带来干扰。

长租公寓企业爆雷源于其自身经营不规范，而疫情的出现则成为压倒其生存的最后一根稻草。政法机关虽然不是规制长租公寓"疯狂生长"的主管部门，但爆雷对社会稳定所带来的负面冲击需要引起政法机关的关注和重视。一方面，政法机关可与监管部门形成合力，通过联合执法或联合出台指导意见等方式治理长租公寓的种种乱象，防止风险蔓延发酵；另一方面，在受害者报警或起诉后，政法机关也需依法及时处置，避免出现"踢皮球""不作为"引发非议，将舆论怒火引向自身。

（观察时间：2020.03.01—2020.04.16）

12

广西一小学突发持刀伤人事件
官方及时有力处置稳定舆情

【舆情综述】

6月4日10时许，"@潇湘晨报"推送消息称，当日8时许，广西梧州市苍梧县旺甫镇中心小学发生砍人事件，现场有多名学生被砍伤，砍人者疑似是保安。该微博同时配发了一段长达38秒的现场视频，视频显示多名学生受伤流血，医护人员在现场救助。这条微博1小时内被"@观察者网""@界面新闻"等主流媒体转发，关注热度迅速攀升。与此同时，一些现场图片、视频在当地居民微信群、朋友圈中传播。网民表示愤怒、惊恐的同时，纷纷留言追问砍人者身份、作案动机、受伤人数等。

同日11时许，苍梧县委宣传部微信公众号"今日苍梧"通报称，事件致39人受伤，其中2人受重伤，伤者包括该校校长、另一名保安和数十名学生，嫌疑人已被警方控制。另据"@封面新闻""@环球网"等媒体转发的一份由旺甫镇政府出具的"内部上报材料"称，受伤人数初步确认为40人，其中3人受重伤。舆论场上，呼吁严惩嫌疑人的声音占据主流，与此同时，有关嫌疑人背景及作案动机的猜测在网上流传。有自媒体称，嫌疑人系前任校长哥哥，因为欠薪导致不满情绪产生；有的猜测保安是被校长辞退，引发过激行为。有关部门很快否认了上述说法。对于"砍伤39人"的舆论误读，苍梧县宣传部相关工作人员解释称"并非都为砍伤"，因事发突然，学生中也有擦伤的、摔倒受伤的。

该案件也引起多部门重视，一系列强有力依法处置接连被作出。6月4日晚，苍梧县检察院官方微信称，梧州市、苍梧县两级检察院派出员额检察官提前介入此案。"今日苍梧"介绍称，苍梧县召开会议就全县校园及周边治安综合治理进行工作部署。5 日，教育部会同公安部组成联合督导组赶赴梧州，督促地方妥善处置事件。6 日晚，"@苍梧检察"再次通报称，检察机关依法以涉嫌故意杀人罪对嫌疑人李某文作出批准逮捕决定。此后，"今日苍梧"持续更新受伤学生顺利出院、专家组对学生开展心理干预、梧州召开全市加强校园安全工作会议等进展，舆情快速回落。截至 6 月 11 日 12 时，相关新闻报道共计 693 篇，微信文章 3000 余篇，微博信息 1.8 万余条。

【舆情点评】

这起突发在校园内的恶性砍人案件造成近 40 人受伤，公众震惊之余，现场信息和不实谣言在短时间内呈爆发式扩散。面对复杂舆情，广西当地多层级、多部门联合响应，迅速开展了一系列强有力的依法办理和舆情应对工作，堪称校园突发类案件的处置范本。从处置速度来看，案发后不到 3 小时，政府部门就发布了权威通报，交代案发时间、地点、受伤人数、嫌疑人处置等基本情况，其间还就网络猜测予以澄清，及时控制舆情态势。12 小时内，市、县两级检察院提前介入，部署全县校园安全排查工作、强化校园安全保障，同步进行依法办理和社会面管控工作，稳定舆论情绪。24 小时内，教育部会同公安部派专员赴梧州督办此案，体现高层对校园安全问题的重视。之后，当地处置部门不断更新相关工作进展，既充分体现政府部门的主体责任和积极作为，密集而有序的权威发布也全力压制了网络谣言的发酵空间，降低衍生舆情风险。

此案中，与受伤人数同样震惊舆论的还有作案者身份，有舆论关联类似学校保安伤害学生、侵犯女生的案件，反思校园安全保障制度漏洞，呼吁全社会重视校园安全。这也提示有关部门，需完善校园保安入行和监管标准，把保护和防范的关口前移，防止一些有精神病史、素质不高、情绪不稳定、甚至有违法犯罪前科的人员进入校园，带来安全隐患。

（观察时间：2020.06.04—2020.06.11）

政策评估与工作反响

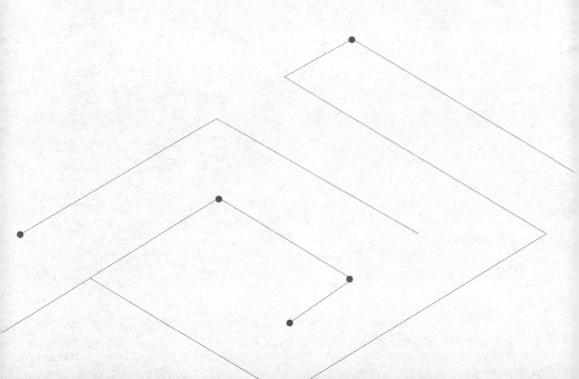

立法执法司法普法齐发力
疫情防控法治保障引关注

新冠肺炎疫情发生以来，习近平总书记多次主持召开会议，对疫情依法防控、依法治理作出重要部署。全国上下各部门积极履职，从立法、执法、司法、普法各环节主动发力，全面提高依法防控、依法治理能力，为疫情防控工作提供有力的法治保障，广受舆论好评。

1. 完善立法，织密野生动物保护法网

针对疫情发生后社会各界反映强烈的滥食野生动物问题，全国人大常委会法工委表示，已部署启动野生动物保护法修改工作，惩治乱捕滥食野生动物行为。2月24日，十三届全国人大常委会第十六次会议举行第一次全体会议，表决通过了全面禁止非法野生动物交易、革除滥食野生动物陋习、切实保障人民群众生命健康安全的决定。会议表示，制定这个决定，目的就是在相关法律修改之前，先及时明确全面禁止食用野生动物，严厉打击非法野生动物交易，为打赢疫情阻击战、保障人民群众生命健康安全提供有力的立法保障。该决定引起舆论高度关注和一致拥护。

各地也积极行动，广东率先立法明确禁止滥食和交易野生动物；天津基于地方立法权限对禁止食用野生动物范围作了最宽的规定；深圳就《深圳经济特区全面禁止食用野生动物条例（草案）》举行立法座谈会。针对妨害疫情防控的各类违法犯罪，北京、上海、广东、福建等地省级人大常委会分别出台相关决定，进一步为严厉打击隐瞒病情、造谣传谣、滥食和交易野生动物等行为提供法律保障。舆论纷纷呼吁加大打击力度，增加涉野生动物违法犯罪的成本。

2. 严格执法，及时纠偏极端过激行为

疫情防控工作全面开展以来，各地各级公安机关严格按照现行法律规定和上级安排部署，持续严厉打击人民群众反映强烈的哄抬物价、囤积居奇、牟取暴利等扰乱市场秩序犯罪活动。公安部近日联合国家市场监管总局下发文件，指导各地加强新冠肺炎疫情防控期间价格行政执法与刑事司法衔接，从严从快惩处防护用品和民生商品乱涨价行为，对违法犯罪形成了有力震慑，切实保障疫情防控工作顺利开展。

市场监管方面，国家市场监督管理总局发布《市场监管总局关于新型冠状病毒感染肺炎疫情防控期间查处哄抬价格违法行为的指导意见》，细化了捏造散布涨价信息、非法囤积、利用其他手段哄抬价格的三种类型具体表现和认证标准；制定《市场监管总局关于依法从重从快严厉打击新型冠状病毒疫情防控期间违法行为的意见》，明确对野生动物及其制品非法交易、口罩等防护用品制假售假等违法行为，在依法可以选择的处罚种类和处罚幅度内顶格处罚，为基层执法人员提供了法律制度和政策依据。各地市场监管部门多措并举，加大对"坐地起价"等价格违法行为的处罚力度，《人民日报》评论点赞称"给了广大人民一颗定心丸"。

与此同时，部分地区的防控措施出现了一些不分具体情况的"一刀切""层层加码"以及过度执法、粗暴执法等现象，引起舆论反弹。对此，国务院联防联控机制印发《关于科学防治精准施策分区分级做好新冠肺炎疫情防控工作的指导意见》，明确要求各地制定差异化县域防控措施。公安部强调全国公安机关和广大公安民警要坚持严格规范公正文明执法，严禁过度执法、粗暴执法。司法部也印发通知，对各级司法行政机关充分发挥行政执法协调监督职能、大力推动严格规范公正文明执法、维护经济社会发展秩序，为疫情防控、复工复产工作提供有力法治保障，提出明确要求。舆论纷纷予以点赞，认为这些要求有利于及时纠正少数地方的过激和违法之举，确保各项防控工作能够在法治轨道上统筹推进。《人民日报》评论称，执法过程中，在确保工作更加高效的同时，也要付出更多耐心，

确保严格规范公正文明执法，让法治成为疫情防控中的基本共识和行为准则。

3. 加强司法指导，明确法律适用标准和尺度

疫情发生后，广大医务人员积极响应党中央号召，英勇奋战在抗击疫情的最前线。保护关爱医务人员是打赢疫情防控阻击战的重要保障。国家卫健委、最高人民法院、最高人民检察院和公安部联合印发《关于做好新型冠状病毒肺炎疫情防控期间保障医务人员安全维护良好医疗秩序的通知》，明确疫情防控期间涉医违法犯罪防范处置工作要求，并提出七类予以严厉打击的涉医违法犯罪情形。在新冠肺炎疫情防控关键时期，最高人民法院、最高人民检察院、公安部、司法部联合发布《关于依法惩治妨害新型冠状病毒感染肺炎疫情防控违法犯罪的意见》，提出了依法严惩妨害疫情防控违法犯罪的十大执法司法政策，强调要依法严惩抗拒疫情防控措施、暴力伤医等9类犯罪。此后，中央政法委又印发通知，对各级党委政法委推动政法单位依法妥善做好疫情防控时期相关案件的依法处理工作提出明确要求。

除了联合发文，"两高"纷纷出台相关文件，进一步加强对一线司法工作的指导，确保涉疫情司法工作在法治轨道中运行。最高人民法院下发通知要求加强对涉疫情相关案件审判执行工作指导，涵盖了刑事、民事、行政、执行、诉讼程序等方面内容。针对疫情防控期间刑事案件办理问题，最高人民检察院下发了《关于在防控新型冠状病毒肺炎期间刑事案件办理有关问题的指导意见》《关于组织做好疫情防控期间检察业务工作的通知》等文件，要求依法从严从快打击危害疫情防控相关犯罪，同时避免搞"一刀切"。此后，最高人民检察院连续发布两批共16起妨害新冠肺炎疫情防控犯罪典型案例，为一线办案提供指导。近日，最高人民检察院召开专题会议，研究涉疫情案件的法律适用、政策把握等问题，并对如何把握以危险方法危害公共安全罪、妨碍传染病防治罪、妨碍公务罪等提出明确的意见，指导检察官办案，为其他执法司法部门办案提供参考。

对于涉疫情违法犯罪，多地司法机关加快审理、从严惩治，取得良好的法律效果与社会效果。上海首例殴打防疫志愿者入刑案，法院一审判处被告人凌某犯寻衅滋事罪，判处有期徒刑1年6个月；河北省隆尧县赵某某严重干扰疫情防控工作被抓，检察院迅速介入，法院启动速裁程序依法宣判等案件，均引发舆论热议。

4. 加大普法力度，法治宣传和法律服务工作获赞

依法进行疫情防控，前提是民众知法、懂法、守法、用法。为引导广大人民群众依法支持和配合疫情防控工作，全国人大常委会法工委回答疫情防控相关法律问题，就"不遵守政府疫情防控措施承担什么法律责任"等社会关切公开释疑，引起网民热烈讨论。新华网在评论文章中称，"防控疫情，普法宣传要同行。只有将普法宣传贯穿疫情防控工作的全过程，才能促进疫情防控工作依法有序开展，为打赢疫情防控阻击战提供强有力的法治保障"。对此，司法部印发《关于在疫情防控工作中充分发挥公共法律服务职能作用的通知》，要求各级司法行政机关充分发挥公共法律服务职能作用，加强疫情防控普法宣传等，为坚决打赢疫情防控阻击战作出积极贡献。全国普法办汇总整理法律规定，引导相关部门和公众了解相关法律知识，同时组织开展防控疫情专项法治宣传行动和普法活动，多地迅速铺开的定向普法工作，获得舆论一致认可。

（观察时间：2020.01.20—2020.02.25）

2

公安疫情防控工作的舆论反响及舆情风险

编者按：*新冠肺炎疫情暴发以来，公安机关作为执法机关冲在抗疫一线，是政法队伍中的战"疫"主力军。全国公安机关把疫情防控作为当前最重要的任务，在法治轨道上推进疫情防控工作，扎实做好防风险、护安全、战疫情、保稳定各项措施的落实，坚决遏制疫情蔓延势头，有力维护了社会大局的稳定。本文立足公安机关职责，详细梳理各地公安机关在疫情防控期间的工作措施及其舆论反响，并据此对下一阶段的工作开展提出风险预警及应对建议，以供参考。*

一、积极推进疫情防控举措

疫情防控期间，公安机关除开展正常警务工作，维护社会治安秩序外，还要配合有关部门完成一些与疫病防治工作有关的任务，是疫情防控中一支极其重要的力量，责任重大，备受关注。

1. 严格落实各项防控举措 总体获认可

根据传染病防治法、突发事件应对法等法律法规，重大疫情型突发公共卫生事件中，公安机关要积极配合县级以上地方人民政府卫生行政部门或铁路、交通、民航等各部门开展防控工作。疫情防控全面开展后，公安部迅速召开部署会议，湖南、四川、河北等各地公安机关相继出台有关通知文件，确保疫情防控工作有法可依、有章可循。在政策落实上，各地公安联合各职能部门，从指挥调度、巡逻堵控、设卡盘查等各个方面，全面落实防控举措，是地方主流媒体报道的重点内容，也在网络上受到广泛认可。

例如在社会治安方面，各省公安系统加大社会面治安巡逻工作，特别

173

是针对医院、火车站、超市、集贸市场等人流密集区域切实做好防控，保障人民群众的健康安全。随着方舱医院陆续投入使用，湖北省武汉市公安局还专门组建了"方舱战疫突击队"，负责维护医院内部治安秩序、调解各种矛盾纠纷。收治转运方面，公安民警的工作细碎而辛苦，包括转运患者、日常生活保障等各类服务。特别是疫情重灾区武汉，据官方通报，自2月6日至20日，武汉市公安机关在收治转运患者方面出动警力共6.3万人次，协助转运送置"四类人员"2.2万余名。央视《新闻联播》曾对此作出专门报道，吸引多家网络媒体转载。交通保障方面，各地公安机关严格贯彻公安部对疫情防控期间道路交通保障的各项工作要求，在高速公路、医院等重点区域设置24小时查缉卡点，开展重点车辆和人员筛查，切实维护道路交通安全形势稳定。另外，各地交警护送医疗民生物资车辆的视频、图片等温情瞬间在自媒体中传播较广，如"河南高速交警护送7辆防疫应急物资运输车辆驰援湖北""幼童'救命药'断档，武汉铁警多方联动极速'快递'"等暖新闻，成为疫情阴霾下的一抹亮色。

2. 护航企业复工复产　织牢民生保障安全网

当前，在战"疫"特殊时期多重维度的考量之下，民生保障工作的复杂性和紧迫性更加凸显。自2月中旬起，随着抗疫形势趋好，各地企业复工复产工作逐步提上日程。而相比落实防控举措中的"硬核"表现，各地公安机关在保障民生、稳定生产方面的作为显得柔软许多，也更容易激起舆论共情。

复工信号发出后，浙江、广东等省份率先反应，浙江东阳政府安排15辆复工大巴星夜兼程从贵州运送人员回浙，当地交警部门警车全程护送，这一动作被网民大赞"太拉风"。随之而来，多地公安机关也按照中央部署紧急动员，彻底打响全国企业复工复产护航战。如海南、山东、安徽等省公安厅均出台服务保障企业复工复产措施，涉及强化警企联动、返岗人员排查、公安业务预约办理等方面，为企业员工安心生产打消后顾之忧；河北省公安系统严格落实24小时值班备勤和领导带班制度，强化重点部位、重点车辆管控，紧盯重点风险隐患；四川高速公安等增设"复工复产组"，保证疫情防控与经济发展两不误等。"@央视财经"等主流媒体评价称，公安机关精准施策，精细服务，为助力经济社会平稳健康发展，畅通经济社会循环起到积极作用。

二、严查严惩涉疫违法犯罪

新冠肺炎疫情迅速蔓延至全国各地，很快引发公众恐慌，接连出现的还有造谣传谣、哄抬物价、暴力伤医等违法犯罪行为，严重扰乱了社会秩序和公共安全。1月28日至2月4日，公安部连续三次召开全国公安机关视频会议，明确不同阶段的工作重点和方向。2月6日，公安部联合最高人民法院、最高人民检察院、司法部发布《关于依法惩治妨害新型冠状病毒感染肺炎疫情防控违法犯罪的意见》(以下简称《意见》)，明确要严惩抗拒疫情防控措施等9类犯罪。回顾一个多月来的执法司法工作，公安机关精准把握住了疫情期间社会治安和违法犯罪活动的变化规律，加派人手开展执勤联动、打击违法犯罪，为疫情防控阻击战深入开展提供有力的执法司法保障。据公安部披露，截至2月24日，全国公安机关先后查处涉及疫情的各类违法犯罪案件2.2万起，刑事拘留4260人，取得显著的震慑效果。

1. 快速打击涉疫情防控犯罪安抚民心

特殊时期，随着群众对正常的公共秩序、安全的公共环境需求变高，公安机关在打击危害公共秩序和公共安全犯罪的力度不断增强。首先，各地公安机关快速处置妨害疫情防控、公务执行以及传染病防治的违法犯罪行为，表现出较强的执行力。如在陕西醉驾男子暴力袭警抗拒疫情防控、山东男子酒后闯卡殴打防疫人员、北京男子因言语纠纷驾车闯卡致2民警受伤等案件中，警方均是当场制服犯罪嫌疑人并依法侦办，部分案件被快速转入司法流程，如北京法院在2月28日集中宣判了4起妨害疫情防控的刑事案件，最晚的一起发生在2月16日，表明警方从立案侦查到移送起诉时间更快。其次，在疫情防控期间，吉林、河北、河南、山东等多地曝出感染者故意隐瞒、传播病例致多人感染隔离的情况，严重冲击公众安全感。对此，各地公安机关给予严厉打击，一面快速抓捕嫌疑人，对情节严重的行为人以涉嫌以危险方法危害公共安全罪立案侦查；一面做好相关人员的隔离保护工作，稳定社会秩序，很快平息舆论恐慌。

2. 打击涉疫诈骗、哄抬物价等犯罪稳定社会秩序

疫情期间，公安机关肩负着"战疫情、保稳定、守安宁、护民生"的重任，在严厉打击破坏社会秩序违法犯罪行为方面赢得公众一致支持。

在维护市场管理秩序方面，公安机关快速行动，面对人民群众反映强烈的哄抬物价、囤积居奇、牟取暴利等犯罪活动精准出击。其中最典型的就是严打高价售卖医疗物品违法犯罪，如山东、四川、辽宁、安徽等各省公安机关查处假冒伪劣口罩案件；广东、吉林、湖北等地公安机关对低价买进、高价卖出的多名犯罪嫌疑人立案侦查等。尤其是一些网店、微商在网上卖假劣口罩，带有隐蔽性、虚拟化等特点，危害不容小觑，多地公安机关积极抽调专门力量进行精准打击。据公安部通报，截至2月26日，全国公安已侦破制售假劣口罩等防护物资的案件688起，抓获犯罪嫌疑人1560余人，查扣伪劣口罩3100余万只及一批防护物资，涉案价值达1.74亿元。舆论普遍表示"大快人心"，支持公安机关依法严惩。"@新华视点"评论建议，有关部门应进一步加大执法力度，让违法者付出惨痛代价，让"坑人"口罩无处遁形。

在维护经济秩序方面，目前涉疫诈骗案件对市场秩序的破坏力最强，特别是近年来的电信诈骗犯罪，在疫情期间被包装成各种形式，令普通群众防不胜防。2020年1月，江苏男子张某利用微信、QQ等网络平台，发布销售口罩的虚假信息，骗取被害人定金近万元，成为全国首例涉疫情诈骗案。1月27日，公安部刑事侦查局下发《关于严厉打击利用疫情实施诈骗犯罪活动的通知》，各地公安机关立即形成严打态势，同时坚持防范、打击宣传工作同步开展，利用官微等新媒体平台向公众作出防诈骗提示，

"#3184人借疫情骗了1.92亿#""#公安机关公布涉疫情诈骗案三种类型#"等微话题累计阅读量超千万次,起到较好的宣教效果。

维护网络与社会秩序方面,疫情持续期间,各种伪科普类、疫情防控类的网络谣言往往不胫而走。其中谣言类型不同、扩散渠道不同,危害后果也不相同。各地公安机关果断开展依法处置工作,实体处置和舆情引导"双同步":一方面对触碰法律红线的造谣、传谣者依法予以落地查人,在研判主观动机、危害结果等基础上,对部分动机险恶、造成较大危害后果的违法行为进行刑事立案调查,回应公众希望严惩的期待,也使得自身执法司法活动经得起舆论检验;另一方面,加快辟谣速度、及时澄清各类不实信息,让谣言止于真相,也有利于破除公众的认知误区。据法制网舆情监测中心统计,1月23日以来,与公安机关辟谣查处有关的媒体报道超3万篇。

3. 从重从快惩处暴力伤医犯罪凝聚社会共识

疫情中奋战在一线的医务人员群体,其人身安全也是公众心之所系。而在疫情期间,暴力伤医案件仍然多发,屡屡引起众怒:1月28日,湖北荆州某医院患者明知患病却不戴口罩,撕扯医生防护服大叫"凭什么你可以穿着防护服,要死一起死";1月30日凌晨,武汉市第四医院一病人家属因患者死亡殴打医务人员致2人受伤;2月6日,江苏盐城一男子因值班医生提醒其戴口罩并制止其抽烟而殴打对方等。据公安部通报,截至2月20日,公安部门累计排查化解涉医类矛盾纠纷2.7万起,排查整改治安隐患1.5万余处,查处各类伤医扰序案件232起、人员277人。舆论一致认为,疫情防控期间的诊疗不同于普通诊治,暴力伤医行为严重地破坏社会秩序,影响阻击疫情大局,应依法加以严惩,绝不能让医护人员"流血流汗又流泪"。对此,案发地的公安机关快速抓获嫌疑人,将案件办理导入法治框架内,并有效落实信息发布、以案普法等工作,获得舆论肯定,凝聚起"暴力伤医零容忍"的社会共识。

三、及时开展舆论宣传工作

实体工作之外，公安机关还在舆论引导宣传方面下大功夫。公安部多次主持召开专题会议，明确要求加大正面宣传力度。各级各地公安机关围绕高层指示，结合实际工作，从疫情防控战打响一开始，就利用多种传播形式，不断向公众传递疫情防控知识、打击违法犯罪成果，讲好公安故事。据不完全统计，自1月20日至2月28日，舆论场中与公安民警抗疫工作相关的新闻报道总计超过60万篇，微博信息超过700万条，微信文章超过200万篇，百度相关词条超1亿条。

1. 议程设置、专题策划发挥聚集效应

法制网舆情监测中心梳理发现，公安机关在疫情期间发布的正面宣传内容共涵盖执勤联动部署、社会风险提示、违法犯罪打击、网络谣言澄清、意见规范出台、便民举措发布、法律知识普及、一线故事挖掘、先进典型推树等九方面，既有职能体现，又有责任担当，还有对公众关切的答疑解惑，全方位展示公安机关在整个疫情防控工作中的积极作为，表现出较强的议程设置能力。其中，专题类宣传在此次部署中尤为突出，"# 抗击疫情公安在行动 #""# 疫情在前·警察不退 #""# 抗击疫情·基层故事 #"等话题在疫情防控工作开展之初即推出，有效聚拢舆论视线，不断补充的新内容更是维持着话题热度。据中国警察网统计，截至2月22日，相关话题在新媒体平台累计阅读量超过258亿次。微信公众号"中央政法委长安剑"推出"战疫说法""战疫'警'色""一线战例""漫画抗疫"等多个栏目，汇集各地民警在疫情防控一线的事迹和感人瞬间，多篇文章阅读量超过10万次。

2. 宣传内容紧贴实体工作回应公众关切

众多报道中，战"疫"成为本次公安机关宣传的核心，不论是专项行动、打击犯罪、交通治理方面的报道，还是各项解民忧、纾民困、便捷民众措施的发布，都切中了公众对权威信息的需求。随着疫情防控形势的变化，公众关切发生转移，公安机关对宣传内容也进行阶段性调整：如疫情前期，恐慌情绪蔓延，防控措施备受关注，媒体集中报道了各地公安机关召开部署会议，出动大量警力投入疫情防控的情况；疫情扩散期间，造谣传谣、哄抬物价、暴力伤医等违法犯罪行为多发，公安机关打击违法犯罪成果成为宣传重点，展现出全力维护社会治安秩序的积极作为；春节假期结束后，各地陆续进入返工复工热潮，公安机关多措并举助力企业返工复工、交警部门全力维护交通秩序等措施，成为网络热议话题。可以说，公安机关的实体工作开展到哪，舆论宣传就跟到哪，真正做到了"民有所呼、我有所应"。

3. 渠道多元、线上线下打造全方位宣传格局

线下方面，部分地区组织民警上街面、进村庄、进社区，通过播放大喇叭、发放宣传图册、街道悬挂横幅、张贴宣传彩页、微信群推送防控小知识等方式，提醒群众做好防护措施。福建、黑龙江等地交警部门还成立"公安防疫宣传车队"，利用执勤警车外放功能，通过车载喇叭在全市城区、街道进行流动宣传等，不少网民表示"方法虽然粗放但很有效"。线上方面，各级公安机关积极运用报刊、网络、电视、广播、"两微一端"、抖音等多种途径进行融合宣传，提升信息传播质量。如公安部新闻宣传局联合新华网客户端推出公益歌曲《破晓》，致敬战斗在抗击疫情一线的公安民辅警；公安部机关报《人民公安报》每天4至8个版面推出战"疫"报道，中国警察网在微博、微信第一时间推送公安部紧急通知；河北、陕西等地公安机关举行疫情防控电视新闻采访、走进广播电视直播间接听热线等。各地公安新媒体矩阵集中发力，以图解、动漫、短视频等多种方式，开展群众喜闻乐见的宣传，其间发布大量优秀的防疫、防诈骗、普法类宣传片、MV等内容，引起舆论热烈反响，通过各级矩阵扩散传播后，覆盖了更大范围的网民群体。

4. 挖掘典型事例提升公安整体形象

疫情期间，各级公安宣传民警深入一线、随警作战，及时发掘、记录一大批可感可触的平凡小事，体现民警忠于职守、连续作战，舍小家顾大

家的感人事迹以及警民鱼水情，快速拉近公安机关与普通民众间的距离。如太原铁路公安局民警霍恩堂在列车上将自己的备用口罩送给未戴口罩的乘车老人，相关视频网络点击量上亿次；"@南京公安"发布文章《陌生女孩为执勤民警送口罩》阅读量超2000万次。此外，各地不断涌现"双警"夫妻、"警医卫"家庭投身一线，民警推迟婚期、感染康复后请战等感人事迹，进一步提振士气、提升公安机关形象。此外，公安部新闻宣传局部署各地公安新闻宣传部门迅速启动战时先进典型宣传机制，联动社会主流媒体及时发掘推出一大批先进典型，如对公安部追授的8名牺牲在战"疫"一线的二级英模，《人民日报》、新华社、中央广播电视总台等中央媒体及各地媒体予以报道转载，激起大量网民缅怀崇敬之情。

四、舆情风险及应对建议

目前，全国疫情防控工作仍处于关键期，公安机关的执法司法环境依然严峻，风险仍存。法制网舆情监测中心依据当前舆论热点和舆情态势，研判认为，公安机关在后续防控期间可能面临以下舆情风险：

1. 争议执法仍是舆情风险高发区　依法防控才是正解

此次疫情来势汹汹，为了及时阻断疫情传播渠道，一些疫情严重的地区采取了严格的管理措施，现在回看成效明显。但不能否认的是，部分地区因管制过严产生负面舆情，个别地方甚至出现粗暴执法、过度执法等情况。对此，公安部多次明确要求公安民警坚持严格规范公正文明执法，严禁过度执法、粗暴执法。目前，个别地区警方执法不文明、不规范等现象已得到改善。

随着全国范围复工复产的逐渐推进，"防疫"与"复工"已成为两项并行的重要工作，各地公安机关将面临更为复杂的执法态势。因此，公安机关的后续工作必须紧紧围绕"依法防控"要求，对一些主观恶性大、严重妨害疫情防控和企业复工复产的违法犯罪行为，必须保持依法严厉打击的力度，但也要与那些主观恶意小、危害不大、"可罚可不罚"的违法行为区分开，对于后者要依法审慎对待，避免执法扩大化、简单化。需要指出的是，目前基层防控队伍存在人员素质参差不齐、法律意识普遍不高的现实情况，如此前舆论广泛质疑的冲入村民家中打砸、捆绑不戴口罩村民等过激做法，均由社区防控人员做出。面对这类情形，作为执法者的公安民警理应负起"引导"和"纠偏"责任，确保各项防控工作在法治轨道上顺利推进。

2. 涉疫情刑案法律适用易引发争议　需加强业务指导

此前，"两高""两部"联合出台《意见》，为司法机关依法从严从快办理涉疫情刑事案件提供坚实的法治保障。但也有声音指出，该文件制定有些仓促，细节还不够完善，对各部门包括公安机关缺乏一定的指导性和可操作性。法学专业人士就其中的法律适用问题展开热议，主要集中在以危险方法危害公共安全罪、妨害传染病防治罪、妨害公务罪等罪名的主观认定方面。而在公安部门具体办案时，也确实出现了因为罪名定性、处理结果引发舆论争议的情形。近日，"两高"相关负责人针对办案中遇到的有关法律适用问题作出回应，最高人民检察院分三批次发布妨害疫情防控犯罪的典型案例，进一步明确罪名适用、定罪量刑标准等。作为《意见》的出台者之一，公安部需视情在本系统内，针对各类犯罪侦办发布更为具体的指导意见，加强业务指导，以保证法律适用的统一性。此外，多地检方已提前介入到涉疫情刑事案件中，当地办案机关也需注意主动加强与检察部门的沟通协调，以免在争议问题上因意见"打架"引发舆情，消解刑事司法活动的严肃性。

3. 信息发布不够严谨引发质疑　及时公开有助提升公信力

在实体工作外，如何应对和处置网络舆情，也是公安机关疫情防控链条中的一项重要工作。在疫情防控期间，一些地方公安机关因信息发布工作引发网络舆情，如山东兰陵警方通报"两名男子私自向湖北黄冈等地运送面粉、蔬菜等物资被行政拘留"一事中，面对"做好事还要被拘留"的网络质疑，兰陵县公安局再次作出回应，发布了涉事人员"为了盈利""未

181

报备""未按规定隔离观察"等细节，最终平息舆情风波。近日，湖南岳阳女子发朋友圈称自己疑遭人贩子强拉上车，事发地平江县公安局长寿派出所调查回应称系"错认"，该女子发布不实信息已被教育。警方通报引发网络争议，不少网民认为"认错人是人贩子惯用套路"，将当事人所发朋友圈认定为"谣言"缺乏合理性。特殊时期，公安机关做好充分的信息公开工作，既是群防群控疫情的需要，也是政务信息公开的刚性要求。及时准确、公开透明发布警务信息，无疑可为公安机关的执法公信力、权威性加分。各级公安机关在执法工作中，需准确研判舆情风险，在回应时精准切中舆论关心的焦点，提升执法公信力和权威度。

4.高负荷下需重视队伍稳定　人性化宣传不可偏废

疫情发生以来，全国公安机关广大民警辅警全动员、全力以赴，日夜奋战在防疫维稳一线，功勋卓著。但随着时间战线的拉长，基层民警辅警防疫抗疫工作不断加码，长期高负荷运转导致他们生理、心理压力增大，一些民警、辅警甚至处在崩溃边缘。据2月26日公安部最新数据显示，疫情防控期间，全国共有49名公安民警辅警因公殉职，这一数字令人痛心。虽然"强制休息令"正在全国各地逐步落实，公安部也印发通知要求将关爱民警辅警落到实处，但是一线民警辅警的工作任务和压力依然较大，部分宣传报道中过于突出奉献精神而缺乏人文关怀，已经引起公安队伍内部的情绪波动，"瓜尔佳""警示V言"等警察自媒体也多次发文希望能关注一线民警、辅警的身体和心理健康问题。因此，公安部门除了推树先进典型和英雄事迹常规做法外，还应强调人性化的宣传内容，包括坚持科学用警、科学部署勤务，时刻关注民警辅警的身体、心理健康状态，做好心理疏导等方面。在宣传工作中还需把握适度原则，不但要远离一味"卖惨"博同情的"老套"做法，也要避开"派出所扔下钱、物转身就跑"这类跟风式宣传，以免刺激网民逆反心理。

5.监所防疫风险已现端倪　严防死守避免出现聚集性疫情

不少舆论指出，公安机关管辖的看守所和拘留所与监狱的封闭环境相近，且在全国范围内的数量更为庞大，在押人员频繁进出，出现聚集性疫情的风险大大增加。目前，虽然看守所、拘留所并未曝出输入型疫情，但在疫情结束前，仍需严防死守，坚决把疫情阻击在监墙之外，防止疫情在监所传播。本文梳理报道发现，不少地区的看守所、拘留所已经进入战时管理状态。对此，各地公安已作出相应调整，如广州推行律师会见系统以及远程提讯系统，济南槐荫区公安机关对释放人员实行"点对点"接送等。公安机关可对这类经验和做法多做收集和整理，以备参考借鉴。

（观察时间：2020.01.20—2020.02.28）

3

完善我国应急管理体系的法治建议

新冠肺炎疫情的暴发和防控引起了舆论对我国应急管理体系的广泛关注，也暴露出当前我国应急管理体系的多处短板和不足，包括现行法律体系中缺乏"紧急状态法"及相关制度规定，当前的公共卫生应急法律制度存在不健全、不完善、不协调问题，应急物资生产、使用、调度、储备以及管理存在缺陷，应急指挥协调机制仍待完善，公众应急科普宣教工作亟待加强等。针对这些问题，专业人士和主流媒体建言献策，提出了完善立法、健全机制等七方面解决思路。

1. 制定紧急状态法，填补法律漏洞

新冠肺炎疫情暴发后，各地实施了一系列管制措施，比如封闭小区、管控车辆、限制人员进出等，给居民生活带来较多不便。湖北省十堰市张湾区和孝感市大悟县、云梦县等地宣布进入"战时管理"状态，要求所有小区楼栋实施全封闭管理等措施，被指缺乏法律依据，引发较大争议。对此，有法律学者指出，严厉的管制措施确实有成效，但部分超出突发事件应对法的应急措施，大幅限制了公民的人身自由等基本权利，如果不能在法律层面得到确认和规制，容易引发外界的合法性质疑，对高效解决极端事态也十分不利。因此，华东政法大学副教授孙煜华等专家建议尽快制定紧急状态法，健全各类重大突发事件的防控应急体系，一方面，赋予政府应对突发事件的应急管制合法性，让其能更果断地化解危机，尽快恢复社会秩序；另一方面，在法律层面，特别是程序法上规制政府权力，防止政府管制权失控。

2. 科学改革应急体制，用法律巩固改革成果

在"非典"和"5·12"汶川地震之后，我国强化了突发公共事件应急法治，形成了包括突发事件应对法、传染病防治法、《突发公共卫生事件应

急条例》以及《国家突发公共卫生事件应急预案》为主体的法律和政策框架。但是，公共卫生应急法律制度的不健全、不完善、不协调问题，仍然客观存在。中国政法大学教授林鸿潮建议，应当遵循应急管理的科学规律改革国家应急体制，并通过法律巩固改革成果。例如在突发事件应对法和各种单行性应急法律、法规中，要明确规定应急预案的预决策功能，赋予各级行政机关按照预案规定的触发条件启动应急响应的职责。中共中央党校（国家行政学院）研究员马宝成还建议，在完善突发事件应对法的基础上，要进一步完善各类突发事件预测、预警、预防、应对处置、恢复重建、社会动员、媒体沟通、队伍建设和应急保障等方面的法律法规及配套规定。

3. 健全配套实施机制，增设专门常设机构

机构改革后，我国确立了自上而下的应急管理部门，负责组织编制应急总体预案和规划、指导地区和部门应对突发事件工作，统筹应急力量建设和物资储备并在救灾时统一调度等。北京师范大学中国公益研究院院长王振耀、南京大学政府管理学院教授童星等专家指出，我国的应急管理体制是应急管理部主管自然灾害和事故灾难、卫健委主管公共卫生事件、公安部主管社会安全事件，但这次疫情的性质已由单纯的公共卫生事件演化为综合性、跨越界域的重大灾害，单一部门无法胜任，其他部门的相关经验也无法充分发挥。对此，林鸿潮建议，我国县级以上政府要全面建立常设性的应急委员会或应急指挥部，提升对各种突发事件的信息掌握和决策效率，并在法律上明确规定下来。清华大学文科资深教授薛澜建议，在中央层面成立一个常设的中央应急管理委员会，应急管理部作为委员会的办公室，日常工作主要集中在风险防范上，一旦出现重大紧急情况，就可以直接转换为中央的应急指挥部。在地方上也应如此。王振耀则建议，可以把现行疫情防控指挥部制度进一步规范并固定下来，同时在国务院内设协调机构，协调多部委协作处置突发事件，形成合力。

4. 完善国家应急物资储备体系，建立动态供应网络

疫情暴发后，由于组织和专业不足等原因，防控物资一度极度"短

缺"，不少前线医疗救治机构发出紧急求助，暴露出我国应急物资生产、使用、调度、储备以及管理方面存在的缺陷。全国人大代表章锋建议建立健全关键物资储备体系、提升储备效能，做到发生重大突发事件时有效供给，保障人民群众特别是一线救援人员的生命安全；还要从国家层面全面梳理，对关键物资的生产能力进行优化布局，采用常态产能和战时产能相结合进行布局管理，解决物资应急的问题。中共中央党校（国家行政学院）教授戴焰军提醒，应急管理相关部门既不能一窝蜂似的加量储备，平日亦不能"捂住不放"，关键是要把储备、采购、生产等环节统一起来，形成动态的储备体系。

5. 构建紧急采购制度，覆盖疫情特殊需要

据媒体报道，我国迄今为止并没有出台一部有关应急采购的法律法规和部门规章，导致新冠肺炎疫情期间，很多公共采购机构面临着法律依据不足、采购方式无所适从、供应商数据库缺失、响应速度慢等问题。南开大学法学院教授何红锋、中央财经大学政府管理学院教授徐焕东等专家建议，应建立应对重大疫情等突发事件的紧急采购制度，解决特殊时期采购的援助性、强制性、市场性及补偿性。公共采购领域专业人士建议，可考虑出台突发事件紧急采购法，在立法中明确紧急采购的合同属于行政合同，对哄抬物价等违法行为进行界定、处罚，同时尽快建立全国统一的"抗疫物资公共采购应急预案"。广东财经大学公共采购研究中心主任黄冬如则建议，尽快建立紧急采购电子化平台，以及时对接供需信息，同时推进信息数据动态共享机制建设。

6. 建立国家应急科普机制，强化顶层设计

应急知识及相关法律法规的科普工作对疫情防控有着重要影响。中国科普研究所研究员郑念等人认为，总体上我国并未形成比较成熟的应急科普工作的体制机制，具体问题如应急科普的顶层设计尚不完善，应急科普主体缺乏协同，应急科普的内容资源比较分散等。中国政法大学校长马怀德认为，应吸取相关教训，加强对公务人员应急法律宣传与培训。湖南科

技大学副教授王明等人建议，一方面完善应急科普的顶层设计，可考虑在应急管理部门成立科普工作委员会，同时加强对应急科普热点的侦测和预警，建立供需对接机制开展精准科普；另一方面，在当前各级政府的应急管理预案中补充应急科普内容，将应急科普工作纳入政府应急管理能力考核范畴，发挥其应有作用。

7. 加强应急队伍建设，依法动员志愿力量

新冠肺炎疫情发生后，全国各地纷纷动员应急队伍和志愿者的力量，帮助开展疫情排查等工作。天津市智库国家治理研究中心副主任温志强指出，应急救援队伍建设是提升应急管理效能的根本保障，建设一支政治过硬、本领高强、作风优良、纪律严明的救援力量是提高我国综合防灾减灾救灾能力的重要保障。应急救援建设就是要确保在各类灾害来临时能够拉得出、冲得上、打得赢，切实维护人民群众生命财产安全和国家安全稳定。中国人民大学教授莫于川认为，既往的突发事件应对法治实践证明，政府机关须充分信任和依靠人民群众包括专家队伍。后续应对新冠肺炎疫情工作中，应当积极和严格地履行政府协调职责，依法组织发挥应急救援志愿服务组织、志愿者的作用，依靠广大民众包括专家队伍实现政民合作、共同治理，齐心协力。

（观察时间：2020.01.20—2020.02.28）

域外观察

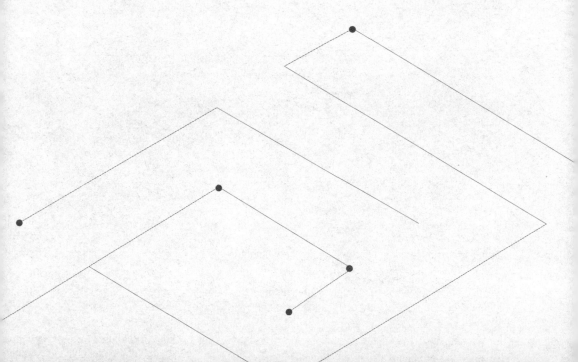

完善跨境数据流动法律体系
防范美国"数据霸权"

3月3日，互联网安全公司奇虎360发布研究报告称，美国中央情报局（CIA）攻击组织（APT-C-39）对中国航空航天、石油化工、大型互联网公司以及科研机构、政府机构等关键领域进行了长达11年的网络渗透攻击，窃取了大量商业机密以及与最新科技、社会动态等相关的数据，侵犯了我国网络空间的国家主权，对我国国家安全构成威胁。3月4日，外交部在回应此事时称，美国是名副其实的"黑客帝国"。

1. 美国"数据霸权"的法治化过程

研究发现，除了通过网络攻击窃取数据，美国一直在法治层面积极布局，企图主导国际跨境数据规则制定，以获得全球的"数据霸权"。在互联网领域，美国是技术发起者、规则制定者和实际控制者，掌握着互联网的基本架构和总交换节点、根路由器，相对全球多数国家，在技术上具备压倒性优势，为其窃取他国数据，谋求"数据霸权"提供极大便利。典型如监听全球的"棱镜计划"、从互联网骨干枢纽收集数据的"布拉尼计划"，从光纤网收集数据的"上游计划"等。

然而，由于"棱镜计划"等曝光，美国无差别的窃密监听行径受到全球谴责，美国政府逐渐将获取海外数据的方式转向法治手段，通过立法、执法程序将相关行为合法化。具体做法如下：

一是立法为跨境调取他国数据提供便利，同步防止本国数据外流。2018年，美国通过《澄清境外数据的合法使用法案》（CLOUD法案），打破各国数据本地化政策的数据保护屏障，形成美国主导的数据主权规则体系。2019年，为了限制本国数据跨境流出，美国多位议员提出《2019美国国家安全与个人数据保护法案》，要求保护本土企业和国民数据，防止其流向中国和俄罗斯，以免对美国的国家安全构成威胁。

二是联合盟友企图主导数据治理的规则制定。美国不断利用国际同盟扩大数据治理的影响力，2019 年 7 月，以美国为首的"五眼联盟"呼吁科技企业向政府与情报机构提供加密"后门"，此举被认为是美国政府及其盟友要求全球科技企业为政府预留"后门"的起点。同年 10 月，美英两国首次正式就执法部门电子数据的跨境获取达成协议，对数据治理国际格局产生重大影响。

三是行使长臂管辖法律，利用数据套利。近年来，美国大肆行使《反海外腐败法》《出口管制条例》《萨班斯法案》等长臂管辖法律，利用已经掌握的数据套利。例如，2015 年中国银行因拒绝向美国纽约地方法院提供 GUCCI 案相关被告的中国境内账户信息，被认为构成"藐视法庭"，遭到按日累计的每日 5 万美元巨额罚款处罚。2018 年，美国政府以中兴通讯未对涉及出口管制违规行为的某些员工及时扣减奖金为由，对中兴采取贸易禁运，最终中兴以 10 亿美元罚款、董事会和管理层 30 天内换人的代价与美国"和解"。

对于美国的上述做法，我国如果不加以重视，放任更多科技企业被纳入"五眼联盟"国家政府获取"后门"的考量范围、更多国家与美国签署电子数据跨境执法协议，其结果就是美国获得全球跨境数据治理的主导权，将对我国产生十分不利的影响。一旦数据跨境治理的国际规则由美国主导，我国将处于被动地位。这种情况下，如果拒绝加入美国主导的数据跨境协议，我国将会被排除在世界网络体系之外，损害国家数据经济发展机遇；而加入美国主导的国际规则，则会引发国家安全问题。

2. 国际社会的跨境数据立法现状

目前，世界多国都面临上述问题，数据跨境立法总体上呈现出本地保护主义倾向，旨在防范潜在的国家安全威胁。2019 年 4 月，俄罗斯通过《主权互联网法案》，要求所有互联网流量使用政府的加密工具。6 月，埃及通过《数据保护法》，规定禁止向外国转移或共享个人数据，违者将被处以罚款。11月，印度内阁批准《个人数据保护法案》，规定敏感数据和重要数据必须在印度进行存储和处理，并对数据进行分级管理。

3. 关于我国跨境数据流动的立法建议

对于我国的跨境数据流动立法工作，对外经济贸易大学法学院院长石静霞、北京师范大学法学院副教授吴沈括等专家建议，我国应在现有法律制度的基础上，进一步完善跨境数据流动的法律体系，并推动国际规则制定，抵制美国"数据霸权"。

一是通过国家安全法、网络安全法、《关键信息基础设施保护条例》等网络基本法律法规，确立我国跨境数据流动机制的安全框架，尽快通过和实施个人信息保护法以保障跨境数据流动中信息主体的合法权利。

二是建立跨境数据流动的配套法律体系，制定数据分级分类办法，对数据进行风险评估和认证。对于涉及国家安全、社会重大利益的数据，应采取最严格的数据管理措施，禁止或有条件地允许数据跨境转移；对于一般性行业数据和政府数据，应根据双边、多边协议或依据国内法具体规定进行跨境流动；对于个人非敏感数据，可采取较为宽松的管理措施，以促进数字产业的发展。

三是积极参与国际平台关于跨境数据流动规则的探讨和磋商，利用多边、双边机制增强在跨境数据流动领域的国际话语权。在开放和保护、管制与自由之间寻求平衡点，通过多边、双边协定方式来推进国际数字经济新秩序的形成，对冲美国的"数据霸权"行径。

（观察时间：2018.01.01—2020.03.06）

2

观察疫情期间美国舆论场的三个维度

当前，随着新冠肺炎疫情全球性大流行，疫情发展已经进入了"世界下半场"。美国现在正是这场全球疫情的"震中"，成为受影响程度最严重的国家。面对如此现状，美国舆论场也呈现出比较复杂的生态，批评、恐慌、不满、反思、支持之声混杂。本文尝试从对外情绪、政府应对评价、民间行动三个不同维度，描述美国政府和社会面对疫情的不同反应。

一、对外情绪：从上到下暗潮涌动的"污名化"做法和"排华"情绪

（一）美国官方有意将公众怒火引向中国

当地时间3月16日，美国总统特朗普在推特发文称，将对航空及其他受"中国病毒"影响行业给予大力支持。其公然将新冠肺炎改称为"中国病毒"的做法引发巨大争议，中国官方激烈反对"污名化"中国，要求美方立即纠正错误。但是，从美国总统特朗普到美国国务卿蓬佩奥再到国家安全顾问奥布莱恩，美国官方一致将新冠肺炎称之为"中国病毒"。其中，蓬佩奥还公开明确表示，由于中方不公开、不透明，美方获得的信息不完善，导致美方应对疫情挑战滞后。

对此，美国境内媒体也颇有异议。3月20日，《纽约时报》专栏评论版刊文，称特朗普将"新冠肺炎"改称为"中国病毒"的行为，是试图转移公众注意，以掩盖其应对新冠疫情工作的灾难性失败。"香港01"评论称，"美国可以通过指责中国来掩盖自己的问题，但如果不解决自身问题终将酿成大问题。作为大国，美国显然做了一个错误的示范"。也有媒体直指此举系故意为之，美国"每日野兽"网站3月21日揭示称，在美国

新冠肺炎病例数量持续快速增长之际，白宫正在多个联邦机构间启动一项所谓的"公关计划"，要求官员们集中指责中国"试图掩盖疫情"，并造成新冠肺炎在全球大流行。

（二）媒体和公众对中国"责任"的偏见

从中国发生疫情到全美疫情暴发之后，美国 CNN、FoxNews 等主流媒体一直在叙事中大力渲染夸大中国政府对疫情防控的"不足"和"失误"。在媒体的"引导"之下，美国民众对于新冠肺炎疫情的认识，显示出美国社会对中国的深度偏见。根据美国调查机构"Morning Consult"3月中旬的民调显示，美国成年人中有73%认为"中国应对新冠疫情负责"。基于这种偏见，甚至部分美国人对中国发起诉讼。例如，美国"LAW.com"3月13日消息称，一些美国民众12日提起一项全国性集体性诉讼，指控中国出于自身经济利益，引发全球新冠肺炎疫情暴发。

（三）"排华"情绪下在美华人处境困难

在这种整体舆论氛围之下，在美华人群体遭遇排斥和歧视。据"纽约客""粗体字"等美国当地媒体报道，3月7日，美国纽约州一名华裔男子当街遭刺十几刀，性命垂危，警方怀疑和新冠肺炎引起的种族歧视有关。3月14日，美国得克萨斯州4名华人（其中2名为幼童）在超市遭受墨西哥裔人攻击刺伤，联邦调查局介入调查后怀疑是种族动机的袭击。另据亚裔组织3月18日设立的举报网站"Stop AAPI Hate"显示，该网站设立后一周内收到超过650宗被歧视个案，包括亚裔被人当面咳嗽或吐痰、进入店铺时被要求离开、网召汽车时遭司机拒载等，亦有人遭辱骂、网上骚扰及肢体袭击。此外，受严重的排华情绪影响，旧金山市多家中餐馆遭到暴徒打砸。《澳大利亚人报》评论指出，特朗普言论加深了美国对华人族群的歧视，恐有产生暴力相向的副作用。

对此，在美华人开始进行自保。香港《南华早报》报道称，在加州、纽约州和华盛顿州这三个美国新冠肺炎疫情高发地，不少华人开始囤枪以自卫，旧金山湾区的华裔警员甚至鼓励当地华人囤枪及弹药。《资讯时报》

报道称，美国华人纷纷组建微信互助群，以区域为单位，把同一区域的华人拉入一个群组，若遇到紧急状况发生，只要发送"SOS"求救讯号，同时将自己所在位置共享，群友就可以就近赶到协助。对此，香港《亚洲周刊》评论称，在美华人社区面临三线作战：一是在疫情飙升下自保；二是对付经济下跌、旅游业寒冬对华人中小企业的打击；三是迎头痛击借疫情死灰复燃的"反华暗流"。

二、政府应对评价：批评和反思美国政府存在的应对问题

（一）质疑美国政府反应迟钝、处置不力

全美疫情大流行的局面下，美国政府因淡化疫情、应对迟滞而饱受争议。《纽约时报》3月9日发表评论称，到目前为止，美国总统特朗普对新冠肺炎的应对方式"结合了专制与民主最坏的特点，混合了信息不透明、政治宣传与群龙无首后的效率低下"。美国《大西洋月刊》网站刊文则把矛头直接对准官僚主义、信息不透明以及决策失败等因素。美国《华盛顿邮报》更是在评论文章中批评，"从一开始，特朗普就淡化危机规模，称之为完全来自境外的威胁，关闭边境便可解决。所以，华盛顿起初采取的策略是遏制围堵"。美国之音评论也认为，美国政府疫情初期措施做得有些虎头蛇尾，后续工作没有积极地跟上，导致了疫情形势的逐步恶化。

此外，不少媒体还指责美国政府没有充分利用机会，制定措施防止病毒蔓延。《波士顿环球报》评论称："政府对威胁判断失误浪费了数月之久，这使 COVID-19 病例的数量成倍增加。换句话说，总统手上沾满了鲜血。"《华盛顿邮报》3月21日发表的一篇文章颇具讽刺意味，文章称美国情报机关从1月初开始就对美国总统和其他高级官员预警了新冠肺炎可能对美国造成的影响，参议院情报委员会的主席在听到情报后颇有预见性地抛售了自己的股票，但除此之外并没有任何的政策反应。苹果新闻网3月19日评论认为，美国中央和地方各级政府防疫缺乏一致性，容易发生中央地方不同调的现象，导致出现防疫漏洞。

（二）不满美国医疗系统对疫情的应对滞后和失灵

部分舆论将矛头指向美国医疗系统：一是指责其对新冠肺炎疫情检测滞后。3月13日，美国CTV News报道称，多名美国公共卫生专家对药监局和疾控中心在检测试剂核准、制造和供应的缓慢甚至缺失倍感受挫，认为这导致美国错过在疫情初期发现感染源并隔离的机会之窗。对此，美国《财富》杂志刊文总结原因指出：其一，美国疾病控制与预防中心选择自行开发病毒检测试剂盒，而不是使用世界卫生组织推荐的现有试剂盒，导致检测结果滞后了数天时间；其二，监管手续也延缓了病毒检测的速度，通常情况下，商业和州立实验室首先必须获得美国食品和药物管理局的批准，才能开发诊断检测。

二是认为美国防疫系统准备不足。《科学》杂志3月11日发表社论，质疑特朗普在过去4年中大幅削减美国疾病控制与预防中心和美国国立卫生研究院经费的举措。3月16日，美国前劳动部长罗伯·莱特在香港《卫报》专栏撰文指出，美国疫情一如武汉初期，确诊病例快速增加，暴露出这个全球首富大国的窘境——美国并无真正的公共卫生系统，万一疫情大暴发，美国恐怕无力对付。

（三）探讨美国政府下一步的抗疫方向

不少媒体对美国政府后续需要采取的举措进行了探讨，还往往与中国政府采取的措施相比对，言辞中充满了强烈的美国制度自信。例如，《国家评论》半月刊发布了标题为《中国自食恶果》的文章，在诋毁中国防疫方面的各项成果之后，文章不忘沾沾自喜地称"美国相对而言较为幸运。共识型社会的透明度和自由市场经济，鼓励数以千万计的美国公民同心协力工作，并从政治、医学、社会和经济等层面，独立自主找出缓解疫情的方法"。美国之音评论也认为，美国正在采取的"曲线抗疫"策略符合美国国情，"在美国，由于体制和文化的不同，不可能采取像中国那样的封城措施；另外，美国也不愿意牺牲一两个月的时间，让国家的经济活动停顿下来，给美国造成巨大损失"。

美国媒体尤其喜爱鼓吹自己国家的信息透明。《世界日报》评论更是自信地写道："美国防疫资讯透明，媒体、专家'报忧少（不）报喜'，让不明就里者误认美国疫情失控，比中国严重。"不过，也有个别媒体担心后续防疫措施干涉个人隐私，如《华尔街日报》评论称，政府机构正在实施或者考虑实施一系列追踪和监控技术，来追踪与患者密切接触者，这些技术正在挑战个人隐私的限制。

三、民间行动：物资短缺、恐慌性抢购、谣言滋生成三大难题

（一）防疫物资短缺引发产业链反思

随着疫情在美国本土的加剧，防疫物资短缺引发美国社会的关注。《纽约时报》在一篇题为《全世界最富有的国家为何没有足够的口罩？》的文章中写道，"由于供应不足，一些美国医护人员不得不自己缝制口罩"。纽约州州长科莫在3月20日直接对外界宣称，任何商业公司有条件生产口罩、手套等相关医学防护用品，州政府都将出高价购买。另据CNN报道，美国疾病控制与预防中心也制定了新冠肺炎核酸检测指南，对于未表现出任何症状的患者等不鼓励检测，主要原因是检测试剂盒、防护服、口罩等物资匮乏。目前，由于资源短缺，美国各地民众想要得到新冠肺炎的检测机会异常困难，特别是一些"重灾区"。而美国不同人群获取检测的机会不平等也饱受诟病。美国CNN报道质问："普通民众面对新冠肺炎正苦苦挣扎，可为何NBA球队却能大规模检测？"《纽约时报》19日发文称，"病毒检测恐怕是有钱人和名人的特权"。文中提到，拥有"检测特权"的不只是NBA的球星，许多好莱坞的精英们都在私人医生的安排下接受了检测。

对于美国防疫物资短缺的情况，舆论还指责美国产业链过度依赖中国。美国《外交》杂志文章认为，中国能够向全球国家大量提供防疫设备，而美国未能像在过去对付埃博拉疫情时那样发挥国际领导作用，主要原因

就是美国产业外移，在工业生产链上过度依赖中国。美国《新闻周刊》3月18日的报道强调了类似观点，认为西方的产业供应链过分依赖中国，让中国能够利用这次危机扩大世界影响，甚至把影响力扩大到了欧洲。新加坡智库"Think China"一名研究员认为，长期来看，美国应该吸取教训，不能把供应链放到一个是自己主要竞争对手的国家，否则将给美国的国家安全带来巨大风险。

（二）媒体带动下的恐慌性"抢购潮"

在疫情阴云下，美国多地商店、学校、赌场等公共场所纷纷关停，美国人的日常生活秩序被重塑。尤其是媒体营造的整体氛围，也加剧了美国人的恐慌。例如，多家媒体报道称，美联储紧急降息难救市场颓势，道指暴跌近3000点，并预测经济或出现崩溃。《纽约时报》引述长达100页的联邦计划报道称，美国政府预测冠状病毒大流行"将持续18个月或更长时间"及"多次冲击"，并造成普遍性短缺，给消费者和医疗保健系统造成压力。根据CNN报道，疫情带来的经济衍生效应可能产生最坏情况，导致美国失业率恐上升到20%。

负面性报道的集中发布与官方各种紧急举措密集出台，令本来淡定的美国人惶恐不安。据《华盛顿邮报》等报道，美国各地超市、大卖场都出现抢购潮，从面包、泡面、罐头到冷藏肉品、牛奶、鸡蛋，货架上的东西通通被扫光。大型连锁卖场的卫生纸和厨房纸巾销售一空，网购价格被哄抬。据路透社3月15日报道，在疫情危机下，不少美国人担心社会动荡，纷纷买枪自保。加州有枪店门外大排长龙，售卖弹药网店亦表示，近期货品销量激增近七成。另据头条日报网20日报道，由于各地生活用品供不应求，不少美国市民决定跨境前往墨西哥采购物资。

（三）社交媒体虚假信息肆虐成灾

对美国社会来说，虚假信息四处蔓延已成为头等大事。据科技媒体The Verge报道，流传较广的不实信息包括：总统正考虑封锁全国、纽约地铁即将关闭等。这些信息比病毒传播更快，政府部门不得不亲自"辟谣"，民众也陷入抢购生活物资的热潮。为此，美国政府特别表示没有必要囤积食品，媒体也澄清卫生纸和口罩并不使用同一原料。《洛杉矶时报》报道也指出，谣言近来在社交媒体上屡见不鲜，如"某个确诊病人在某日去过某个餐厅或是某个购物广场""某个医院收治有新冠肺炎病人""中餐厅已经关门倒闭"等谣言，传得有鼻子有眼。对此，美国流行病学临床心理学家泰勒评论称，疫情资讯不够公开透明、或没有及时更新进展时，只会加深民众的恐慌与猜忌。

对此，美国政府 3 月 12 日召集科技公司举行电话会议，讨论如何打击网络上有关新冠肺炎的错误信息、如何遏制疫情蔓延。此后，科技公司开始投身抗疫。亚马逊批量下架了平台上谎称能杀死新冠肺炎病毒的产品；谷歌、Facebook 和 Twitter 将搜索新冠肺炎信息的用户数据发送给卫生组织，免费为卫生组织提供广告位，并屏蔽了利用新冠肺炎牟利的广告；Facebook 开始删除关于新冠肺炎的虚假声明和"阴谋论"。3 月 17 日，Facebook、谷歌等美国 7 家科技公司表示，将致力于与新冠肺炎相关的欺诈和错误信息做斗争。

（观察时间：2020.03.01—2020.03.20）

3

境外疫情防控立法动态

3月11日，世界卫生组织宣布新冠肺炎疫情"全球大流行"，自此进入全球全面抗疫时代。为有效防控疫情，多国政府颁布一系列应急法律或措施，对我国完善公共卫生法律体系提供了有益参考和借鉴。

1. 通过紧急状态法案，赋予政府管控权力

多国通过相关立法赋予政府在必要时实施紧急状态的权力。3月22日，法国通过《卫生紧急状态法案》，赋予政府限制人员出行、暂时关闭公共和会议场所、征用商品和服务等权力。当地时间3月25日，英国通过《应对新冠肺炎疫情紧急法案》，赋权执法机构强制隔离或拘留有感染症状的人员。当地时间3月31日，俄罗斯通过《新冠疫情期间扩大政府权限的法案》，规定政府有权宣布国家启动高度戒备或紧急状态模式，并采取相应的约束性措施。4月7日，日本首相依据《新型流感等对策特别措施法》修正案，通过"紧急事态宣言"赋予东京都等7都府县知事一定的临时权限，后又将宣言对象地区扩大至全国所有都道府县。

2. 制定规模空前的经济刺激法案，应对疫情影响

疫情之下，各国立法推出规模空前经济救助计划。美国先后通过《应对新冠肺炎病毒紧急经济刺激法案》《2020年新冠肺炎病毒疫情准备和应对补充法案》《新冠肺炎病毒援助、救济和经济安全法案》，应对新冠肺炎疫情对经济造成的影响。德国通过《2020年联邦预算增编》和《关于补充2020年联邦预算的法律》，允许超过基本法规定的贷款限额99755亿欧元，为应对疫情提供资金。英国《应对新冠肺炎疫情紧急法案》、西班牙第7/2020号王室法令、意大利第18号法令等，提出对受疫情严重打击的旅游业、中小企业、个体经营者采取紧急救助措施。

3. 保障防疫物资供应，补充一线医护人员

3月6日，美国通过《2020年新冠肺炎病毒疫情准备和应对补充法案》，增加6100万美元用于应对疫情必需的医学治疗、疫苗研发、医疗产品制造等工作。3月10日，西班牙政府发布第6/2020号王室法令，明确国家卫生总局可临时决定建立对医疗器械、药品的集中供应。英国《应对新冠肺炎疫情紧急法案》授权监管部门紧急注册的权力，以缓解医疗保健专业人员不足。同时，英国修改英格兰2014年《护理法》和2014年《（威尔士）社会服务与福利法》，允许地方将剩余服务资源集中于最紧急和最严重的护理需求。俄罗斯《新冠疫情期间扩大政府权限的法案》则明确政府在紧急情况下对药品和医疗器械采取特殊国家注册机制。

4. 从重处罚涉疫违法犯罪，细化处罚规则

俄罗斯3月31日通过的《俄罗斯联邦刑法典》修正案，规定违反流行病卫生防疫规定者以及公开散布有关新冠肺炎假新闻者将被处罚款以及监禁。韩国《传染病预防管理法实施条例》修正案明确了对疑似传染病患者拒绝入院和治疗的处罚依据。新加坡政府以立法形式实施居家通知和社交距离措施，违法者将被处以罚款、监禁。同时，意大利通过新疫情防控法令，大幅增加对违反防控措施行为的惩处力度；法国通过《卫生紧急状态法案》强化了制裁不遵守防疫措施行为的司法武器。

5. 授权政府部门收集、使用个人信息

美国卫生与公共服务部3月发布公告，在特定情形下豁免《健康保险流通与责任法案》隐私规则的制裁和处罚，允许医疗服务提供者无需患者授权即可将其健康信息共享给执法机构、公共卫生部门等。新加坡也根据本国《传染病法》，推出"合力追踪"APP，利用定位技术确保确诊者遵守隔离规定。欧盟《通用数据保护条例》明确，发生重大公共利益等事项时可不征得数据主体同意收集信息，意大利、德国政府据此要求电信运营商共享匿名用户位置数据集，以统计公民在多大程度上遵循政府的抗疫政策。

6. 为应对疫情提供司法保障，转变审判、执行方式

3月25日，德国通过一项联合法案减轻疫情对民事、破产和刑事诉讼法的影响，通过修订《破产法》《民法典施行法》《刑事诉讼法施行法》，提出暂停执行提出破产申请的义务，允许因疫情而无法履行合同义务的债务人暂时拒绝或终止履行义务，法院可暂时延长刑事案件的审理期限等。英国《应对新冠肺炎疫情紧急法案》允许申诉人因检疫措施而行动受限时利用电话或视频会议的方式出席听证会。3月17日，意大利政府颁布第18号法令，命令推迟所有非紧急听证会，并暂停任何程序性行为，包括采取司法措施，提交有关理由陈述，判决、执行程序等。

7. 保障医护人员权益，减轻医疗机构负担

英国《应对新冠肺炎疫情紧急法案》为NHS（英国国家医疗服务体系）的临床过失责任提供赔偿，使医疗人员不用担心因采取治疗措施而面临法律上的风险。3月9日，美国《新冠肺炎病毒医疗机构工作人员保护法案》要求美国劳工部颁布一项紧急临时职业安全和一项永久性标准，以保护因职业接触新冠肺炎的医疗人员。此外，德国通过《新冠病毒肺炎医院缓解法》草案，规定通过向医院一次性支付来弥补因暂停检查、手术等所造成的医院收入中断，以补偿医院和其他卫生机构因疫情而产生的财政负担。

8. 加强对家庭、弱势群体以及工人的保护

3月18日，美国通过《家庭优先新冠肺炎病毒应对法案》，推出"妇女、儿童特别补充营养计划""新冠肺炎健康防卫计划""老年人和残疾人服务计划"等救助弱势群体。英国立法计划修改现存死亡登记管理程序，包括取消2009年《死因裁判与正义法》对于因新冠肺炎死亡事件的调查必须由陪审团参与的要求，中止2016年《苏格兰埋葬和火葬法》中有关骨灰收集的规定等。此外，西班牙第8/2020号王室法令、德国《社会法典》、意大利第18号法令等通过停职留薪制度、领取失业救济金、将在工作场所感染新冠肺炎被视为工伤等措施来保障员工生活。

9. 维护社会稳定和国家安全，预防涉疫情犯罪

美国通过《2020年阻止枪支暴力和社区安全法案》，意图通过进一步武器管制立法预防因新冠肺炎疫情引起的社会动乱。英国《应对新冠肺炎疫情紧急法案》允许内政大臣在边境工作人员短缺进而威胁到英国边境安全的时候要求港口和机场暂时关闭并停止运营；允许应调查权力专员的要求任命临时司法委员，保证在疫情期间依然具备保护国家安全以及调查和预防严重犯罪所必须的能力。德国通过《感染保护法》修正案，明确联邦政府在面对国家重大疫情时，对希望进入或已经进入德国的人员进行检测等监管权力，防范传染病从境外输入和扩散。

10. 禁止农产品出口，保障粮食供应安全

3月下旬以来，已有14个国家陆续宣布禁止、配额出口粮食等农作物。例如，哈萨克斯坦从3月22日起限制包括小麦在内的11种农产品出口；越南自3月24日起暂停各种形式的大米出口；罗马尼亚4月10日出台紧急法案禁止向欧盟以外国家和地区出口谷物。俄罗斯制定《关于对俄罗斯联邦谷物出口到非欧亚经济联盟成员国的国家实施临时定量限额措施》决议草案，拟在2020年4月1日至6月30日期间将俄小麦、大麦等农产品出口限额定为700万吨。

（观察时间：2020.03.01—2020.04.09）

4

美国"弗洛伊德事件"的境外舆论观察

2020 年 5 月 25 日，46 岁的非裔美国人乔治·弗洛伊德被警察逮捕，罪名是在美国明尼苏达州明尼阿波利斯市一家杂货店里使用 20 美元伪钞。在逮捕过程中，白人警官德里克·肖万用膝盖按压弗洛伊德的脖子 8 分钟 46 秒，其间无视弗洛伊德反复呼喊"我不能呼吸"的求救，同时另外 2 名警察进一步约束了弗洛伊德，第四名警察阻止了旁观者的干预。根据媒体报道的视频显示，在 6 分 24 秒后的时间中，弗洛伊德一动不动，没有脉搏，但警官没有试图抢救。弗洛伊德之死引发了"蝴蝶效应"，先是从明尼苏达州开始爆发抗议活动，反对种族歧视和警察滥用暴力，随后抗议活动迅速席卷全美 50 个州的 650 多个城镇，成为美国历史上范围最广的一次抗议活动。截至 6 月 11 日，这波抗议活动已蔓延至欧亚等六大洲，数十国家的民众走上街头游行。本文通过梳理弗洛伊德死亡事件不同阶段的发展路径、官方态度以及舆论反应，呈现这场境外重大事件的舆论脉络。

第一阶段：事发地出现示威活动并蔓延　两方面问题引发聚焦

■ 事件进展：在乔治·弗洛伊德死亡事件发生后，明尼阿波利斯市警察局在 5 月 26 日发布一份声明称，美国联邦调查局介入了对该事件的调查。明尼阿波利斯市的市长雅各布·弗雷 25 日在推特上表示"4 名涉乔治·弗洛伊德身亡的 MPD（明尼阿波利斯市警察局）人员被解雇了"。

综合美联社、CNN、《纽约时报》等媒体报道，5 月 26 日晚间，数百名抗议者聚集明尼阿波利斯市的事件发生地，他们高呼并举着标语，写着"我无法呼吸"和"杀人犯 KKKops（三 K 党警察）"。这场抗议持续到 27 日深夜，抗议人数不断增加，并向明尼阿波利斯街道扩散。据官方称，示威最初是和平的，但后续变得"极度危险"，数百名抗议者与警方爆发冲突，后者使用催泪弹和橡胶子弹驱散人群。5 月 27 日，抗议活动开始向美国其他区域蔓延，在休斯敦、凤凰城、丹佛、拉斯维加斯、洛杉矶及其他地区，成千上万的抗议者举着标语"他说我无法呼吸。乔治的正义何在？"。

■ 官方态度：5 月 27 日，美国总统特朗普在推文中写道："应我的要求，联邦调查局和司法部已经就乔治·弗洛伊德在明尼苏达州非常让人悲痛且悲惨的死亡事件展开调查。我已经要求加快调查，同时非常感谢当地执法部门所做的一切工作。我的心与乔治的家人和朋友同在。正义会得到伸张的！"

美国民主党总统竞选人乔·拜登表示，"乔治·弗洛伊德应该得到更好的待遇，他的家人应该得到正义。感谢明尼阿波利斯市迅速采取行动解雇相关人员，他们必须为他们的残酷行径负责。联邦调查局应进行彻底调查。"

明尼苏达州州长蒂姆·沃尔兹发推特表示："这部令人不安的视频缺乏人性，这令人作呕。我们将获得答案并寻求正义。"明尼苏达州参议员克罗布查和史密斯、众议员奥马尔和麦考隆等均在推特上发声予以谴责，呼吁联邦和州各层级展开调查。

5 月 28 日，明尼阿波利斯市市长雅各布·弗雷发表声明，宣布该市进入 72 小时紧急状态，以进行应急管理；声明还要求州政府提供援助，包括授权动用国民警卫队，以协助地方当局"恢复安全和平静"。

■ 舆论情况：事发当日，乔治·弗洛伊德的死亡视频就在自媒体中被疯传，当日晚间该视频仅在 Facebook 引发 2.7 万余人转评，网民普遍表示愤怒，"#BlackLivesMatter（黑人的命也是命）"的话题在社交媒体热度蹿升。从美国媒体叙事来看，同情是主流的态度倾向。其中，"我无法呼吸"成为最显著的新闻标签，被多家美国媒体在报道题目中使用。不少媒体从弗洛伊德的身边人入手，对弗洛伊德生平和为人进行报道。如美国《明星论坛报》报道称，在警察事件中丧生的黑人是个好人，总是对别人都像对待家人一样；美国《眼见新闻》报道称，乔治·弗洛伊德的老板呼吁"我希望人们以这种方式记住他"；美国 CBC 报道称，弗洛伊德的家人回忆称"他非常善良，总爱乐于助人"。还有媒体持续关注引发的抗议活动，如美国电视 CBS 新闻频道不断追踪报道，刊发《乔治·弗洛伊德：一名非裔美国人的死亡引发了众怒》等系列性文章。

部分媒体对此事发表评论，主要集中于两方面：一是谴责事件中凸显的种族歧视问题。《纽约客》在 28 日的文章中辛辣评价道："弗洛伊德逝世的视频令人震惊，但并不令人惊讶。可怕但并非不寻常，描述了一种在美国定期发生的事件。必须从这一点上引起注意的是，这个国家的警务工作是由种族进行的。但是，更大的问题是涉案的有关人员是否将面临何等法律后果。"二是指责警察权力滥用和暴力执法的问题。《纽约时报》评论指出，"我们要制止这些无休止的警察暴力循环的唯一方法是创造替代治安的方式……在警官中进行更多的培训或多样化不会终止警察的野蛮行径，也不会解雇和指控个别警官。结束警察暴力和建设一个更安全的国家的解决方案在于降低警察的权力及其与公众的接触"。

第二阶段：全美爆发游行活动　社会各界发声呼吁

■ 事件进展：从 5 月 29 日起，乔治·弗洛伊德死亡一事引发的抗议活动蔓延至美国多地。据美媒报道，多人在抗议活动中因发生意外或冲突而丧生，其中包括 1 名警员。在首都华盛顿，白宫前聚集了上百名抗议者，并一度与特工处安保人员发生肢体接触，白宫当时被短暂封锁。在亚特兰大，示威者围攻美国有线电视新闻网 CNN 总部。在纽约，数百名示威者聚集在曼哈顿福利广场，高喊"没有正义就没有和平"表达愤怒。同日，洛杉矶、达拉斯、路易维尔、夏洛特等地也传出发生抗议行动消息。截至 5 月 31 日晚间，全美有超过 40 座城市实施宵禁，并有包括华盛顿特区在内的 16 个州级行政区要求国民警卫队驰援。同时，美国各城市正在评估乔治·弗洛伊德引发的抗议活动的后果。反对警察暴行和系统性种族主义顽疾的和平抗议活动，一夜之间再次演变成具有破坏性的示威活动，执法部门和示威者之间的紧张局势一触即发。

5月31日晚间，明尼苏达州州长蒂姆·沃尔兹在新闻发布会上宣布，明尼苏达州总检察长办公室将率先对前警察德里克·肖万进行起诉。

■ 官方态度：美国总统特朗普称抗议者为"暴徒"，并在5月29日凌晨发布的一条推文中警告称"当抢劫开始时，枪击就开始了"。乔·拜登则在电视报道中呼吁全国团结起来、对警界认真实施改革，称"现在不是发表煽动性推文的时候。现在不是鼓励暴力的时候。这是一场全国性危机，我们现在需要真正的领导力"。

特朗普还在推特上指责明尼阿波利斯市市长雅各布·弗雷应对不力。弗雷回应称，特朗普不应在危机之中对他人指手画脚。当地时间5月29日，佐治亚州宣布该州富尔顿县进入紧急状态，并出动500名该州国民警卫队支援。美国五角大楼对美国陆军下令，派遣若干支美军现役宪兵部队，准备部署在明尼阿波利斯。

5月31日，特朗普在推特上再次发文表示，"美国将认定极左翼激进势力ANTIFA（反法西斯主义运动）为恐怖组织"。美国司法部长巴尔则表示，极左组织是许多暴力抗议活动的"组织者""负责人"。

■ 舆论情况：在网络社交媒体上，关于弗洛伊德之死的话题始终处于顶部位置，美国网民纷纷留言要求彻底调查，对涉案警官追究刑事责任。政界要员、社会活动家、各界名人等纷纷在社交媒体发声，支持人们要求正义的呼声，谴责警察的野蛮行径，同时强烈要求追究涉案警官的责任。例如，美国几任前总统都对此事发表观点：卡特就弗洛伊德之死发声表示"悲痛与失望"；比尔·克林顿称"马丁·路德·金的梦想遥不可及"；小布什发文指出"现在是需要美国倾听的时候"；奥巴马则表示，弗洛伊德之死"发生在2020年的美国是不正常的"。强森、乔丹、詹姆斯、库里、老虎伍兹等黑人影星和体育明星也都发声进行呼吁。

在非洲，针对弗洛伊德之死，多国政要接连表态，媒体和网民纷纷刊文发声，批评美国的种族歧视现象。非洲联盟委员会主席法基 5 月 29 日发表主席声明，强烈谴责对弗洛伊德的"谋杀"，不接受"对非洲裔美国公民的持续歧视"，并要求美国政府官员"加大力度确保消除一切种族歧视"。尼日利亚《今日报》发表的评论文章称，涉嫌不当执法的白人警察应当受到审判，以体现法律的威慑力量，司法机构履行职责将是普通民众（追求公平）的最后希望。南非《星期日时报》刊文称，世界上每一个任由种族歧视存在的人，都对弗洛伊德之死负有责任。

国际舆论多聚焦在种族歧视议题上，但更多的是从历史和根源进行观察和反思。德国之声 6 月 3 日评论称，"其实这些抗议对抗的是日常生活中长期存在的种族主义，因为它已经融入美国日常生活中，也十分难以打击。多年以来，人权运动者呼吁改善美国警察的训练，也呼吁独立地监督警察和检察官的工作，但是至今还是没有什么实质性进展。"FT 中文网发表社评《黑人之死与"两个美国"现象》，认为弗洛伊德的悲剧是美国"持续不平等"之书中的一章。文章指出，"要解决美国的大多数问题，必须将种族和经济不平等联系起来。这一问题的根子很深且由来已久，从美国的奴隶制原罪，到南部各州依据《吉姆·克劳法》实行的种族隔离制度，再到支持对非裔美国人进行系统性经济压迫的不公正划分及改划选区，贯穿着一道无形的无法翻越的藩篱"。

此外，还有媒体表达对抗议加速疫情传播的担心，如美国 CNN 评论称，警察的野蛮行径、种族主义和致命病毒的蔓延，正融合成这种国家的疾病，并不断发出警告，抗议活动可能加剧病毒的传播。

第三阶段：全球多国联动抗议　舆论视角多元化

■ 事件进展：6 月 2 日，美国官方验尸报告公布，法医断定为他杀。报告将弗洛伊德的死因定义为"警察执法过程对颈部压迫等行为过程中并发的心脏骤停"。6 月 2 日，美国明尼苏达州人权部门对明尼阿波利斯警察

209

部门发起了民事权利诉讼，将调查该市警察局的民权问题。6月4日，明尼阿波利斯市政府为弗洛伊德举行了首场官方追悼会，全体与会者默立8分46秒，全美各大电视网均现场直播了丧礼仪式。与此同时，全美多地均举行了纪念活动。

美国本地的抗议活动迅速蔓延至多国。5月31日，抗议之火首先延烧至英国。虽然因疫情仍未解封，但是伦敦、曼彻斯特、卡迪夫等地爆发大规模集会和游行，并举起和美国一样的横幅："我不能呼吸了"。6月2日和6日，澳大利亚悉尼两次爆发数千名民众的自发集会，声援美国民众反对种族歧视的诉求，除了高举"黑人的命也是命"的标语牌外，还有的举着抗议澳原住民遭受不公正待遇的标语牌。德国柏林、西班牙马德里都发生了数千人在美国大使馆的聚集性示威游行。法国巴黎、匈牙利布达佩斯都爆发上千人的反警察暴力游行。此外，意大利、荷兰等欧洲国家、加拿大、新西兰、日本、韩国等出现声势不等的声援抗议活动。与此同时，全球各地也出现示威者摧毁其他具争议性的铜像的情况，如美国费城前市长弗兰克·里佐的雕像在示威活动中遭到破坏；当地时间6月7日，英国抗议民众推倒史上著名奴隶贩子爱德华·科尔斯顿的铜像。

当地时间6月8日，涉嫌跪杀乔治·弗洛伊德的美国前警察德雷克·肖万出席了首个法庭听证会。肖万被指控二级谋杀和二级故意杀人罪，在当天的听证会上，法官将他的无条件保释金额定为125万美元，或有条件保释100万美元。据"今日俄罗斯"10日消息，另外一名涉案警察托马斯·莱恩在缴纳了75万美元的保释金后获释。

■官方态度：6月1日，特朗普在白宫的简报会发出威胁称，如果各市和各州无法控制示威状况，将派出军队结束示威。当日，特朗普在推特上发文再警告称，"如果示威者冲破白宫外的围栏，迎接他们的将是最凶恶的狗和最狠的武器"。

6月6日，美国国务卿蓬佩奥发推特无端指责中国，声称中方正"冷漠地利用乔治·弗洛伊德的死，来谋取其政治利益"。

6月7日，明尼阿波利斯市议会的9名成员，承诺将在未来的数周或数月里，通过预算程序解散该市的警察部门，探索新的治安模式。

6月11日，特朗普多次发推特重申"法律与秩序"，他将示威者称为"恐怖分子"，并喊话华盛顿州长与西雅图市长，要求"立刻夺回你的城市！如果你不行动，我会"。

■ 舆论情况：此阶段的舆论呈现更加全球化、多元化视角。一是对于美国抗议活动的分析。一方面，不少媒体纷纷指出此次事件是美国的重要转折点，如英国《卫报》社论指出，"在新冠肺炎疫情导致超过10万人死亡的背景下，对美国来说，一个决定性的危险时刻正在逼近。那些掌握司法和公民权利、系统性种族主义仍然猖獗的地方体系，与联邦政府之间正在加速分裂"。德国之声评论直指"美国正在自我消解"，认为美国现在面对的是第二次世界大战以来的最严重危机，种族主义现象的绝望情绪，经济衰落及内政问题，再加上新冠病毒带来的无可避免的后果，这些后果使越来越多的美国人陷入绝望境地，"弗洛伊德之死不过是使整个国家燃起大火的一个火星"。另一方面，部分媒体分析此次事件对美国形象的负面影响，如《纽约时报》刊文称，弗洛伊德的死亡在美国至少140个城市引发了抗议活动，警察与抗议者在街头打斗的画面迅即传遍世界各地，成为全球愤怒情绪迸发的催化剂，美国的国际形象因此受损。CNN新闻网也指责美国政府应对示威时的所作所为，"让美国对外工作失去了说服力，美国已经不能称自己是道德领袖了"。

二是探讨抗议活动对美国政治格局的影响。如英国《卫报》评论指出，此次事件导致美国全国政治辩论发生了戏剧性的转变，并将种族问题推向了舞台的中心。唐纳德·特朗普和乔·拜登提出了不同的回应，这表明关于种族关系以及民主党和共和党之间在接下来的几个月中进行的辩论更加分歧。路透社评论文章认为特朗普有可能成功，因为危机时期，美国人传统上会支持总统，而特朗普代表了最典型的美国的东西：物质的、自我中心的、不顾一切的自由意识和那种白种人的傲慢。

　　三是对不同国家发生抗议活动的根源进行反思。澳大利亚广播公司等多家媒体针对本国激烈的抗议活动态势发表评论称，澳大利亚不应该"隔岸观火"，而需"引以为戒"，澳大利亚司法体系对于原住民的种族主义歧视，比美国更加严重。英国 BBC 也在评论指出，之所以弗洛伊德之死在英国黑人社区引发强烈共鸣，是因为种族问题早已经成为撕裂英国社会最为重要的事件之一。

（观察时间：2020.05.25—2020.06.11）

新冠肺炎疫情舆情专题

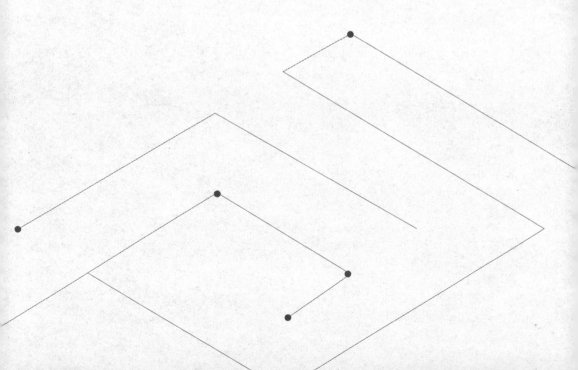

编者按：2019 年底武汉地区暴发新型冠状病毒感染的肺炎疫情（以下简称新冠肺炎疫情），在全球范围内蔓延。得益于网络的发达和普及，此次疫情在较短时间内得到最大范围的关注，并迅速发展成为近年来最有影响力的公共舆论浪潮。疫情发生后，全国上下迅速采取行动全力抗击疫情，每一个人都在关心、关注着疫情的发展和防控。网络舆论场同样讨论热烈，很多人想到了 2003 年的 SARS 疫情，然而与 17 年前相比，当前的舆论环境和社会心态呈现出更多元、更复杂的态势。本文挂一漏万，通过梳理疫情暴发至今的境内外的舆论情况，复盘舆情发酵过程，总结舆论关注的法律、疫情防控、信息公开等涉法内容，为后续依法防控工作提供参考借鉴。

新冠肺炎疫情核心时间线

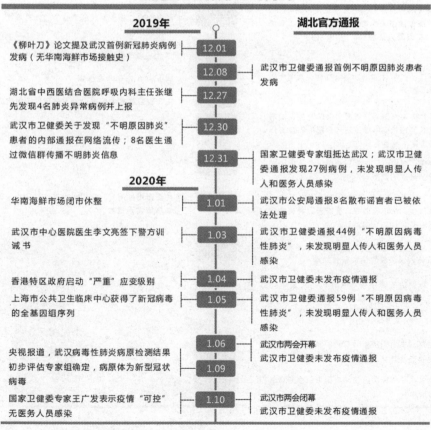

2019年		湖北官方通报
《柳叶刀》论文提及武汉首例新冠肺炎病例发病（无华南海鲜市场接触史）	12.01	
	12.08	武汉市卫健委通报首例不明原因肺炎患者发病
湖北省中西医结合医院呼吸内科主任张继先发现4名肺炎异常病例并上报	12.27	
武汉市卫健委关于发现"不明原因肺炎"患者的内部通报在网络流传；8名医生通过微信群传播不明肺炎信息	12.30	
	12.31	国家卫健委专家组抵达武汉；武汉市卫健委通报发现27例病例，未发现明显人传人和医务人员感染
2020年		
华南海鲜市场闭市休整	1.01	武汉市公安局通报8名散布谣言者已被依法处理
武汉市中心医院医生李文亮签下警方训诫书	1.03	武汉市卫健委通报44例"不明原因病毒性肺炎"，未发现明显人传人和医务人员感染
香港特区政府启动"严重"应变级别	1.04	武汉市卫健委未发布疫情通报
上海市公共卫生临床中心获得了新冠病毒的全基因组序列	1.05	武汉市卫健委通报59例"不明原因病毒性肺炎"，未发现明显人传人和医务人员感染
央视报道，武汉病毒性肺炎病原检测结果初步评估专家组确定，病原体为新型冠状病毒	1.06 / 1.09	武汉市两会开幕 武汉市卫健委未发布疫情通报
国家卫健委专家王广发表示疫情"可控"无医务人员感染	1.10	武汉市两会闭幕 武汉市卫健委未发布疫情通报

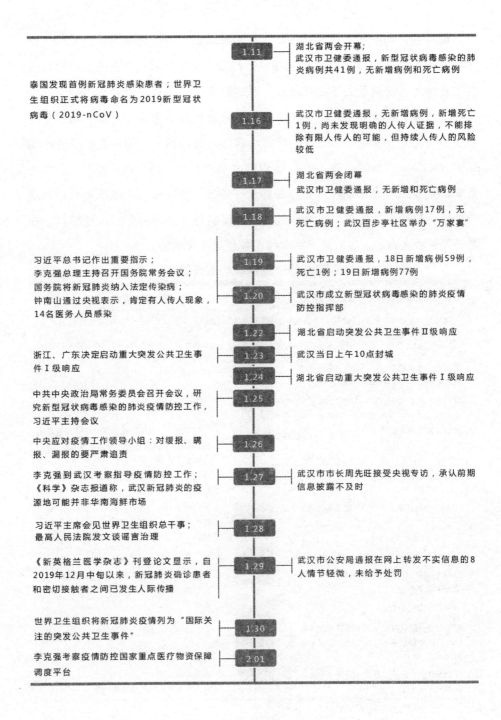

泰国发现首例新冠肺炎感染患者；世界卫生组织正式将病毒命名为2019新型冠状病毒（2019-nCoV）

1.11 湖北省两会开幕；
武汉市卫健委通报，新型冠状病毒感染的肺炎病例共41例，无新增病例和死亡病例

1.16 武汉市卫健委通报，无新增病例，新增死亡1例，尚未发现明确的人传人证据，不能排除有限人传人的可能，但持续人传人的风险较低

1.17 湖北省两会闭幕
武汉市卫健委通报，无新增和死亡病例

1.18 武汉市卫健委通报，新增病例17例，无死亡病例；武汉百步亭社区举办"万家宴"

习近平总书记作出重要指示；
李克强总理主持召开国务院常务会议；
国务院将新冠肺炎纳入法定传染病；
钟南山通过央视表示，肯定有人传人现象，14名医务人员感染

1.19 武汉市卫健委通报，18日新增病例59例，死亡1例；19日新增病例77例

1.20 武汉市成立新型冠状病毒感染的肺炎疫情防控指挥部

1.22 湖北省启动突发公共卫生事件Ⅱ级响应

浙江、广东决定启动重大突发公共卫生事件Ⅰ级响应

1.23 武汉当日上午10点封城

1.24 湖北省启动重大突发公共卫生事件Ⅰ级响应

中共中央政治局常务委员会召开会议，研究新型冠状病毒感染的肺炎疫情防控工作，习近平主持会议

1.25

中央应对疫情工作领导小组：对缓报、瞒报、漏报的要严肃追责

1.26

李克强到武汉考察指导疫情防控工作；
《科学》杂志报道称，武汉新冠肺炎的疫源地可能并非华南海鲜市场

1.27 武汉市市长周先旺接受央视专访，承认前期信息披露不及时

习近平主席会见世界卫生组织总干事；
最高人民法院发文谈谣言治理

1.28

《新英格兰医学杂志》刊登论文显示，自2019年12月中旬以来，新冠肺炎确诊患者和密切接触者之间已发生人际传播

1.29 武汉市公安局通报在网上转发不实信息的8人情节轻微，未给予处罚

世界卫生组织将新冠肺炎疫情列为"国际关注的突发公共卫生事件"

1.30

李克强考察疫情防控国家重点医疗物资保障调度平台

2.01

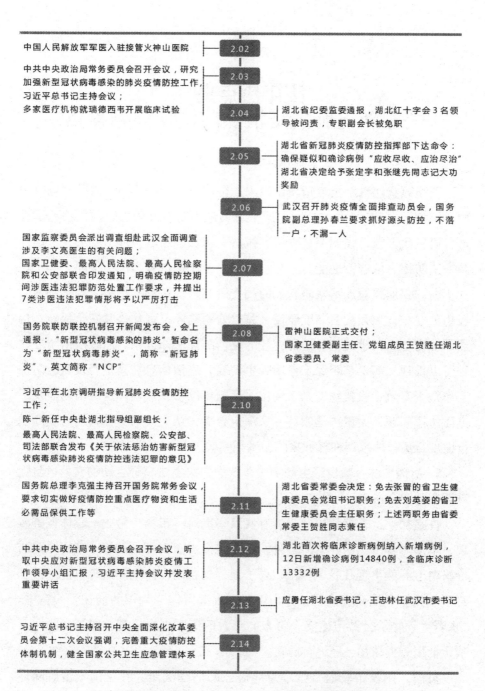

中国人民解放军军医入驻接管火神山医院 **2.02**

中共中央政治局常务委员会召开会议，研究加强新型冠状病毒感染的肺炎疫情防控工作，习近平总书记主持会议； **2.03**

多家医疗机构就瑞德西韦开展临床试验 **2.04** 湖北省纪委监委通报，湖北红十字会3名领导被问责，专职副会长被免职

2.05 湖北省新冠肺炎疫情防控指挥部下达命令：确保疑似和确诊病例"应收尽收、应治尽治"
湖北省决定给予张定宇和张继先同志记大功奖励

2.06 武汉召开肺炎疫情全面排查动员会，国务院副总理孙春兰要求抓好源头防控，不落一户，不漏一人

国家监察委员会派出调查组赴武汉全面调查涉及李文亮医生的有关问题；
国家卫健委、最高人民法院、最高人民检察院和公安部联合印发通知，明确疫情防控期间涉医违法犯罪防范处置工作要求，并提出7类涉医违法犯罪情形将予以严厉打击 **2.07**

国务院联防联控机制召开新闻发布会，会上通报："新型冠状病毒感染的肺炎"暂命名为"新型冠状病毒肺炎"，简称"新冠肺炎"，英文简称"NCP" **2.08** 雷神山医院正式交付；
国家卫健委副主任、党组成员王贺胜任湖北省委委员、常委

习近平在北京调研指导新冠肺炎疫情防控工作；
陈一新任中央赴湖北指导组副组长；
最高人民法院、最高人民检察院、公安部、司法部联合发布《关于依法惩治妨害新型冠状病毒感染肺炎疫情防控违法犯罪的意见》 **2.10**

国务院总理李克强主持召开国务院常务会议，要求切实做好疫情防控重点医疗物资和生活必需品保供工作等 **2.11** 湖北省委常委会决定：免去张晋的省卫生健康委员会党组书记职务；免去刘英姿的省卫生健康委员会主任职务；上述两职务由省委常委王贺胜同志兼任

中共中央政治局常务委员会召开会议，听取中央应对新型冠状病毒感染肺炎疫情工作领导小组汇报，习近平主持会议并发表重要讲话 **2.12** 湖北首次将临床诊断病例纳入新增病例，12日新增确诊病例14840例，含临床诊断13332例

2.13 应勇任湖北省委书记，王忠林任武汉市委书记

习近平总书记主持召开中央全面深化改革委员会第十二次会议强调，完善重大疫情防控体制机制，健全国家公共卫生应急管理体系 **2.14**

（时间截至2020年2月14日，部分信息参考网络资料）

法律热点篇·
关于新冠肺炎疫情热门法律问题盘点

新型冠状病毒肺炎疫情发生以来，全国上下同心协力，谱写共克时艰的"抗疫"之歌。2月5日，习近平总书记主持召开中央全面依法治国委员会第三次会议，强调要从立法、执法、司法、守法各环节发力，全面提高依法防控、依法治理能力，为疫情防控工作提供有力法治保障。其中在立法上，要加强对疫情联防联控的调查研究，加快补齐短板，完善疫情防控相关立法，加强配套制度建设，完善处罚程序，强化公共安全保障，构建系统完备、科学规范、运行有效的疫情防控法律体系。回顾疫情防控过程可以发现，病毒是否源于食用野生动物、疫情信息披露是否及时、防控工作是否有效、救援物资是否到位等话题持续引发热议。这些话题涉及多方面法律问题，大量法学领域专家深入分析，认为疫情中暴露的这些问题折射现行法律体系存在部分缺陷，亟须完善。

1. **疫情来源：禁食野生动物法律缺失，应立法将野生动物交易风险上升至公共安全层面**

疫情初期，多名病毒感染者有武汉华南海鲜市场接触史。媒体调查发现，华南海鲜市场除经营海鲜外，还明码标价贩卖野生动物，某野味门店价格单上赫然出现孔雀、竹鼠、果子狸等动物。专家推测病毒可能来源于野生动物。近期研究表明，穿山甲、蝙蝠等可能为病毒的潜在中间宿主。"吃野生动物给公共卫生安全带来的巨大危机"再次出现，舆论认为全面禁止食用野生动物已经迫在眉睫。

目前，国家市场监督管理总局等三部门已决定，在全国疫情解除之前，禁止野生动物交易活动。问题的根源并不止步于此，法律层面的问题引起专业方面的讨论。北京大学原校长许智宏、中科院院士李景虹等专家指出，我国 2018 年新修订的野生动物保护法增加了"禁食"规定，但禁食范围仅限国家重点保护野生动物，而对于数量庞大的有益的、有经济和科学价值的"三有动物"和地方重点保护野生动物没有明确规定，导致携带病毒的野生动物，可能随着捕猎和人工繁殖进入市场，给公共卫生安全埋下巨大隐患。全国人大常委会法工委也指出，野生动物保护法相关配套规定没有及时出台、完善，有关野生动物名录、标准、技术规程等的缺失或落后也为法律具体实施带来难题。山水自然保护中心主任赵翔等专家认为，目前野生动物的经营利用在程序和管理方面都存在漏洞，林业、市场监管、执法等多头执法难做到信息共享和联动，经常有名为保护、驯养，实为非法收购、贩卖野生动物的乱象发生。

对此，许智宏等 19 名院士、学者认为，有必要把野生动物贸易和消费所带来的风险上升为公共安全议题来看待和管理，由人大和政府主管部门建立更加健全的法规和管理机制。一方面，修订野生动物保护法，全面禁止食用野生动物，将公共健康安全内容写入法条之中，并更新、完善野生动物名录等配套规章。还有专家呼吁专项制定高致病性动物禁食禁养条例，将禁食范围限定为高致病性动物。另一方面，明确野生动物经营相关的市场监督的执法部门及其职责，加大对野生动物非法利用的处罚力度，把非法消费也同样纳入管理和处罚范围。此外，修正以往"保护野生动物就是为了利用"的狭隘观念，正确处理人类生存与生态系统平衡之间的关系。

2. 疫情公布：信息披露权责存在差异，披露标准、程序模糊有待修法完善

疫情暴发后，武汉市政府被指存在信息披露滞后等问题。1 月 27 日，武汉市市长周先旺接受媒体采访时解释称，"作为地方政府，我获得信息之后，授权之后才能披露。"部分法律专业人士表示"授权后披露"有法可依。中国政法大学教授林鸿潮、北京市京都律师事务所律师李志广等法

律人士表示，根据我国传染病防治法规定，疫情信息应由国家卫健委发布，或经其授权后由省级卫生部门发布，武汉市政府及其部门无权发布。但南开大学法学院副院长宋华琳、北京才良律师事务所律师王令指出，现行法律中，突发事件应对法规定，县级及以上各级人民政府可对公共安全等突发事件发布警报，并应及时公布事态发展和应急处置工作的信息。也就是说，武汉市政府无传染病疫情公布权限，但有关政府信息公开仍需及时、准确。这与传染病防治法规定有所差异，两法位阶相同，优先适用哪个，学界尚存争议，实践更难统一。

信息披露的标准和程序方面，中共中央党校（国家行政学院）教授胡建淼、中国医师协会法律事务部主任邓利强等认为，我国传染病防治法、《突发公共卫生事件应急条例》都规定了国家建立传染病疫情信息公布制度，也特别规定了疫情信息披露的义务主体，但对于落实疫情信息披露工作的标准和程序未作具体规定。例如，传染病防治法只要求发布有多少病例等最基本的信息，而对于疫情暴发的定义，公布疫情的时间、方式、频率等均未作具体限定，实操中容易造成混乱。

对此，专家建议在疫情结束后考虑修改法律，进一步明确疫情信息披露的责任主体，细化疫情信息披露的内容、时间等具体规定。林鸿潮等建议修改传染病防治法有关规定，强调属地管理，降低疫情公布主体的门槛。一方面，把疫情发布权限下放到省级和设区的市，要求其及时发布疫情信息；另一方面，考虑将上级政府乃至国务院卫生行政部门对地方疫情信息发布的事先审查权改为事后复核权、纠正权，增强信息预警的灵活性。胡建淼、邓利强等建议，修改传染病防治法对于疫情暴发的定义，公布疫情的时间、方式、频率等作具体限定。

3. 疫情报告：疫情上报环节陷入舆论旋涡，舆论反思应拓宽报告渠道避免信息在基层"梗阻"

疫情发生以来，除武汉市政府、武汉市卫健委外，各级疾病预防控制中心也纷纷被卷入疫情上报、披露不及时的舆论旋涡中。据媒体报道，"疫情上报第一人"张继先医生回顾称，其于2019年12月26日、27日发现疑似病例后向医院报告，医院当即向武汉市江汉区疾控中心汇报，但未得到回应。12月29日，医院又直接向省、市卫健委疾控处报告，省、市卫健委高度重视，指示武汉市、江汉区疾控中心到院调查。这种程序"倒挂"显示出江汉区疾控中心的角色缺失，导致正常上报程序受阻。此外，中国疾控中心副主任冯子健表示，新冠肺炎为新型传染病，起初未列入法定传染病，所以无法通过网络直报。疫情上报环节疑似出现多重"失灵"。

为避免类似问题再次发生，舆论对相关法律法规提出完善建议。对于疾控中心、卫健委，法律法规需进一步压实区县级基层单位责任，保证其接到医疗机构、疾控中心的报告后及时上报并展开调查。同时，完善疾控中心直报系统，在规定上报的传染病之外，对潜在危害性较强的未知传染病进行特征抽取，确定上报标准，如进一步细化"不明原因肺炎"判定标准等。此外，根据法律规定，区县级疾控中心、卫健局在信息上报过程中发挥重要"把关人"作用，但是由于县级单位技术、经验有限，对于一些新型、突发性传染病难以准确把握，所以应修改现有法律法规，将医疗机构上报的第一层级渠道拓宽，最终形成的效果是，医疗机构发现可疑传染病后向区县级疾控中心上报，如未得到应有重视可向区县级卫健局上报，还无效果可跨级向上汇报直至国家层面。

4. 初期防控：新发传染病法定地位不明可能导致防控措施无法可依，法律规定需覆盖"空窗期"

我国传染病防治法把传染病分为甲类、乙类和丙类，规定了每类传染病的具体病种以及对应的疫情控制措施。新冠肺炎作为新型传染病，因不属于任何一类，无法适用传染病防治法。1月20日，国家卫健委发布公告将其纳入乙类传染病，采取甲类传染病的防控措施后，疫情工作全面进入法治化轨道。

有舆论指出，新型传染病从出现到由国家卫健委评估后纳入法定传染病，中间会出现一个"空窗期"，其间传染病防治法规定的各类传染病控制措施无法适用，可能导致有关政府部门因此束缚手脚，错失疫情初期的防控良机。1月23日，武汉"封城"，据武汉市官方消息介绍，"封城"前已有500多万人离开武汉。多数舆论认为，武汉市开展防控措施过于迟缓，如能尽早加以控制，不会形成现在席卷全国的严峻态势。时任武汉市委书记马国强也坦诚"如果能早一点采取措施，效果可能会更好"。对此，专业人士、网民建议传染病防治法等相关法律加大对新型传染病的关注力度，如修法将"空窗期"也纳入法律规范之内，明确在发现新型传染病但国家卫健委尚未将其纳入法定范围的时间段内，根据传染病的严重程度参照法定传染病类别开展控制措施等。

此外，还有专家建议，传染病分类与控制措施之间的对应关系也需进一步理顺。胡建淼指出，此次疫情中，国家卫健委一方面将新冠肺炎定级为乙类传染病，另一方面又宣布对它采取甲类传染病的防控措施。这一不得已的"变通"，是为了临时弥补立法上的"缺陷"，反映了传染病分类与措施之间的不对等。对此，他建议修改传染病防治法，修正传染病分类与措施之间的对应关系，扩大某些防控措施的普适性。

5. 物资征用：多地出现违法征用乱象，不同法律中的征用主体亟须统一

随着疫情的不断发展，防控物资缺乏成为全国共性问题，各地积极通过提高产能、资源调配等方式缓解短缺问题。但部分地方政府及部门却出现了私自征用他地物资的行为，引发舆论争议。典型如"大理市政府截留重庆、湖北黄石等地抗疫口罩""沈阳、青岛海关相互扣押防控保障物资"事件。界面新闻等媒体分析指出，根据传染病防治法规定，县级以上地方政府有权在本行政区域内征用物资，但跨省征用物资需由国务院统一安排，大理市政府以及沈阳、青岛海关的做法明显有违法律规定。目前，相关行为均已得到纠正。

专业人士分析认为，类似事件不仅反映出地方政府依法行政的意识、能力低下，也暴露出法律规定存在冲突或不足之处。据北京市第一中级人

民法院研究室分析，相关问题主要有四方面：一是征用主体不统一、权力界限模糊。突发事件应对法规定征用的主体是有关人民政府及其部门，传染病防治法规定的是县级以上地方人民政府，《突发公共卫生事件应急条例》则将征用权赋予突发事件应急处理指挥部。立法中多元征用主体并存，权力界限模糊。二是我国目前尚未建立完善的跨区域征用机制，征用适用条件、沟通协调机制等并不明确。三是缺乏征用程序、征用措施等程序性规定。实践中，不同征用地方、部门操作不一。四是征用补偿的方式和标准不明确，无法保障征用主体的权利。

对此，专业人士建议进行立法完善，促进突发事件中物资紧急征用的规范性。一是统一、明确不同法律中征用的权力主体，合理划分权责，细化工作分工；二是设立征用信息通报机制，解决不同地域、不同征用主体之间供需信息不对称问题；三是明确征用的流程，确保征用有序、有度；四是研究制定统一明确的补偿方式和标准并向社会公布，合理补偿被征用人的损失。

6. 慈善机制：捐赠物资分配不透明、效率低等问题遭质疑，有必要建立重大突发事件的慈善组织运行机制

疫情暴发以来，全国各地个人、组织捐钱、捐物，希望为国家抗击疫情出一份力。据湖北省新型冠状病毒感染肺炎疫情防控指挥部公告，截至2月13日12时，湖北累计接收社会捐赠资金超108亿元，累计接收社会捐赠物资5638.18万件(套、个、瓶)。但据媒体曝光，接受捐赠物资的湖北省红十字会、武汉市红十字会等机构存在物资分配不透明、捐赠物资大量积压、捐赠款物流向不明、阻碍媒体监督等问题，持续引发舆论批评。媒体、专家认为这些负面舆情的出现折射出我国慈善机制存在的问题。如在慈善物资的调配方面，民政部要求慈善募集款物原则上服从疫情防控指挥部的统一调配，并指定湖北省红十字会、武汉市红十字会等5家慈善组织为接收单位。对此，清华大学教授贾西津等专家认为，统筹调配慈善物资摧毁了志愿机制，剥夺了公民志愿的权利，无法发挥社会组织调配功

能，不利于捐赠物资的公平分配。

针对上述的种种问题，专家建议建立慈善组织在重大突发事件中的运行机制。北京大学非营利组织法研究中心主任金锦萍认为，在参与重大突发公共卫生事件的应对中，慈善组织不能套用常态下的相关工作机制，应在慈善法、突发事件应对法等相关法律中明确慈善组织在重大突发公共事件中的责任，建立区别于常态的运行机制等。北京大学法学院教授葛云松等人表示，应强化慈善法中具有公开募捐资格的慈善组织均可以开展慈善募捐；捐赠人可以通过慈善组织捐赠，也可以直接向受益人捐赠的有关规定，不鼓励政府在突发事件中建立统一分配的协调机制。同时，依法强制公开捐赠物资去向，建立第三方监督机制。在慈善法公开捐赠信息相关规定的基础上，考虑借鉴美国等做法，建立由学者、律师、会计师等组成的第三方监督机构，对慈善组织进行定向监督。

7. 个人信息保护：疫情防控中出现个人信息泄露违法问题，应建立长效机制规范使用

随着疫情防控形势不断升级，各地对风险人群统一管理，取得良好效果。但一些地方却未做好个人信息保护工作，导致武汉返乡人员名单泄露，家庭住址、身份证号、手机号等隐私信息也被扩散。综合公开报道，湖南、江西、内蒙古、山西、广东等多地出现了类似情况。对此，中央网信办、公安部陆续发布通知，为疫情防控、疾病防治收集的个人信息，不得用于其他用途或擅自传播。

对此，清华大学法学院教授王晨光、南开大学周恩来政府管理学院教授常健等专家指出，除以上措施外，我国还应建立长效机制，在公共卫生安全事件中科学使用公民个人信息数据。首先，进一步明确具有收集使用相关个人信息权力的指挥机构、执行机构，并明确相关工作的启动条件和流程规范，做到按需调取。同时，参考国外相关法律的经验，建立统一集中管理机制。如美国《权利法案》赋予卫生部门在疫情控制方面的个人信息收集和使用权力，但同时要求卫生部门在收集数据期间遵循以下原则：

调取数据的目的明确、有一定的事实依据、调取数据的范围明确、严格的共享约束。此外，做好疫情退散后个人信息数据的处理方案，避免处理不当导致数据泄露、丢失、未授权的使用，侵犯个人权益。

针对信息泄露后出现的辱骂武汉人、禁止湖北人进入小区等歧视性行为，中国政法大学危机管理研究中心副主任张永理建议考虑制定"突发事件应对社会支持与反歧视法"，厘清突发事件中的歧视性行为并加以规制，保护每个人的合法权益。如日本出现新冠疫情后，日本政府宣布全部承担患者的治疗费用，不分国籍和签证种类，且也不公开患者国籍，因为"国籍与治疗无关"，即为相关立法理念的良好诠释。

8. 应急状态、推迟复工等热点法律问题

其一，宣布应急状态的程序和形式问题。胡建淼指出，新冠疫情作为公共卫生事件，根据突发事件应对法规定，目前为应急状态，县级及以上政府即具有确定权限。但该法未明确规定需通过何种程序并以何种形式对社会宣布，致使公众产生疑惑。如 2 月 12 日晚，湖北省十堰市张湾区新冠肺炎疫情防控指挥部宣布张湾区全域实施"战时管制"，此后，湖北省大悟县和云梦县也相继宣布进入"战时"管理状态，相关文件表述引起舆论关注。法学人士认为，规范性法律文件中随意使用"战时"管制令的字眼，缺乏法律规范性。对此，胡建淼等法学专家建议进一步在法律上明确应急处置状态的程序和形式。

其二，推迟复工的法律性质不清晰。为防止人群聚集导致疫情蔓延，发布《国务院办公厅关于延长 2020 年春节假期的通知》，将法定假日延长 2 天，各地政府也先后发布了进一步推迟复工的通知。国务院的通知明确为延长假期，法律属性明确。但多名法律专家指出，地方政府推迟复工与传染病防治法规定的控制措施"停工、停课、停业"性质有所不同，推迟复工期属于法定节假日还是公休日、企业是否需要支付员工工资等问题，暂无法律规定，因此引发激烈争议。日前，人力资源社会保障部等部门已联合发布《关于做好新型冠状病毒感染肺炎疫情防控期间稳定劳动关系支持企业复工复产的意见》，明确企业可根据具体情况协商未返岗期间员工的工资待遇等问题。

此外，中国政法大学教授赵威还建议铭记历史，吸取教训，纪念死者，将武汉"封城"日1月23日设立为"国家抗疫日"。中国政法大学应急管理法律与政策研究基地研究员张永理建议加快制定"应急产业促进法"，快速提升突发事件应对科技与产业支撑能力等，共同完善突发公共卫生事件相关法律体系。

【结语】

2月14日，习近平总书记主持召开中央全面深化改革委员会第十二次会议并发表重要讲话。他强调，确保人民群众生命安全和身体健康，是我们党治国理政的一项重大任务。既要立足当前，科学精准打赢疫情防控阻击战，更要放眼长远，总结经验、吸取教训，针对这次疫情暴露出来的短板和不足，抓紧补短板、堵漏洞、强弱项，该坚持的坚持，该完善的完善，该建立的建立，该落实的落实，完善重大疫情防控体制机制，健全国家公共卫生应急管理体系。疫情，既是考验，又是启蒙。立法部门需尽早谋划，直面问题且有针对性地开展工作，推动建立起更加完备的突发公共卫生事件法律处置体系，才能从容应对危机，避免重蹈覆辙。

（观察时间：2020.01.20—2020.02.14）

2

依法防控篇·
疫情防控措施引热议

疫情防控是一场保卫人民群众生命安全和身体健康的严峻斗争，当前正处于关键阶段。习近平总书记强调，疫情防控越是到最吃劲的时候，越要坚持依法防控，在法治轨道上统筹推进各项防控工作，保障疫情防控工作顺利开展。这一论断为当前依法科学防控新冠肺炎疫情指明了方向。截至目前，中央政法单位和国务院各部门迅速采取有力行动，推动或保障各项防控措施落地实施：国家卫健委、最高人民法院等四部门要求严惩疫情期间七类涉医违法犯罪；"两高两部"印发《关于依法惩治妨害新型冠状病毒感染肺炎疫情防控违法犯罪的意见》；最高人民检察院要求依法从严从重打击危害疫情防控相关犯罪，并对疫情防控期间检察机关办理相关刑事案件作出部署；国家市场监管总局两次发文，为执法人员依法依规、从重从快打击哄抬价格等违法行为提供法律支持和依据；公安部下发通知打击破坏野生动物资源违法犯罪活动，确保疫情防控道路交通保通保畅等，引起社会广泛关注、认可和支持。

随着疫情防控措施的全面加强和深入展开，一些地区或部门也曝出了偏离法治轨道甚至突破法治底线的做法，遭到舆论诟病。本文全面梳理了各地的疫情防控举措，发现其中六方面内容受到舆论高度关注，部分举措容易引起争议，存在一定舆情风险。

1. 市场监管执法广受好评，但潜藏"过度执法"危机

疫情之下，市场乱象频生，多地迅速加大了对违法行为的打击查处力度。最先引起公众关注的是市场监管部门，其对哄抬物价等价格违法行为从重从快处罚，回应了群众呼声，获得了舆论一致好评。比如，北京一药

店因大幅抬高口罩价格，拟被处以 300 万元罚款的行政处罚；上海家乐福超市生菜涨价 7 倍，被上海市监局罚 200 万元等。其他的文化、卫生等行政部门也各司其职，如文化部门加强巡查各类文化经营场所，禁止擅自营业或自发性聚众娱乐行为；城管部门对不规范的经营行为进行劝导或现场规范整改；环保部门对饮用水、垃圾发电厂等重点单位开展疫情防控执法检查等。

不过，围绕行政执法尺度等话题，舆论场中也出现争议。有舆论表示，市场行政执法不是"以罚代管"，而是应积极研究稳定市场价格的有效举措，让经销商有价可依，防止踩线。特别是疫情防控期间，各种物资特别是口罩等防护物资奇缺，成本上涨导致市场价格不可避免地出现波动，政策制定和执法活动也需实事求是。近日，湖北洪湖一药店因将进价 0.6 元的口罩定价 1 元出售，违反了湖北省市场监管局有关"购销差价超出 15%"的规定，被洪湖市场监管局罚了 4 万余元，引发网络热议。网民认为，在"一罩难求"的情况下，该药店价格已经"很有良心"了。洪湖市场监管局回应称，该口罩是一次性劳保用品，平时价格几分钱。网民关联"湖北省统一调配的口罩售价为 2 元 / 只，进价只有 1 元"这一消息，追问为何湖北政府不算"违法"。法律人士观点也出现分歧，如中共中央党校（国家行政学院）教授竹立家认为，市民可能认为口罩售价 1 元不算贵，但按比例计算可见涨价幅度不算小。中国政法大学法治政府研究院院长王敬波认为这种处罚属于执法过度，还有专家担忧过度严厉地打击"乱涨价"，很可能导致商家供货中断，加重本就紧张的物资供应。目前洪湖市已对该处罚启动重新调查，但舆论热议仍在持续，这也提醒了执法部门需慎重执法，对公众不解之处多做解释和沟通，以免影响法律权威。

2. 公安机关严打涉疫情违法犯罪，谣言治理或存实践困境

作为打击犯罪、稳定秩序，保护国家、集体和公民个人权益的职责部门，公安机关始终奋战在前线，其中三类执法行为引发舆论高度关注。

一是严惩故意隐瞒病情、传播疫情等犯罪。近期，有新冠肺炎患者

因故意隐瞒病情和行程或者违反隔离观察等疫情防控措施，造成了严重后果，引起公众谴责。如山东潍坊患者隐瞒自身情况致 68 名医务人员被隔离、山西一对夫妻隐瞒其父亲与武汉人员密切接触史致 17 名医护人员 102 户居民紧急隔离、海南一男子刻意隐瞒病情并向地上吐口水致 2 名医护人员被感染等。对此，各地公安机关果断出手，截至 2 月 7 日，已有 20 余人因涉嫌以危险方法危害公共安全罪被各地公安机关立案侦查。专家学者建议，判断隐瞒行程或者病情的患者是否危害公共安全，需要考察其主观动机和客观行为，司法机关应当遵循罪刑法定的原则，正确区分不道德行为、违法行为与犯罪行为。

二是严打利用疫情名义实施的诈骗等犯罪。比如，浙江宁波、四川自贡、广东佛山和深圳等地曝出多起非法生产、销售假冒口罩案，目前当地政法机关均已介入。舆论场上，多数网民谴责犯罪嫌疑人"丧尽天良""发国难财"的行为。据公安部消息，截至 2 月 14 日，全国公安机关共破获涉疫情诈骗案件 3600 起，抓获犯罪嫌疑人 1373 名，涉案金额 6691 万元。

三是快速打谣、辟谣安抚民心。随着疫情快速蔓延，各地与疫情有关的谣言也四处蔓延。此时，除了官方消息发布要及时准确外，警方的辟谣速度更受考验。面对舆情，河北、江苏、四川等全国 31 个省（自治区、直辖市）的公安机关迅速行动，一面及时发布辟谣通报，一面处置编造、散布疫情的造谣者，为净化舆论场、安抚民心起到了重要作用。与此同时，一些质疑声也在网络上泛起。疫情初期，舆论开始重新考虑重大公共卫生事件中的"谣言"认定标准问题，比如主观善意的提醒是否属于"谣言"、专业人士的讨论能否也界定为"谣言"。如西南财经大学法学院副教授兰荣杰等法律人士建议，面对专业人士的专业行为，谨慎动用警察权，避免由此造成"寒蝉效应"。打击谣言不是打压发声，疫情蔓延时期，在执法上更需精细化，如果过度禁止言论表达，反而造成公众对疫情态势的猜测和恐慌，酿成另一层面的公共安全危机。

3. 粗暴封堵措施涉嫌违法，防控措施谨防超越法律尺度

疫情发生后，各地为切断传染源、防止疫情传播，纷纷采取关闭交通道路、限制人员出行等手段，一些地区采取的粗暴极端方式经媒体曝光后引起争议。如河南、山东等地的村庄通过挖掘机挖断道路、用泥堆石块阻断道路等方式封村、封路，网民称赞此举"硬核"，也有媒体评论称，"只要不对某些个体或群体产生不可逆转的恶劣影响，对于这样的权宜之计还是应该多些宽容"。但当地群众却反映苦不堪言，专业人士更是直指此举涉嫌违法。如"@中国消防"等多个消防官微指出，野蛮封路不仅可能涉嫌损害交通设施等违法犯罪，造成不必要的道路损坏，还可能导致紧急状况发生时，应急物资无法及时运达，呼吁各地政府部门理性决策。随后，公安部一再明确表态，要求任何单位和个人不得以疫情防控为由擅自封闭高速公路等，不得在公路设置路障阻拦所有车辆通行，切实保障应急救护、生产生活物资运输。目前部分不妥举措已经得到纠正。

另外，个别地方草率的"封城"之举也遭到舆论抨击。在继武汉"封城"之后，1月26日10点半左右，广东汕头市新型冠状病毒感染的肺炎疫情防控指挥部发布消息称，"自1月26日14时起，全市营运客车、城市公交、出租车（巡游、网约）、顺风车、轮渡暂停营运。自1月27日0时起，禁止车辆、船只、人员进入汕头市，经允许的应急、特种和物资保障需要的除外"。该通知被视作"封城"在汕头市内引起强烈影响。据媒体报道，短短两小时内，当地很多超市蔬菜、大米告急。当日13时许，汕头疫情防控指挥部又发出收回通知，称将加强对流动人员的疫情监测和防控，但不会限制车辆、船只、人员、物资的进出。这出"闹剧"不仅引发网民围观群嘲，还有专家批评指出，"封城"是紧急状态下的非常态措施，这类举措应有极其严格的适用条件，不能想启动就启动。此事的启示在于：打赢疫情防控阻击战确实需要加大力度，但也要拿捏好法律尺度，用力过猛同样经不起实践检验。

4. 规范执法更受考验，需兼顾法律效果和社会效果相统一

在"众志成城、共同抗疫"的舆论共识下，执法机关对抗拒、不配合执法行为的当事人采取强制措施，既能形成一定的公共威慑力，也符合民意期待。近日，山东、内蒙古司法机关开庭审理了当地首例涉疫情妨害公务案——被告人不戴口罩还殴打执法者。不过，越是在执法机关的行为受到高度关注的情形下，一些执法行为就容易引发争议。一是执法依据方面。据《都市快报》2月1日报道，近日，武汉一女子在前往杭州探望女儿后母女二人被确诊为新冠肺炎，杭州警方以女儿所租房屋业主未及时报备信息且在村干部上门排查时未如实告知为由，对业主处以行政拘留5日的处罚。对此，部分网民追问"为何不处分患病母女却处分房东"，质疑警方执法依据不足。二是执法方式方面。2月初，不少媒体集中报道了浙江、江苏、安徽等地公安民警为劝阻聚众娱乐"暴力执法砸麻将桌"事件，形成一波舆情高峰。尽管部分声音表示支持，认为"非常时刻应采取非常手段"，但更多网民表达质疑，认为警方批评教育即可，打砸麻将桌超越其执法权限，根据麻将桌价值，或可构成故意毁坏财物罪。同样的执法情景，有些地方做法比较"机智"，如四川广元警方面对民众聚众打麻将，直接把麻将4个"一万"收走，并称这是"不怕一万，就怕万一"，收获网民认可。

衡量和判断执法工作的成效，既要看法律效果，也要看社会效果。非常时期，执法人员既需严格执法、规范执法，做到不枉不纵，严惩犯罪；又要准确把握社会心态和群众情绪，做到理性执法、文明执法，实现执法效果最大化。

5. "一刀切"式管控频引指责，依法纠偏有待进一步落实

随着"外防输入　内防扩散"的疫情防控压力增大，各地出台了严控人员流动的应急措施，但一些地方防控手段也开始变形，出现了"一刀切"的苗头，严重违背依法防控的要求。部分疫情较轻的城市，盲目照搬疫情严重地区的防控措施，过度限制群众生产生活，造成地域对立和舆论

撕裂。据媒体公开报道和研究机构的分析，"一刀切"管控措施主要体现在四个方面：一是封闭生活小区，阻止外地人员返程，甚至个别地方规定，对湖北、浙江、广东、河南、湖南等所谓"疫情重点地区"的外来人员"一律劝返"，致使"有家难回、无处可去"；二是阻断交通，禁止外地车辆进入，更有甚者设卡拦截，某市严查车牌，鄂牌、豫R、浙C牌照车辆一经发现，立即扣留，人员移交疾控部门；三是拖延复工，部分地区复工复产需当地部门审批，附带十分严格的复工条件，造成企业复工难；四是控制医疗、防疫物资，多地要求实名购买或停售咳嗽、发烧药物，个别地区政府截留其他省市口罩等防疫物资。

主流舆论认为，如此"一刀切"式的管控看似有效，其实是简单粗暴的懒政、不作为，容易制造新的社会矛盾。《新华每日电讯》评论文章评价这种行为是"简单粗暴、以邻为壑的原始粗放管理方式"；《经济观察报》建议，比较好的做法应该是精细化行政，区分情况，分层管理。日前，李克强总理主持召开中央应对新冠肺炎疫情工作领导小组会议，强调不搞"一刀切"，要求及时纠正偏颇和极端做法。浙江省下发政府令，要求部分地方对在疫情防控过程中出现的无理由擅自升级管控措施，甚至采用层层加码的简单化管理手段，必须加以制止。还有一些地方政府研究替代方案，比如四川省政府近日出台政策，根据疫情状况划分四类地区，实施分区分类防控等一系列举措得到较多认可。但更多地方仍在维持着"一刀切"的防控措施，纠偏要求距离真正落实还有较长的路要走。

6. 涉医案件备受关注，警惕信息公开不透明引起误解

冲锋战斗在抗击疫情第一线的广大医务工作者，公众对其心中充满敬意，"爱护、尊敬、保护医务人员"的舆论共识早已形成。疫情防控期间，发生多起患者家属暴力伤医事件，如武汉市第四医院2名医生遭一死亡的新冠肺炎患者家属抓扯殴打，致医生的口罩、防护服被扯坏；江苏盐城一男子在病房不戴口罩抽烟并殴打医生，引发舆论愤慨。对此，属地公安部门抓捕犯罪嫌疑人、检方提前介入侦办，案件得以快速进入司法流程。

但与之相对的是，个别地方公安机关处罚医生的做法遭到舆论质疑，一是武汉警方训诫 8 名医护人员事件持续发酵，要求警方道歉、纠错的呼声此起彼伏；二是云南曝出行拘医生事件，云南警方 2 月 6 日通报称，文山州人民医院文某、文山市人民医院刘某等 4 名医务人员因偷拍、散布疫情防控信息被行政拘留 10 日并处罚款，引发网民强烈关注。由于警方通报较为模糊，舆论对此追问不止：《健康时报》发文"云南文山被拘留、被处罚的这五名医务人员究竟泄露了什么"；《南方都市报》也疑惑"这几名医护人员究竟是因为散布了什么样的信息，后果严重到非要使用行拘不可的程度呢"，大量网民也要求警方公布更多细节。2 月 7 日晚，"@云南警方"再次发布通报，一是就舆论此前的质疑作出回应，称涉事医护人员私自用手机拍摄医院电脑记录的新冠肺炎患者的姓名、家庭详细住址、工作单位、行程轨迹、接触人员等并公开散布，造成相关小区住户人员高度恐慌；二是对之前的行政处罚作出调整，称鉴于当前疫情防控工作的严峻性，暂缓执行拘留决定。警方二次回应后，舆情很快平息。

如何应对和处置网络舆情，影响公众对公平正义的感知，关乎政法机关的公信力和法律权威。战"疫"期间的涉医舆情备受舆论关注，提醒了政法机关需保持高度重视，在坚决打击涉医违法犯罪、依法规范处理涉医案事件的基础上，还要加强舆论引导工作，及时回应公众关切，用公开透明的权威发布，增强舆情引导的针对性和有效性。

（观察时间：2020.01.20—2020.02.14）

3

慈善机构篇·
舆情旋涡中的湖北红十字会

编者按：处于疫情核心区的武汉 1 月 23 日宣布"封城"，社会各界积极伸出援手，来自全国各地甚至海外的物资源源不断涌入武汉。然而，抗疫前线的各大医院物资紧张甚至告急，原本应当发挥重要作用的湖北、武汉两级红十字会暴露出公信力不足、信息披露不充分、运行机制低效、应对突发事件能力欠缺等种种问题，成为众矢之的。法制网舆情监测中心复盘舆情发酵过程，通过分析涉事的慈善机构在实体和舆情工作中存在的问题和不足，为后续工作和舆情应对总结经验和建议，供有关部门参考。

【舆情综述】

第一阶段：谣言缠身埋下不信任种子

新冠肺炎疫情暴发以来，越来越多的民间公益机构、个人纷纷行动起来，为疫区筹集物资、款项。在此背景下，1 月 26 日，民政部发文要求，慈善组织为湖北省武汉市疫情防控工作募集的款物，由湖北省红十字会、湖北省慈善总会、湖北省青少年发展基金会、武汉市慈善总会、武汉市红十字会接收。然而，这一本意鼓励社会积极参与救助的通知，却在民间公益机构和捐赠人当中引起不小的争议。他们担忧，这些带有官方色彩的机构能否及时、有效、透明地保证社会善意抵达终点地。

武汉红十字会开始接收捐赠物资后，网上连续曝出两起舆情事件，将其置于尴尬境地。1 月 26 日，网传截图显示"武汉红十字会向上海医疗队收取捐赠物资服务费"，武汉市红十字会 27 日在官网辟谣称，"从未收到过上海医疗队捐赠的物资，也不存在任何收费现象"。1月29日晚，一条在朋友圈广泛流传的新闻称"山东寿光捐赠的350吨蔬菜将以低于市场价格的售价向武汉市民销售，销售所得将捐给红十字会"。该消息引发网民持续追问："为什么寿光捐赠的蔬菜要售卖？""卖的钱为什么还要给红十字会？"1月30日，武汉市红十字会在其官微回应，从未接收任何单位、任何个人捐赠的"寿光蔬菜"，更没有参与该批蔬菜的分配、售卖。负责处置捐赠蔬菜的武汉市商务局也发声解释。与此同时，武汉市慈善总会被网民发现"收了近4亿元资金却只划拨出几百万元"。虽然武汉红十字会迅速澄清，武汉慈善总会也于次日更新了善款拨付进展，但不信任的种子已经埋下，部分网民将监督的目光转向了红十字会和慈善总会。

第二阶段：口罩分配风波引爆舆论场

随着疫情扩散，武汉一线医疗防护用品持续告急。作为武汉最早一批新冠肺炎定点收治医院，武汉协和医院已经连续多日对外表示医疗物资不够用，1月30日至31日，该院2名医生先后在微博发帖称"不是告急，而是即将全部用尽"，牵动了大量网民的心。此时有网民发现，在湖北省红十字会官网公布的捐赠物资使用情况表上，只有3000个未标注型号的口罩流向武汉协和医院，1.6万个N95口罩发给了一家"莆田系"医院。同时网上曝出"武汉协和医院医生前往红十字会领取物资被拒""一线医护人员自制口罩与防护服"等信息。一时间，针对红十字会分配效率与分配公平性的质疑与批评汹涌而至。

1月31日，湖北省红十字会在官网对此事作出解释，同时承认存在"审核把关不严、执行程序不严格、工作不细致、作风不扎实"等问题。但该回应并未消除疑问，反而引发更多追问，如《新京报》发文直指有"四大疑点尚待澄清"，其中"红十字会受捐物资究竟归谁调配"最为关键。《第一财经》、经济观察网等报道指出，湖北省红十字会工作人员称"物资分配归新冠肺炎防控指挥部的统一安排"，但湖北省疫情防控指挥部相关工作人员予以否认，称"指挥部只负责审核和批准省红十字会上报的分配方案，对方案也未曾修改或驳回"。各方矛盾的说法令物资分配疑云越来越重。

第三阶段：负面事件不断、深陷舆论危机

2月1日上午，央视等媒体实地探访武汉市红十字会在国博中心的临时仓库，现场视频显示仓库堆满大量物资，但因人员有限致使物资发放不畅，有包括武汉协和医院在内的多家医院工作人员在现场等候数小时后未领到或只领到少许物资。其中，央视记者在进入仓库时遭到保安阻拦致直播中断，这一幕让广大观众震惊不已，网民纷纷指责武汉市红十字会拒绝舆论监督。当日下午，还有网民曝光一名驾驶政府公务用车的男子在红会仓库轻松领取一箱口罩。此事迅速在网上发酵，网民质疑口罩的用途去向以及领取标准。

接连出现的负面舆情使得舆论对红十字会的信任度降至冰点，在自媒体平台，湖北、武汉两级红会遭到全面起底。有网民根据公开资料发现，武汉市红十字会12名编制员工2019年月均"工资福利"达到2.3万元，远远超出当地平均收入水平；一些自媒体曝光称，此次获赠口罩的武汉仁爱医院已经与湖北省红十字会合作了7年之久，双方关系令人生疑。还有自媒体对阿里巴巴公司、明星韩红通过各种方式向武汉运送物资的情况进行关注，对比之下，红会在公众心中的负面印象进一步恶化。

第四阶段：快速问责缓和舆论情绪

2月2日，九州通物流公司代替武汉市红十字会负责捐赠物资的入库、分类、保管等工作。与此同时，湖北省红十字会相关负责人通过《中国慈善家》杂志对外宣布，医院可以直接接受定向捐赠。2月4日，湖北省纪委监委对湖北省红十字会问责结果出炉，3名领导干部因失职失责问题被处分。这一决定很大程度上安抚了连日来舆论的不满情绪。《新京报》评论称，3名领导被处分，不只是为了向舆论交差，根本上还是严肃执纪、有效防疫的内在要求。

随着对湖北省红十字会相关责任人快速问责以及防疫物资发放进程的

加快，相关舆情逐渐趋缓。然而，在武汉物资供应依然紧张的情况下，与红十字会以及其他慈善组织有关的负面或者谣言仍不时曝出。2月8日，有武汉汉口医院的医生在微博爆料，该院被定向捐赠的1万个N95口罩在武汉红会仓库下落不明，再次激起舆论愤怒。2月11日至12日，微博网民"@渥丹"发现，1月30日至2月10日武汉红会共接收1500余万个口罩，但至今未下发到医院的口罩数量占到近九成，也就是大量口罩仍"躺"在仓库中。2月11日，《公益时报》报道称武汉市慈善总会将27亿元捐赠款上缴财政，引发善款使用涉嫌违法的舆论质疑。12日，武汉慈善总会回应称系误读，27亿元捐赠款已全部用于疫情防控。

2月14日，民政部发布慈善组织、红十字会依法规范开展疫情防控慈善募捐等活动指引，明确慈善组织、红十字会要及时向社会公布捐赠款物的接收分配情况，主动接受社会监督。由红十字会引发的影响仍在持续扩散。

【问题解析】

红十字会不是慈善组织而是人民团体，但因其可以接受社会捐献且往往在重大突发事件中扮演着枢纽型慈善组织的角色，其责任十分重大，公众一般也将其等同于其他慈善组织。疫情发生后，民政部指定湖北省红十字会等5家机构接收防疫款物，在此重大时刻，不但考验其运营能力，更考验其公信力。在捐赠物资的分配过程中，红十字会的效率问题和公开问题被充分暴露出来，加之舆情应对不力，最终使自身陷入"塔西佗陷阱"，面临"质疑—声明—质疑—再声明—再质疑"的恶性循环。

1. 实体工作存在漏洞引发批评不断

首先，红十字会人员有限且缺乏现代化的物资管理能力，导致实体工作效率低下、问题频出。一方面，媒体报道指出，两级红十字会在编人员仅有30余人，其余均为临时招募的志愿者，这样的人员规模导致其短时间内难以处理集聚的海量物资，也就不难理解湖北省红十字会相关负责人在接受专访时无奈表示"我们已经心力交瘁"。另一方面，海量的物资需要一个现代化的物资管理体系，而红十字会让公众看到的却是一个低效且接近失灵的物资调配体系。社会捐赠的医疗物资无法及时清点、评估、分发，一线医护人员不得不通过微博向社会求助，凭医院介绍信到仓库领取物资的做法也备受诟病。这让公众和捐赠者感到愤怒和不解：善款物资到底去哪儿了？是否及时用上了？有没有用对地方？

其次，信息公开缺乏透明度、精细度衍生网络舆情。各方源源不断的援助款物抵达湖北武汉后，如何管理、款物发放情况如何，这些受指定的慈善机构并未做到主动、充分公开，导致公众对物资分配方向和依据不甚了解，因此衍生出"口罩分配风波""政府公务车领口罩""央视直播被中断"等舆情事件。另外，在公开信息的精细度方面也有很大问题，相关机构虽然在官网每日公开款物收发的具体情况，但在统计数据上存在关键信息缺失，这种信息公开经不起推敲。至于写错数字、写错时间，更是暴露出其信息公开的随意性。如根据武汉市慈善总会官网信息显示，至今已拨付的 32 亿元善款中有 8.1 亿元流向政府部门，拨付对象有江夏区财政局财政专户、东湖新技术开发区社会发展局、东湖生态旅游风景区管委会办公室等市政部门，但未标明具体用途，引发不少网民质疑善款改用市政。

2. 舆情应对能力存在明显短板

湖北、武汉两级红十字会在实体工作上存在的硬伤是造成舆情不断的主要原因，但不容忽视的是，其在舆情应对上也屡屡犯错，导致公信力进一步降低。其一，敷衍舆情招致舆论追打。对于武汉仁爱医院获捐口罩的疑问，湖北省红十字会先是解释为"定向捐赠"，该说法被捐赠方否认；后改口称是 KN95 口罩，"不能用于一线医护人员防护"，该说法又被专业人士质疑。多次改口始终没有交代清楚为什么一线的协和医院得不到应有配置，遮遮掩掩的说法使得不满网民对捐赠企业和受赠医院进行起底，舆论场上衍生出更多追问。其二，回应缺少细节。近年来，公众在重大舆情事件中，更为关注回应的细节，没有细节，再及时的回应也难有说服力。

落脚到此次舆情中,在前期"谣言缠身"阶段,武汉市红十字会的回应更多是"不属实""未参与"。与细节满满的谣言相比,如此简单的回应方式很容易引来指责,无助于消除公众疑虑。其三,重表态轻行动难以满足关切。疫情战场如火如荼,物资迟迟跟不上需求,公众焦虑心情可想而知,相较于表态认错,公众更希望看到红十字会拿出行之有效的问题解决方案。但涉事机构在回应公众关切时,往往只见态度不见成效,导致不满情绪不断累积。

【应对建议】

1. 政府层面:需搭建平台整合各方力量

在全国性的重大公共突发事件中,如果只由某个部门指定机构统一接收社会捐献,或简单地将社会捐献纳入政府公共资源合并使用,很难满足实际需求。因此,如何在政府主导慈善的基础上,充分调动社会各界力量,就是一个亟待解决的问题。对此,媒体、专家给出了一些有价值的参考建议。

第一,撤销对慈善组织接收募捐款物限制。北京大学法学院教授葛云松、清华大学贾西津教授建议,民政部应当尽快取消统一分配的限制,并规定只要依法登记、有救灾应急宗旨的慈善组织都可接收物资捐赠。如此,才能加快培育更多应急类慈善主体,让社会公众有更多选择权,同时推动官方慈善组织在市场竞争中提升自身服务能力。

第二,搭建信息平台整合多方力量。财新网建议,在红十字会公信力不佳的情况下,不一定由政府垄断所有防疫资源。可以考虑在政府掌控一定资源的基础上,利用互联网建立统一公开的信息平台。让政府资源、社会资源与医院需求都能在这个平台上呈现。北京师范大学公益慈善与非营利法治研究中心主任马剑银也认为,在这样的特殊时期,不应按照思维惯性将捐赠物资的接收任务限定于某几个机构,可以考虑特事特办,整合社会力量,开放民间通道。

第三，重大灾难中的慈善行动需建立应急机制。中国社会保障学会会长郑功成认为，在此次防控新冠肺炎疫情战役中，我国现行突发事件应急机制暴露出短板和不足，具体到慈善领域来说，建立慈善应急机制更具有必要性、紧迫性。他建议，需针对重大灾难中的慈善行动制定专项应急预案，进一步理顺重大灾难中的慈善运行机制，并建立专门的慈善应急协调机制和正常有序的社会监督机制，这样才能避免被动局面的再次发生。

2. 机构层面：疫情防控压力下需转变工作思路

经过前期各种风波，湖北的红十字会和慈善组织在捐赠款物的管理方面已经有了明显好转。这还远远不够，当前正处于全面打赢疫情防控阻击战的关键时刻，公众期待各个机构能够再快一点、再透明一点。综合舆论建议和有关讨论，法制网舆情监测中心认为，当地红十字会和慈善组织可从以下几个方面提高工作效率、加大信息公开力度，回应社会公众对慈善组织的专业性期许。

第一，理顺分配机制，打破信息壁垒。目前，疫情防控指挥部、卫健委、红十字会之间尚未合署办公，遇到问题后，各方难以及时沟通、及时应对。因此，为避免物资调配权属不清的情况出现，红十字会应及时与上述两部门沟通合作，通过信息共享掌握各方需求，及时调配物资。

第二，提升分配效率是关键。面对短时激增的工作量，湖北、武汉红十字会还需收集汇总各医疗机构、社区等对物资的需求，充分连接各种社会资源和社会力量。除了广泛发动志愿者参与日常执行工作外，还可与其他更为多元的社会力量和组织进行合作，包括大型的物流公司、互联网信息平台等，在物资接收、管理、分配、发放等方面建立通畅的渠道。

第三，信息公开需更精更细。慈善机构公开有关捐赠信息，是其法定义务，不能回避。面对公众的关切，各参与机构应第一时间通过自身平台和新闻媒体主动公开。尤其是目前比较集中的善款善物分配及流向问题，需要更加精准和仔细，只有主动、及时、准确、全面、动态地发布相关信息，并及时回应各种批评与质疑，才能重塑当地红十字会的公信力。

第四，借鉴先进管理经验。近日，杭州市红十字会的防疫先进经验备受推崇，其从完善捐赠、分配规则入手，鼓励加强外部监督，利用信息化科技化手段助力公开透明。山东省针对分配捐款物资时容易出现管理混乱的情况，规定红十字会等慈善组织只接收捐赠，款物由省委领导小组根据各市领导小组提出的分配方案统一调拨使用。对于当下舆论关切的捐赠款物问题，陕西省红十字会每天下午6点定时向省纪检监察组报送当日捐赠情况，主动接受监督。

第五，舆情应对要注意方法和技巧。当前，网络上各种声音纷繁复杂，任何与疫情有关的事件，都获得了数倍于平常的关注度。关注背后，既有对事件的关心和重视，也有对问题的焦虑与质疑，任何一处细节没有做到位都足以拖垮脆弱的公信力。这就需要涉事机构不躲避、不回避，直面舆论监督和批评，在回应舆情时多从细节和态度入手，用事实满足关切，用行动化解焦虑。

（观察时间：2020.01.20—2020.02.14）

4

谣言治理篇·
疫情之下的网络谣言研究

编者按：春节前后，由武汉暴发的新型冠状病毒感染的肺炎疫情席卷全国，网络上与之相关的谣言和不实信息层出不穷。疫情连同与之相伴的谣言治理，成为检验国家治理体系和治理能力现代化的一场大考。法制网舆情监测中心分析发现，从类型上看，涉及疫情的谣言主要有三类：疫情防治类、疫情发展和防控类以及涉疫情防控人员类，还有个别涉军队和国家安全。谣言多在社交媒体、短视频等平台产生和传播。除政法机关严厉打击造谣传谣违法行为、媒体积极求证辟谣之外，社会力量主动参与其中，辟谣平台更加多元化。

目前，疫情仍在不断扩散，旧有谣言存在继续传播的风险，新生谣言也会有陆续出现的可能，更有直接指向司法机关的趋势。舆论认为，涉疫情本身的谣言误导公众，更易引起社会不必要的恐慌，扰乱正常的社会秩序，影响专业权威机构的应对，加大疫情防控难度，建议政法机关加强监管核实力度，以法律手段严厉打击谣言。本文通过归纳谣言类型，分析当前阶段谣言传播新特征、新趋势，并提出应对建议，以供参考。

一、谣言类型

1. 涉疫情防治方面

此次新冠肺炎在确定存在"人传人"情况之后，诸多涉疫情防治方面的伪科学和谣言被广泛传播，其中不乏一些之前已被辟谣的信息。例如，"熏醋可以杀死病毒""吸烟饮酒可预防病毒""盐水漱口能预防病毒"等，这些谣言在 2003 年"非典"期间都曾出现过。此次疫情暴发后，类似谣言再次出现，如"抗流感药物可以预防新冠病毒""带多层口罩才能防病毒""香油滴鼻孔可阻断传染""嚼大蒜能治疗新冠肺炎"等。此外，还有不法分子为牟取利益，恶意散布谣言，如河北省廊坊市香河县网民田某在微信朋友圈散布"新冠肺炎已进入香河，各位家长要给孩子准备好提升免疫力的益生菌和乳铁蛋白"。经调查，田某为推销其孕婴店产品发布该不实信息。缺乏科学依据的谣言，加上普通公众对新冠病毒本就缺乏认知，使得舆论氛围更加恐慌，对疫情防控工作极为不利。

2. 涉疫情发展及防控方面

自疫情暴发后，涉疫情发展的谣言便密集出现，包括疫情感染地区、感染或死亡人数、疫情发展趋势等。如有网民称"新型冠状病毒被命名为 SARI，是 SARS 的进化"；网民"祖传老中医"在一个 211 人的微信群内散布谣言称"我市（沈阳）新型冠状病毒疫情已死亡 9 万多人"；上海网民徐某在微信群中称"上海死亡人数超过 32 人"等。

涉疫情防控措施的谣言近期密集出现，如网民谣传"武汉周边部队开始集结，各连锁酒店全部被政府征用，如果 10 号疫情不好转，解放军进城全面接管"，随后被警方刑拘。随着返程和复工的开始，各地疫情防控措施加大，相关谣言传播更有"市场"，如"湖北、浙江、湖南、河南、安徽、重庆、江西 7 个省的一律原路返回，暂时不许进入广东""西安北站乘客下车一律分区带到酒店隔离"等信息在网上疯传，引发一些返程者的恐慌。

3. 涉抗疫专家、工作人员方面

针对一线抗击疫情的权威专家和工作人员的谣言高发。比如与钟南山院士相关的谣言多次出现，有"1 月 26 日晚 9 点半白岩松对话钟南山""钟南山推荐中药预防汤剂""钟南山来合肥了""钟南山亲自送女儿援助湖北"这类不实信息，也有"钟南山院士被传染"的谣言，甚至出现攻击抹黑钟南山院士的谣言。网传美国药企吉利德研发的瑞德西韦对新冠病毒有"抑制"作用,"钟南山院士在机场迎接吉利德公司老总"。一些别有用心者称这是钟南山院士"通美的证据"。国家卫健委高级别专家组成员李兰娟院士2月5日发布重大研究成果,"阿比朵尔"抑制冠状病毒效果明显,当日就有自媒体发文称"李兰娟院士重磅推荐的新药为其儿子名下公司出品",有网民不分青红皂白地指责李兰娟院士"发国难财"。舆论质问造谣者"到底什么心思",谴责其刻意向抗疫专家泼脏水,并呼吁警方调查严惩。

涉及政府部门及工作人员方面,疫情刚引发关注,网上就有传言称"武汉市卫健委副主任刘庆香擅离职守到上海和女儿过年,被发现感染新型冠状病毒后,辗转躲避,后被找到并强制隔离"等;"进口的口罩被海关征用"也持续在社交媒体上流传,多地海关予以辟谣。还有,造谣医护人员为感染密切接触者、医生"去世"等现象屡见不鲜,被谣传"死亡"的同济医院重症医生陆俊接受采访时表示,"这些谣言对奋战在一线的战友打击太大"。

此外,也有极少数涉及国家安全的谣言,如2月3日外交部发言人华春莹就疫情国际援助问题答记者问时表示,"自1月3日起,共30次向美方通报疫情信息和防控措施"。这本是例行的信息通报,却被恶意曲解为"中国对国内隐瞒疫情,却向国际通报",引发不明真相网民转发传播。

二、舆情特征

1. 谣言演变过程反映舆论关切变化

据中国社科院社会学研究所一项调查数据显示,在抗击新冠肺炎疫情中,公众最希望及时了解的信息有"自己及家人亲友所在区域的疫情或潜在风险(59.9%),关于疫情感染、扩散情况的信息与统计数据(52.3%),政府部门、有关机构采取的应对、防控、治理等措施(47.8%)"。而广为流传的谣言正是钻了信息不对称的空子,例如"白岩松于1月26日晚将连线钟南山介绍疫情"的谣言,以学校教师群和家长群为起点,很快扩散到整个网络,有的单位甚至强制转发宣传。这充分反映出处于知情困境中的群众对权威信息的渴求心理。

此外,谣言的侧重点随着公众关切的转移而发生变化。一开始,公众对新冠肺炎的认知模糊,新冠病毒有关的谣言"应运而生";随着疫情持续蔓延,各地确诊和疑似病例人数不断攀升,公众注意焦点转移至"如何防治新冠肺炎"上,如吃板蓝根、抗生素等可防治新冠肺炎的"方法"获得传播;而后,中央和各级地方政府高度重视,启动相应措施,各地区实行的管控措施及其执行情况又成为谣言的主要内容。

2. 熟人间相互推转增加谣言传播力

此次疫情谣言的起源和传播路径主要为微信、微博、短视频三大社交平台,这与平台本身赋予普通公众快速、方便、自主、开放的主动权有关。多级传播、熟人间相互转发以及不同平台采用多种叙事方式的特征,在疫情谣言传播过程中十分突出。例如,一则耸人听闻的小道消息流出后,随即出现在各类家庭群、同学群、工作群,还会有人将信息转发至朋友圈、发布至微博、上传至短视频平台。这样的传播方式使得传播者与接受者之间的界限越来越模糊,因为出于对熟人的信任,大部分人成为谣言传播者而不自知。健康科普账号"@丁香医生"总结称,通常以"不知道真假""别人转的""谁谁谁拐了18个杆子才打着的亲戚说"开头的,那多半就是假的。

3. 辟谣主体多元、平台功能突出

此次疫情辟谣工作主要呈现参与力量多元化、平台化的特征。一是传统辟谣主体积极发挥作用。不仅政法机关第一时间打击造谣传谣的违法行为并予以公开,政务新媒体迅速推转相关信息,形成传播矩阵;权威新闻媒体也纷纷走在求真求实的前列,及时将事实真相反馈回舆论场。二是平台聚合作用凸显。商业媒体利用技术和优势,依靠权威机构和专家的专业知识,开通辟谣专门平台和专栏,如知乎、百度、《今日头条》等上线了"抗击肺炎"专题频道,聚合每日重要的疫情信息和辟谣跟踪等;腾讯上

线"较真查证",提供谣言搜索、甄别功能。三是专业力量介入增加权威性。疫情谣言多涉及似是而非的伪科学,要精准阻断其传播,还需要更专业、更权威的信息。"丁香医生""A2N"("Anti-2019-nCov"即"抗击新型冠状病毒")这类专业组织吸纳了来自医疗、生物、传播等各类专业背景的志愿者,为辟谣工作贡献了群众智慧。

4. 争议个案引发舆论对谣言治理的深度反思

官方披露疫情之前,武汉8名医务人员因在微信群中发布"SARS疫情"相关信息,被武汉警方以"造谣"为由查处。此事在疫情扩散后引发舆论关注和质疑,主流舆论认为武汉警方机械适用了有关谣言治理的法律,模糊了谣言的法律边界。北京师范大学法学院院长卢建平认为,在医学或科学领域,绝大多数的发现或发明创造都经历过一个从"假设—验证或发现—证实"的过程,这是科学规律,不能将"未经证实"的发现或假设都一律作为谣言加以封杀;西南财经大学法学院副教授兰荣杰等法律人士建议,面对专业人士的专业行为,警察原则上应予尊重,不轻易评价专业争议,不草率动用警察权干扰专业行为,避免因此造成"寒蝉效应",压缩专业试错和学术争议的空间。

三、应对建议

目前,疫情防控工作到了最吃劲的关键阶段,随着各地防控措施全面推进,谣言冒头的风险也在增加。政法机关需总结当前阶段的工作成果和经验教训,研判下一阶段的趋势和风险,精准做好谣言治理和舆论引导工作,为全面打赢疫情防控阻击战营造良好的舆论环境。各地政法机关可从以下三个方面入手,提高工作效率和准度:

1. 增进与媒体平台第三方机构的合作

重大疫情暴发后,如能充分调动辟谣资源,谣言的传播广度和破坏力会大大缩减。面对当前四起的谣言,各地政法机关的辟谣工作仍然以官方新媒体为主,存在发布渠道单一、影响力不够等问题。相比之下,百度、腾讯、《今日头条》、丁香园等平台开通辟谣信息出口，不仅辟谣信息更新速度快，而且用专业知识回击谣言，辟谣效果更加显著。另外，媒体具有的大众传播特征，也在辟谣工作中有着天然的优势。政法机关可增进与辟谣平台、各大媒体之间的合作，尽可能覆盖谣言传播的所有渠道，进一步压缩从谣言采集到调查和公布辟谣信息的路程。

2. 明确执法司法活动的边界和尺度

据微信公众号"网络法治国际中心"不完全统计，自1月22日至2月11日，各地警方通报处置涉网络谣言案件共187起，其中行为人被处以行政拘留的占73.3%，教育训诫的占12.5%；刑事拘留的有5起，行为人均因涉嫌编造、故意传播虚假恐怖信息罪被警方刑事拘留。典型案例如，山东青岛一男子散布"即墨区一街道发现1起来自武汉的疑似肺炎病例"信息而被警方刑拘，有网民指出"青岛已出现确诊病例，只是未得到官方确认"；河北无极警方行政拘留"大蒜治疗疫情"视频制作者被质疑"小题大做"。同样是编造本地区的疫情人数，有些地方公安机关采取行政拘留措施，个别地区则是动用刑事手段，必然会引发网民的比较。这些舆情波澜都提示公安机关，需注意执法司法活动的尺度统一性，秉持科学、审慎和宽容的立场，除了考虑其行为和危害，还应综合评判行为人的动机目的等主观情况，合理区别关于疫情言论方面的善意批评、不当言论与违法犯罪的行为界限，在案件办理中兼顾法、理、情，以免落入机械执法或执法随意的舆论质疑。

3. 加大涉敏感地区、人群和对象谣言的查处力度

观察发现，湖北地区的网络谣言始终处于高位运转态势，近期的"武汉百步亭社区一天只给一个核酸检测名额、大量疑似和发热病人没有集中隔离""孝感警方为迎接领导审查，疫情期间当街暴力执法""江苏医疗队到达武汉后行李和物资被扣机场""武汉市慈善总会将27亿元捐赠款上缴财政"等谣言，引发网络疯传，涉事部门也遭到网民口诛笔伐。疫情之下，公众对重点地区疫情防控工作高度关注，但当地政府部门的有些作为

和"不作为"也使公众普遍产生了不信任感，这就潜藏着谣言滋生的隐患。因此，对于涉及武汉等疫情重点地区、执法者等舆情敏感人群以及慈善组织等敏感对象的谣言，相关执法部门需予以高度重视，提高预警和处置级别，并通过加大监测范围，及时调查核实并回应舆论关切，最大程度降低负面影响。

还需看到的是，部分境外反中反华势力通过境内账号，在社交媒体上发布违背事实的报道和爆料，借机煽动网民的对立情绪，严重撕裂社会舆论，干扰防疫工作大局。各地网警部门需加大对境外回流信息的巡查力度，及时查删管控不实和煽动性信息，维护网络意识形态安全。

（观察时间：2020.01.20—2020.02.14）

5

疫情期间网络舆论特征与舆论引导侧重点

新冠肺炎疫情发生以来，疫情如火，舆情如沸，舆论场上各种声音交战，社会情绪如过山车般起伏跌宕。这场疫情灾难不但影响着现实生活的方方面面，投射到网络舆论上更加复杂和多元，演变出更多冲突性、对抗性和不确定性的议题。如涉法、涉官、涉性别、涉权利，这些过往的冲突性话题及其引发的舆论情绪，都能在疫情时期的舆论场中找到对应点，并且被进一步放大、增强。疫情与舆情交织纠缠之下，始终不变的是公众对公平正义的诉求。本文根据疫情期间发生的境内外热点事件，总结网络舆论重要特征，并据此提出下一阶段舆论引导的侧重点。

1. 议题设置：宏观叙事与微观叙事

官方媒体。此次疫情报道凸显了媒介角度的差异性，叙事方式和表达态度的巨大鸿沟也难以忽视。以新华社、《人民日报》、中央广播电视总台以及地方电视报刊为主的官方媒体在公共议程设置方面占据主导地位，侧重防疫工作部署和社会动员，勾勒出"众志成城、共渡难关"的宏大叙事图景，对社会舆论发挥着决定性的正向引导作用。各地各部门防止疫情蔓延的有力举措，经过官方媒体的及时报道，满足了舆论诉求。针对公众对疫情发展的热切关注，各大中央媒体和地方均推出每日疫情播报和防控专题，提供实时疫情动态信息。

市场化媒体。第一时间进入防疫前线，探寻疫情暴发始末缘由，并将关注视线下移到被动卷入疫情的群体命运及个人遭遇之上，受到广泛好评。澎湃新闻的《一个"重症肺炎"患者的最后 12 天》、凤凰网"在人间 living"发布的《妈妈在武汉隔离病房去世》、《财经》杂志的《统计数字之外的人：他们死于"普通肺炎"？》等文章，讲述了那些发生在疫情现场的人和事，激起读者的共情。2月初，《财新周刊》《中国新闻周刊》率先刊发上万字全景调查，从预警、防控、病人、病毒等多个角度分析疫情暴发原因和影响，引起舆论高度关注。值得一提的是，有关疫情预警反应迟缓、防控失职渎职等问题的追踪始终在持续。

社交媒体。自媒体和网民集中于对疫情发展态势和个人的关注。在集体的慌张和焦虑之下，网民迫切想要了解"正在发生什么"和"为什么会变成这样"。微博是网民反应最迅速、情绪最复杂、起伏最剧烈的场域，"#武汉加油#"阅读量超过215亿次、"#最新疫情地图#"阅读量超过150亿次，成为微博史上的数据峰值。被粉丝用来追星打榜的微博超话，第一次成为公共事件当事人的求助平台，超话"肺炎患者求助"累积收到上万条求助信息；"亲历者"异常活跃，为外围网民展现当时当地的真实图景，更容易激发共情心理，如"@林晨同学Hearing"纪录武汉"封城"后日常生活的Vlog，单条转发量就接近15万次。微信上疫情地图的可视化处理和动态更新，甚至精准到社区，准确地对接了公众的信息需求。公众号"丁香医生"开辟的"疫情地图"，集疫情发展、辟谣与防护、实时播报、疾病知识等多项功能，迄今为止浏览量已达32亿次。与此同时，虚假夸大的不实信息和网络谣言在社交媒体中滋生，造谣、传谣、辟谣的拉锯战反复上演，形成了网络治理的困境。

2. 社会心态：宣传动员与情绪宣泄

正面声音始终占据舆论场主流。疫情暴发后，中共中央政治局常委会先后召开5次会议，对疫情相关工作进行统一研究部署。在宣传舆论工作方面，强调要"强信心、暖人心、聚民心"，要"融入更多暖色调"。《人民日报》、新华社等中央媒体和地方党媒积极承担舆论引导任务，及时回应社会关切，向公众传递权威准确的信息，提振人心、凝聚力量，完成了最广泛最深入的社会动员。总结起来，关于疫情的正面宣传，重点集中在深入宣传党中央重大决策部署、充分报道各地区各部门联防联控的措施和成效、热情讴歌广大医务人员医者仁心的崇高精神、再现战"疫"过程中的动人故事等方面。一批现象级的新闻作品集中涌现，营造出良好的社会舆论氛围，如《人民日报》推出的抗疫主题 MV《热血出征》，仅 3 天覆盖人群达 4.9 亿，播放量超 10 亿次；新华社挖掘武汉市金银潭医院院长张定宇等重大典型，重点报道引起社会热烈反响；央视推出火神山、雷神山、武汉天河机场、方舱医院的多路慢直播，被众多国际主流媒体和社交媒体平台转播转载。84 岁高龄仍奋战在一线的钟南山院士、因抗击疫情不幸逝世的南京中医院副院长徐辉、帮助居民购药将药袋挂满全身的社区网格员丰枫、上海援鄂医疗队医生刘凯为病人停下欣赏日落等人物和事迹，经过媒体挖掘报道后感动万千网民，积蓄起战胜疫情的磅礴精神力量。

3. 内外局势：境内撕裂与国际舆论战

境内舆论出现撕裂倾向。在中国抗疫形势出现明显好转时，国外疫情却愈演愈烈，截至欧洲中部时间 3 月 17 日 10 时，159 个国家和地区出现确诊病例，累计确诊 18.5 万例。目前我国已向多个国家和地区派遣医疗专家团队、提供急需的医疗物资。对于国际疫情形势和防控工作，境内舆论出现对立倾向：一方面，自我矮化，不断有声音鼓吹称中国应该为疫情暴发和扩散向全世界道歉；另一方面，盲目自大，妖魔化外国抗疫工作，隔岸观火"某国不行了"，甚至嘲讽"连抄作业都不会"。归国避难的海外同胞也因个别隐瞒行程与症状的极端案例被"贴标签"，其中不乏"祖国建设你不在，万里投毒你最快""建设国家你不行，千里投毒第一名"等尖刻言论，一些入境人士还被贬损为"毒王"遭遇网络暴力。对于这类舆论杂音，主流媒体纷纷发文驳斥，权威专家如上海市新冠肺炎医疗救治专家组组长张文宏也批评称，"不管是嘲笑别国疫情蔓延，还是猛夸自己国家棒，其实都是对灾难和逝者的亵渎"。

国际舆论战局势胶着。随着全球新冠肺炎确诊病例数据激增，一些反华排华的声音趁机出现，引起国际舆论关注。以美国为例，新冠肺炎疫情初期，美国参议员汤姆·科顿抛出"病毒阴谋论"，《华尔街日报》刊登《中国是真正的亚洲病夫》一文，CNN、《纽约时报》等媒体频繁使用带有地域、种族色彩的词语影射中国。3月以来，在美国本土疫情持续恶化的情况下，美国各界加大了对中国的污名化力度，美国总统、国务卿在内的多名政府高级官员频繁在公开场合、社交媒体使用"武汉病毒""中国病毒"等词语，美国国家安全顾问奥布莱恩还妄称，"是中国应对疫情不利导致国际社会防控措施迟缓"。还有美国律师就新冠肺炎疫情对中国政府发起集体诉讼，要求中国政府为新冠肺炎疫情"负责"并"赔偿"数十亿美元。对此，我国也展开了针锋相对的有力反击。3月12日，外交部发言人赵立坚连发数条推特，追问"美国流感死亡人数中多少是新冠病毒死者，是否可能是美方人员在军运会期间把病毒带到武汉"。3月14日，中国驻哈萨克斯坦大使在社交平台指出，"美国在疫情初期只顾诋毁诽谤中国，白白浪费了中方用生命为世界赢来的宝贵时间"，他还直指美国疫情资料"掺了太多水"。目前，武汉市民就美国联邦政府、美国疾病控制与预防中心等逃避通报、隐瞒真相行为提起诉讼，获得国内舆论支持。接下来，围绕病毒来源、病毒命名的舆论战以及以集体诉讼索赔为表现形式的法律战还将持续。

4. 舆论引导的侧重点

这次抗击新冠肺炎疫情，是对国家治理体系和治理能力的一次大考，各部门各地区交出的考卷是否合格，公众心中已有定论。目前防控局势大好、疫情平稳，但公众情绪却不平稳，舆论关切或将转向到疫情影响的总结和反思。如何消除前期累积的不信任感，重塑公权力受损形象，提升政府公信力，是下一阶段舆论引导工作的重点和难点。针对关键领域的关键问题，加强舆论引导工作、提升舆论引导成效，本文提出以下三点建议：

满足公众对有效信息的供给需求。病毒疫情危害公共安全的同时，"信息疫情"也在不断侵蚀官方信息公开的效力。从根源上来说，"信息疫情"的产生是因政府作为信息的供给侧与公众信息需求侧不相匹配。对此，清华大学新闻与传播学院教授胡钰强调，当前的舆论场是具有极强指向性、动态性的信息需求环境，常态下的四平八稳、中规中矩的信息供给远远不够，最基本、最重要、最有效的舆论引导方式就是加大信息供给量，让信息供给也进入"战时机制"，以持续滚动、多样视角、不同层次的真实信息、权威信息、生动信息来满足舆论场的旺盛需求。其中的关键就是如何识别并搭建政府信息供给与公众信息需求的"连接点"。因此，全面收集整理网络上与疫情有关的信息分布情况，准确研判疫情不同时期公众的关切重点，是各地各部门需要研究的重要课题。

正视负面舆情并切实解决现实问题。疫情期间曝光的负面舆情事件基本上都与社会现实有着密切关联，因此每次舆情发酵后，公众情感总能被迅速激活并引发共情。尤其是舆情风暴的中心、疫情的重灾区武汉和湖北，社情民意通过网络反映出来，却难以及时引起重视，寻求现实问题的解决也常常遇到"梗阻"，导致群众负面情绪累积，舆情因此一点就着、一触即发。公信力是引导力的前提，对于公众关注的重大事件，及时而正确的处理有助于维护话语权、提升公信力，有关部门需确保快速反应、有效处置，实事求是地解决与群众切身利益相关的现实问题。

及时纠正舆论认知偏误、澄清谬误。舆论引导除了要回应事实和真相，也需要及时告知公众什么是正确的事实。疫情期间的舆论场信息庞杂，大大增加了公众甄别有效信息的难度。那些别有用心的谣言和过激的言论，容易带来群体性恐慌和舆论撕裂，如妖魔化外国抗疫工作、污名化归国人员等不良倾向。特别是在国际舆论环境日益复杂恶化的情况下，境外针对我国故意为之的舆论攻击甚嚣尘上。政府部门和公共媒体均有义务及时澄清舆论谬误，纠正认知偏差，维护健康清朗的网络舆论环境。

（观察时间：2020.01.20—2020.03.12）

2020 年两会热点专题

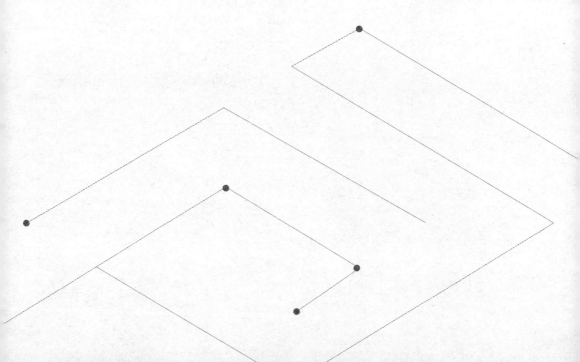

1

2020 年全国两会热门涉法议案建议提案梳理

2020 年全国两会是在全国疫情防控阻击战取得重大战略成果、统筹推进疫情防控和经济社会发展工作取得积极成效之际召开，备受舆论瞩目。据法制网舆情监测中心统计，自 5 月 21 日 12 时至 5 月 28 日 24 时，与全国两会相关的媒体报道 144 万篇，微博 669 万条，微信文章 38 万篇。微博话题"＃两会＃""＃全国两会＃"等阅读量累计达 274.8 亿次。面对特殊情况，全国人大代表和全国政协委员们的议案、建议和提案围绕疫情防控和社会热点展开，其中国家公共卫生应急管理体系建设、未成年人保护与犯罪预防、社会治理法治化、婚姻家庭权益保障、关键领域立法及涉外法律人才培养等方面内容受到较多舆论关注和讨论。

■ 聚焦健全国家公共卫生应急管理体系建设

关键词：完善公共卫生应急管理体系、"依法战疫"、国家公共卫生日等

全国人大常委会相关负责人透露，2020 年两会中关于强化公共卫生法治保障体系的代表议案数量最多，约占议案总数的 1/4。不少政协委员将目光聚焦于如何完善我国公共卫生应急管理体系上。例如，疫情初期，各地的疫情防控工作陆续出现防疫物资短缺困境，导致哄抬物价、非法经营的违法行为产生，引发公众不满。这一问题暴露出我国现有应急物资储备保障机制的短板。政协委员皮剑龙、谢文敏在提案中呼吁健全国家公共卫生应急管理体系建设，构建政府储备和社会储备相结合的制度。针对疫情反映出的我国公共卫生应急管理中管理层级多、应急反应能力不足的现状，政协委员王松灵建议，从国家战略层面完善我国公共卫生常态管理和重大公共卫生事件危机管理模式，明确国家及各级各类公共卫生机构职

能，重大公共卫生事件危机管理应由国家直接负责。

与应急管理体系不完善相对应的，还有公共卫生安全法律体系的缺陷与不足，有待进一步完善相关法律法规体系。为此，部分律师界代表委员从多个方面提出修法建议，呼吁"依法战疫"。其中，人大代表黎霞、韩德云建议修改突发事件应对法、传染病防治法，提出在突发事件应对法修法中应重点降低疫情公布主体的门槛，在传染病防治法修法中需简化传染病疫情信息层层上报的流程等。针对此次抗疫过程中的政府征用乱象，政协委员吕红兵、人大代表刘守民等人建议：一是对现行法律法规中应急征用内容予以完善和修正，严格限制征用主体的范围；二是建立完善的补偿及赔偿机制，明确补偿与赔偿责任。

参会的代表、委员还呼吁从精神层面唤起公众对公共卫生知识的关注，增强以国民预防为主的公共卫生理念深入人心。为此，人大代表陈静瑜、冯艳丽，政协委员岑旭、朱征夫等人建议把武汉封城的1月23日设立为"国家公共卫生日"。这一建议获得了舆论高度认可，被认为有助于"尊重历史，留存记忆"，相关微博话题阅读量达1.4亿次。

■ 未成年人保护与犯罪惩罚话题高热

关键词：从业限制、提高性同意年龄、降低刑责年龄、设立虐待儿童罪等

近年来，侵害未成年人权益事件频发，恶劣情节刺激公众敏感神经，要求加强未成年人保护与严惩未成年人犯罪的呼声不绝于耳。为回应舆论关切，2019年10月，全国人大常委会对未成年人保护法、预防未成年人犯罪法修订草案进行初次审议。2020年两会期间，多位人大代表、政协委员聚焦该议题，推动相关话题高热。

在未成年人保护方面，预防未成年人被性侵话题热度最高，相关议案、建议和提案多涉及限制性侵者从业、提高性同意年龄等内容。例如，人大代表刘希娅关于未成年人相关工作岗位拒录有性侵案底者的建议经媒体报道后，在微博上引发热烈讨论，话题阅读量高达7.5亿次。网民普遍

认为这一建议十分必要，"@中国新闻周刊"发起的相关投票中，有超过97%的网民表示支持。人大代表朱列玉、蒋胜男则聚焦未成年人性同意年龄，建议提高至16周岁，朱列玉还特别强调信赖关系中的性同意年龄需提高至18周岁，其他一般情况提高至16周岁等。也有媒体评论指出，提高性同意年龄应尽早提上日程，但落下的"性教育"也应及时补上。与该话题相关的微博话题阅读量达2.5亿人次。

在涉未成年人保护议题中，虐待儿童和校园霸凌也较为常见。此次两会相关议案、建议和提案在舆论场中具有较高的关注度。面对近年来屡屡曝出的监护人虐待儿童事件，黄西勤等46名政协委员联名提案，建议细化现行未成年人监护干预条款，建立国家监护制度。人大代表王静成呼吁单设"虐待儿童罪"，建立虐童罪犯黑名单，舆论称赞该建议"让处罚有法可依"。人大代表李亚兰、政协委员李贤义聚焦校园霸凌多发现象，建议细化惩治标准、建立专项治理校园暴力的司法制度。值得注意的是，两会结束后，最高人民检察院、司法部等9部门联合发布意见，建立侵害未成年人案件强制报告制度，体现了国家层面对未成年人的重视，从而推动未成年人保护话题热度持续。

未成年人保护总与预防未成年人犯罪话题相伴相生。近年来，低龄未成年人恶性犯罪案件频发，给舆论留下了未成年人犯罪问题严重的观感。最高人民检察院在日前发布的5年未成年人检察工作白皮书中提到，未成年人犯罪数量有所回升。2020年两会期间，降低刑事责任年龄成为代表、委员热议的焦点。陈建银、肖胜方等多位人大代表建议下调未成年人刑责年龄起点，获得舆论高度关注。其中，陈建银建议将完全刑事责任年龄的起点调整为14周岁，相对刑事责任年龄的起点调整为12周岁。多数网民认可该建议，认为有助于形成震慑作用。人大代表陈海仪从防控未成年人犯罪角度出发，建议设立少年司法矫教替代制度，通过增加监护人严加管教的法律强制性、对低龄涉罪未成年人佩戴手环等举措，保证其得到有效监管。

除上述内容外，青少年沉迷网络问题仍是代表、委员们关注的焦点。其中，政协委员朱永新呼吁建立网络游戏分级制度，通过人脸识别等技术实行对未成年人的分级监管。此建议赢得多数网民认可，被认为可行性高。此外，人大代表柴会恩关于立法监管未成年人网络打赏的建议引起争议，被质疑"治标不治本"，有网民认为，与其立法，不如在打赏功能设置上下功夫等。

■ 社会治理法治化议题折射舆论共识期待

关键词：完善野生动物保护法律、禁止虐待动物、个人信息保护、严惩"袭医"等

猎杀野生动物、虐杀宠物相关热点事件在近年呈现增多趋势，舆论迫切希望政府部门能够及时出手治理。疫情发生以来，革除滥食野生动物陋习、爱护动物的呼声愈发高涨。政府工作报告首次明确提及野生动物，提出"严惩非法捕杀和交易野生动物行为"。在此背景下，动物保护成为2020年两会热点话题之一，与会代表、委员纷纷为动物保护发声。梳理这些声音发现，代表、委员主要关注三方面内容：一是陈晶莹、李宗胜等代表建议尽快完善野生动物保护法，扩大该法的适用范围；二是朱列玉、黎霞等代表建议，加大对非法食用野生动物行为的处罚力度，将非法交易和食用野生动物行为纳入治安处罚或入刑；三是人大代表赵皖平、高子程等建议尽快制定动物保护法、反对虐待动物法，以此遏制虐待、虐杀动物事件高发势头。此外，他们还建议，将动物类损害公益案件纳入公益诉讼范围，以此督促执法部门严格执法。上述建议获得舆论普遍认可，相关微博话题累计阅读量达2亿次。

近年来，个人隐私和信息被泄露非法使用的问题十分突出。新冠疫情发生后，大数据、人工智能、人脸识别等技术广泛应用在防疫中。突然增加的信息曝光，让很多人担忧个人信息是否能得到有效保护。2020年全国两会上，部分代表、委员就个人信息保护问题提交议案、建议和提案。其中，呼吁加快个人信息保护法立法进程是主要呼声，人大代表任贤良、高

子程，政协委员甄贞、迟日大等人认为，虽然相关法律法规对个人信息保护有所涉及，但单独的行业监管难以实现相应的顶层设计，仍然需要统一立法来实现监管目的。此外，偷拍公民个人隐私已成为社会顽疾，公众普遍呼吁有关部门能予以治理和严惩。在2020年两会上，政协委员花亚伟提交提案，针对目前大多数偷拍案均是治安处罚的现状，建议完善立法予以刑事处罚。网民对此普遍拍手叫好，微博话题阅读量迅速破亿，讨论量达6.5万次。让人欣喜的是，面对舆论关切，全国人大对此作出回应，表示将加快制定个人信息保护法。

频发的暴力伤医案件，也是2020年两会代表、委员关注的一大热点。代表、委员一致呼吁严厉惩处暴力伤医犯罪。政协委员高峰建议，我国需与国外先进医护体系看齐，将"袭医"与"袭警"同罪，加强震慑效应，提高犯罪成本。这一建议引发舆论较高关注，在"@头条新闻"发起的一项投票中，有3.2万人参与投票，超八成网民表示支持。值得注意的是，政协委员皮剑龙建议，加快制定医院安全秩序管理专门立法，赋予医务人员避险保护和医院有条件暂停诊疗权利，从根本上保障医务人员的人身安全。该观点也得到多数网民支持，认为应尽快予以全国推广。

■ 保障婚姻家庭权益建议引发舆论热议

关键词：删除"离婚冷静期"、收买妇女儿童纳入考核等

婚姻家庭关系以及妇女儿童权益保护历来是两会热门话题，相关议案提案备受各界关注。此前，《中华人民共和国民法典（草案）》中有关"离婚冷静期"的规定引发网民刷屏，反对之声四起。对此，人大代表蒋胜男在议案中建议《中华人民共和国民法典（草案）》删除"离婚冷静期"，再次获得广泛关注，并引发大量讨论。微博话题"蒋胜男建议民法典草案删除离婚冷静期"阅读量达3.1亿次，网民讨论量15.7万次，支持删除"离婚冷静期"的网民占据多数。此外，舆论对妇女儿童权益保护依然高度关注，2020年两会人大代表张宝艳建议将收买妇女儿童纳入地方政府考核目标再次被网民推上热搜，相关微博话题阅读量近4亿次。对于这一建议，

舆论褒贬不一，支持者认为此举会迫使地方政府重视收买妇女儿童问题；反对者表示，这可能会使得地方政府与收买者之间出现利益捆绑，反而会阻碍地方政府参与解救。

■ 其他

关键词：制定外国国家豁免法、加强涉外法律服务人才队伍建设等

近期，以美国为首的多个国家借新冠肺炎疫情"污名化"中国并起诉索赔。然而，我国并未有国家豁免法律方面的立法，导致我方在国际交往中处于被动地位。为此，2020年两会期间，人大代表马一德及其他30余名人大代表联署提交的呼吁加紧制定《中华人民共和国外国国家豁免法》的议案引发舆论广泛关注。该议案建议，中国应从现在的"绝对豁免"向"限制豁免"转变，并针对对外投资和引入外资相关实践问题提出针对性的建议。网民普遍认为这一议案"有水平"，部分法学专家也表示"将有助于反制滥诉霸凌"。

随着我国全方位对外开放的不断推进，我国海外利益安全面临的风险在逐年增加，产生的法律纠纷日益增多。与之相对应的，媒体及法律专业人士多次指出，当前我国法律涉外人才的数量和质量均存在较大缺口，这与我国参与国际治理体系的巨大需求不相匹配。为此，多位政协委员呼吁，国家应从顶层设计出发，建立健全体制机制，制定切实可行的政策措施来加强涉外法律服务人才队伍建设。其中，汤维建委员建议，增强涉外法律的教育，高校可改革当前人才培养模式；巩富文委员建议，改革法律职业资格考试，对涉外法律服务人才实行单独职业资格考试，并与现行国家法律职业资格考试打通；迟日大委员建议，将优秀涉外律师纳入向国际经济、贸易组织推荐人才的工作范围，增强我国在国际经济、贸易组织中的话语权和影响力。

在道路交通安全方面，"醉驾入刑"作为交通治理体系建设的重要一环，近年来在保障道路交通安全中发挥了非常重要的作用。然而，根据最高人民法院公布的2019年上半年数据显示，危险驾驶案件成为全国刑

事案件数量排名第一的案件类型，使得"醉驾入刑松绑"的有关讨论再起。人大代表黄细花建议，提高醉驾的血液酒精含量标准，对于情节轻微、危害性小的醉驾行为，降低行政处罚力度。该建议在网民群体中引发一定争议，多数网民认为，对醉驾处理就应秉持"零容忍"态度，提高醉酒标准将导致醉驾者心存侥幸，无益于降低醉驾行为的危害性。

（观察时间：2020.05.21—2020.06.04）

2

"两高"报告出炉 亮点多形式新
获赞"司法为民"

5月25日,十三届全国人大三次会议听取了最高人民法院工作报告和最高人民检察院工作报告,两会议程迎来新一轮高潮。此次"两高"报告通过翔实的数据和案例,总结回顾过去一段时间的工作成绩,报告所提的惩治涉疫犯罪、扫黑除恶斗争、纠正冤假错案、法治营商环境、保护知识产权、未成年人保护等法治重点,与社会关切高度契合。主流舆论聚焦"两高"报告中的亮点和创新点,对人民法院、人民检察院2019年以来的工作成就予以高度评价,多数网民也积极评价并就关心的热点话题建言献策。总体来看,2020年的"两高"工作报告预热效果显著、传播形式丰富,内容回应社会关切、视角兼顾微观层面,充分体现了"人民至上"的司法理念,获得舆论高度称赞。截至6月4日12时,与"两高"报告相关的新闻报道共计1.6万余条,微信文章1.8万余条,微博信息19.8万余条,"#2020最高法工作报告#""#最高检工作报告#"等多个微话题阅读量累计近5亿人次。

1. 前期预热互动频频,舆论关注热情高涨

全国两会会期确定后,最高人民法院和最高人民检察院围绕"两高"工作报告的预热宣传已经开足马力,牢牢吸引住公众的注意力。例如最高人民法院自5月21日起,通过官微推出《60秒,看法院》系列宣传策划,每天一个主题介绍人民法院系统工作,包括智慧法院、"扫黑除恶"、治"老赖"、法治营商环境、回顾热点案件等内容,受到网民关注。最高人民检察院邀请青年偶像王俊凯探访,向广大网民科普最高人民检察院工作职能,引爆微博舆论场,微博话题"#王俊凯探访最高检#"阅读量迅

速破亿，超过 150 家地方检察院官博和主流媒体官微转发扩散，最高人民检察院官微发布的 VLOG 视频累计播放 2400 余万次，微博转发量超过 340 万次。

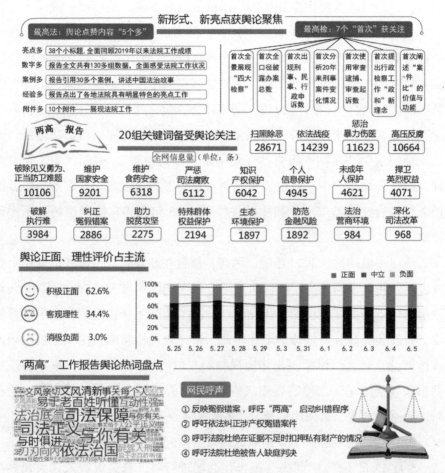

此外，"两高"相关部门负责人纷纷"亮相"网络，通过接受央视、人民网、《瞭望新闻周刊》等各类媒体采访，介绍"两高"工作报告有关内容，包括未成年人保护工作、大案要案挂牌督办成效等热点话题。央视网、中国网等 40 余家媒体及网络平台参与访谈直播，部分直播活动还直接与网民进行交流，大大增强了互动效果。

2. 传播形式丰富多样，新媒体作品刷屏网络

此次"两高"报告宣传工作综合运用了文字、图解、视频、直播等多种传播形式，取得了显著的传播效果。在舆论场上，主流媒体聚焦报告亮点内容，将司法为民理念和依法治国成效以最直观、最便捷、最深入人心的方式进行宣传。梳理来看，主要有三种方法：一是"关键词法"，如新华社《聚焦两高报告十大看点》、《法制日报》微信文章《20个关键词细品"两高"工作报告》等文章，用关键词提炼出报告丰富内涵；二是"极简法"，部分媒体将报告内容进一步简化压缩，并以"一图读懂""极简速读"等图文形式予以呈现，因符合新媒体传播的规律而获得广泛传播；三是"金句法"，"两高"报告"金句不断、警句频频"，引起代表、委员热议，微信公众号"中央政法委长安剑"总结了扫黑除恶、反腐败斗争、维护老百姓合法权益等舆论集中关注领域的25句金句，给舆论场留下深刻印象。

值得一提的是，2020年的"两高"报告在新媒体宣传方式的运用上有着多处创新。最高人民法院首次选用增强现实技术与3D动画技术相结合，用不同场景下的三维模型立体化演绎展示了法院工作，对工作报告进行解读，引发各类政务新媒体的争相转载。最高人民检察院首次采用短视频形式做解读，联合腾讯微视制作短视频版"最高检工作报告"，视频解说生动形象，清晰呈现"检察履职战疫""打击黑恶势力犯罪"等内容，发布后迅速刷爆全网，被网民称赞为"#最潮两会工作报告#"。

3. 内容回应社会关切，新表达新做法掀起热议

5月25日下午，"两高"报告在会场进行时，有关负责人在央视直播间等媒体同步解读报告内容，"两高"官微在网络上实时更新，密集形成了多个热点话题。报告中的"#坚决防止谁能闹谁有理等和稀泥做法#""#废除对民营企业的不平等规定#""#2019涉正当防卫不起诉案件同比增长110%#"等内容不但与2019年以来发生的司法热点高度契合，来自最高司法机关的铿锵态度以及相关负责人的权威解读，也与舆论关切和期待

高度呼应。多家媒体以"硬气"为题展开评论，如人民网文章《"两高"报告的硬气，激发出法治底气》，新华网《以司法"硬气"彰显正义力量》。这种司法机关与社会公众的良性互动，真正实践了"群众关心什么，报告就回答什么""社会关注什么，报告就回应什么"的要求。

"两高"报告中提到的新表达、新做法引起较多关注和讨论。最高人民检察院工作报告让"案—件比"一词成为本次全国两会热词。澎湃新闻网在社论文章《用好"案—件比"这根指挥棒》中称，"这是一个绿色的司法指标"，这个指标不是追求"量"的飙升，要求大干快上、多捕、多诉，而是用比例来精准衡量检察机关办案的质量和效率，让检察官在每一个环节发挥能动性，对案件整体效率、最终正义负责。另外，最高人民检察院工作报告首次全口径披露了全国检察机关的办案总数，专门分析了1999 年至 2019 年 20 年间的刑事犯罪变化情况，这种"大跨度"还是第一次出现，报告的附件中还制作了图表，清晰反映了主要犯罪趋势。最高人民法院在 2020 年报告中也披露了大量新的数据，比如疫情防控期间智慧法院应用成效、破产重整效果、互联网法院案件审理效率等。《北京商报》、澎湃新闻等媒体在评论文章中对此大加赞赏，认为这些数据回顾不仅是"成绩单"，更是司法政策的新风向标，使得公众得以一窥我国司法进程中追求社会公平正义的决心和行动。

4. 视角兼顾微观层面，典型个案提振法治信心

据统计，2020 年最高人民法院工作报告选取的案例有 40 多个，远超以往；最高人民检察院工作报告选取案例也有 20 余个，被称为"下大本钱"讲案例。报告中，不但有孙小果案、"操场埋尸案"、张志超案、长生疫苗案、唐雪案、北京民航总医院杀医案等大案要案，还有"撞伤儿童离开遇阻猝死案""患者飞踹医生反被伤案""微信群主踢群第一案""私自上树摘杨梅坠亡案"等涉及公共空间的小案件。尤其是孙小果案、"操场埋尸案"、北京民航总医院杀医案等典型案例，均被"两高"写入报告。这些案例入选有何深意、诠释了哪些司法理念，引发舆论浓厚的解读兴趣。

最高人民法院微信公号连续推出文章《认识一下，最高法报告中那些案件的承办法官》，以"图片＋文字"的方式，介绍了上海、广东、陕西等各地承办大案要案的法官群像。中国长安网刊发文章《揭秘！最高检工作报告中那些案例有何深意？》介绍案例入选缘由。央视新闻评论称，"案例是最生动的法治教材，围绕案例讲法治，越讲越清楚"，公众从这些"被点名"的案件中，了解到"两高"报告对公序良俗和法治观念所释放的清晰信号。《中国青年报》在评论中称，最高人民法院报告连续7年提及冤错案件，彰显了推动案件公正审判的努力，那些备受社会关注的小案则"让人明是非"。微信公众号"法律读库"表示，最高人民检察院工作报告再提"正当防卫"，让"法不能向不法让步"深入人心；选取北京民航总医院杀医案，表明了检察机关依法从严惩处暴力杀医伤医犯罪的坚定决心。

（观察时间：2020.05.21—2020.06.04）

3

我国首部民法典表决通过　五大话题最受关注

　　5 月 28 日，十三届全国人大三次会议表决通过了《中华人民共和国民法典》。这标志着属于民法典的新时代已经到来，同时也是我国首部以法典命名的法律。5 月 29 日下午，习近平总书记在主持中共中央政治局第二十次集体学习时强调，全党要切实推动民法典实施，以更好推进全面依法治国、建设社会主义法治国家，更好保障人民权益。社会舆论普遍认为，民法典是以法治方式推进国家治理体系和治理能力现代化的体现，切实维护了广大人民的根本利益，对促进社会公平、正义都能够起到至关重要的作用。国际舆论方面也表示，中国对于民事权利的保护已经进入了全新的"民法典时代"。微博话题 "# 民法典 2021 年 1 月 1 日起施行 #" 一度登上热搜榜第二，阅读量超 2.1 亿次。民法典通过之后，部分重要条款成了舆论讨论焦点。法制网舆情监测中心通过统计梳理出民法典最受关注的五大话题，按热度分别为 "离婚冷静期"（信息量 31.5 万）、居住权（信息量 17.3 万）、网络侵权（信息量 16.5 万）、未成年人性侵（信息量 15.1万）、遗嘱公证（信息量 10.1 万）。

　　话题一："离婚冷静期"

　　此次民法典在婚姻家庭编规定了"离婚冷静期"制度，规定称，自婚姻登记机关收到离婚登记申请之日起 30 日内，任何一方不愿意离婚的，可以向婚姻登记机关撤回离婚登记申请。民法典草案审议阶段，相关话题热度迅速飙升，持续引发舆论关注。微博话题 "# 离婚冷静期 #" "# 离婚冷静期会降低离婚率吗 #" "# 离婚冷静期是为了防止过于自由的草率 #"等阅读量累计超 26 亿次。多数网民呼吁不设"离婚冷静期"，认为有违婚姻自由，在家暴等极端案例中还可能导致伤害发生。对此，全国人大常委会法工委回应称,"离婚冷静期"制度仅适用于协议离婚的情况,对于因家暴而要求离婚的,一般通过起诉解决。

大部分媒体和专家对"离婚冷静期"的制度设计表示支持,认为有利于维护婚姻家庭关系的稳定。中国社科院学部委员孙宪忠指出,设立冷静期,是更希望推动婚姻当事人从婚姻权利义务考虑,能够留出时间思考婚姻中存在的问题。北京金诚同达律师事务所高级合伙人方燕表示,设立"离婚冷静期"制度很有必要,可减少冲动型离婚现象的出现,对维护婚姻关系稳定、节约公共资源都有一定的积极作用。

部分舆论持不同意见。全国人大代表蒋胜男认为,"离婚冷静期"可能导致延长婚姻失败的痛苦,激化矛盾。同时,原草案中关于重婚、家暴、遗弃、恶习等情形不设"离婚冷静期"的认定标准并不明晰,易造成自由裁量权的滥用。民法典通过后,在微博舆论场上,多数网民认为冷静期对降低离婚率作用有限。在"@凤凰周刊"发起投票"你觉得离婚冷静期会降低离婚率吗",88.4万参与人中有46万网民认为"不好说",还有10万余人投给了"过几年看效果",持赞同态度的网民只有1/4。中国人民大学法学院教授龙翼飞认为,这是一项新设的制度,在现实生活中如何发挥作用,还需要经过实践的检验;是否还需要更加细化的操作规则,也需要在实践中获取经验后才能得出结论。

话题二:居住权

针对社会普遍关注的住房与居住问题,民法典物权编新增了一个"居住权"。该项权益明确居住权原则上无偿设立,居住权人有权按照合同约定或者遗嘱,经登记占有、使用他人的住宅,以满足其稳定的生活居住需要。多数媒体对此作出正面解读,主要聚焦于"以房养老"方面。如央视网评论认为,居住权制度的增设是此次民法典物权编中的一大亮点,居住权"入典"将为老年人以房养老提供法律保障。《国际金融报》文章进一步分析指出,居住权是在不转让所有权的基础上,分离出一定期限的居住权利,这对弱势群体来说,可以保障他们的居住权,也可以让他们避免

"钱房两空"，为实现"以房养老"的目的做法律铺垫。中央财经大学教授、法学院院长尹飞表示，民法典中明确居住权主要是实现"物尽其用"，强化实际居住人的权利效力，通过多层次的房屋产权结构满足人民群众的居住需要，同时居住权还可以适用于"企业引进人才"。

部分学者还关注到居住权可能对市场产生的影响。苏州大学法学院教授程雪阳指出，设立居住权后，可能会对房屋所有权交易有一定的影响，因为即使房屋卖了，居住权人还可以继续居住；全国政协委员、房天下董事长莫天全则表达不同看法，认为市场整体的供需结构和交易格局不会因此产生太大改变。

话题三：网络侵权

民法典中格外注重对网络延伸出的民事权利保护，涉及个人信息保护、网络虚拟财产、网络侵权等与互联网相关的内容。中国人民大学法学院教授张新宝指出，网络侵权越发复杂，民法典强化了个人信息侵权责任。中国人民大学常务副校长王利明也表示，如何保护个人信息，如何强化信息收集者、共享者以及大数据开发者的信息安全保护义务等，预防信息泄露等损害的发生，是民法典应当发挥的重要功能。

部分媒体还为民法典的法律预备性点赞。法制网评论认为，面对如何解决网络发展的快速性与法律规范的滞后性这一立法领域富有挑战性的难题，民法典科学地界定了其调整范围，在保证体系完备性的同时，也考虑到了应与社会结构相匹配之性质，保留了一定的开放性。《光明日报》从未来人工智能发展方面评论称，中国民法典高度重视新时代民事主体对于新权利保护的需求，将隐私权和个人信息保护提到前所未有的高度，时刻警惕科技发展带来的负面影响，同时对于人工智能的法律地位、数据的权属利用、侵权责任的承担预留了足够的腾挪空间，助力科技发展的美好未来。

话题四：未成年人保护

民法典总则编第191条规定，未成年人遭受性侵害的损害赔偿请求权的诉讼时效期间，自受害人年满18周岁之日起计算。近年来，未成年人遭性侵案件不时曝光，牵动着社会的敏感神经。在以往不少典型案例中，被性侵儿童成年后再去寻求法律救济，很可能面临诉讼时效期间届满的被动处境。舆论普遍对此新规拍手称赞，全国人大代表、广州市中级人民法院少年家事审判庭庭长陈海仪认为，"这条规定也是对不怀好意的成年人的一种有力震慑，不能因为孩子年幼无知就伸出罪恶之手"；中国网发表社论称，"姗姗来迟"的惩罚，并不能减轻或消除未成年人的伤痛，搬掉"发现难"这块拦路石，才能关口前移、预防在前；南方网评论进一步指出，要善于用法治的思维、法治的方式、法治的办法保护未成年人，从立法、到司法、再到执法，每一个环节都要体现对未成年人的关爱。

话题五：公证遗嘱

据新华社等媒体报道，民法典在关于遗产继承的内容中，删除了"公证遗嘱效力优先"规定，即遗嘱效力不再强调公证遗嘱优先而只以时间最后的一份遗嘱为准。舆论场中，支持的声音表示，该规定尊重了立遗嘱人的真实意思表示，有利于私权利的保护。新华社发文称，时代的发展也让遗嘱形式愈加多元化，取消公证遗嘱优先的规定更注重体现公众的真实意愿；微信公众号"铁马说律"称，公证遗嘱与其他方式的遗嘱在地位上的平等性，真真正正体现了民法作为"权利法"的属性。部分自媒体和网民则对取消公证遗嘱效力优先性表示担忧，追问"公证遗嘱因后续出现的遗嘱失去法律效力，那么公证遗嘱是否还有必要"，以及"如何避免立遗嘱人在神志不清或受人胁迫状态下制定遗嘱的可能情况"等问题。

（观察时间：2020.05.21—2020.06.04）

《政法舆情》产品升级说明

尊敬的《政法舆情》读者会员：

感谢您对《政法舆情》的信任和厚爱！

《政法舆情》是由法治日报社法制网舆情监测中心推出的参阅性资料，是研判政法舆情热点和趋势、分析舆情应对得失的智库类电子产品。《政法舆情》每周一期，供会员网上阅读（一会员一密码）。

应广大会员"保存资料"的要求，我们将从 2020 年下半年开始向**会员赠阅图书——《政法舆情观察》，每月一本**。会员服务费仍为每年 1980 元整。

此外，2020 年下半年我们将对《政法舆情》产品进行升级，提升会员阅读体验。

1. 浏览更加便捷

登录法制网阅读。

网址：

http://yuqing.legaldaily.com.cn/opinion/index.php/login/

二维码：

下载法治日报客户端"法治号"阅读（2020 年 10 月上线）。

关注微信小程序"政法舆情"阅读（2020 年 10 月上线）。

2. 内容更加丰富

政法舆情危机应对典型案例。

舆情处置策略得失分析。

政法领域网络舆论生态、舆情发展特征的趋势性分析和前瞻性研究。

新媒体运营技巧等。

3. 提升阅读体验

增加培训课件。

增加舆情听书。

增加案例小视频等。

再次感谢您长期以来对《政法舆情》产品的关心和支持，您有任何问题和建议请联系我们。

联系人：何佳君

电话：010-84772595

邮箱：fazhiwangvip@163.com

法制网

2020 年 8 月